DUMONT

REISE-TASCHENBÜCHER

Die schönsten Autorouten durch die USA

Gd. v. Ferner
Joachim 2017

In der vorderen Umschlagklappe: Die Reiserouten durch die USA

In der hinteren Umschlagklappe: Entfernungen und Zeitzonen

Die schönsten
Autorouten
durch die USA
Hans-R. Grundmann
DUMONT

Umschlagvorderseite: Camper im Monument Valley
Umschlagklappe vorne: Haustransport auf einem Highway
Umschlagklappe hinten: geschnitzter Indianerkopf aus Redwood-Holz
Umschlagrückseite: Skulptur in Minneapolis (oben); Motel-Schild an der ›Route 66‹ (unten)
Vignette: Mini-Bus auf Sightseeing-Tour
Abbildung S. 2/3: Straße durch den Sequoia National Park
Abbildung S. 8: Olmsted Point im Yosemite National Park

Der Autor: Hans-R. Grundmann, geboren 1944, ist Wirtschaftswissenschaftler und war an Universitäten im In- und Ausland tätig. Die USA kennt er von zahlreichen Reisen und längeren Aufenthalten. Seit 1988 lebt er als freier Autor bei Oldenburg.

Fremde Kulturen kennenlernen und gastfreundlichen Menschen begegnen – wie sehr genießen wir das auf Reisen. Zu Hause bei uns jedoch wird mancher Ausländer von einer kleinen Minderheit beschimpft, bedroht und sogar mißhandelt. Alle, die in fremden Ländern Gastrecht genossen haben, tragen hier besondere Verantwortung. Deshalb: Lassen Sie es nicht zu, daß Ausländer diffamiert und angegriffen werden. Lassen Sie uns gemeinsam für die Würde des Menschen einstehen.

Verlagsleitung und Mitarbeiter des DUMONT Buchverlages

4., aktualisierte Auflage 1996

Satz und Druck: Rasch, Bramsche
Buchbinderische Verarbeitung: Bramscher Buchbinder Betriebe

Printed in Germany ISBN 3-7701-2443-X

Inhalt

Land und Leute

Die USA im Überblick

Geographische und kulturelle Gliederung 12
›Steckbrief‹ USA 13
Vegetation und Tierwelt 14
Klima 16
Bevölkerung 16
Thema: Indianer – Minorität im eigenen Land 18
Daten zur Geschichte 20
Thema: Weltmacht USA – Wie kam es dazu? 24
Staat und Verwaltung 26
Thema: Präsidenten-Wahlkampf made in USA 27
Bildungswesen 29
Religion 31
Thema: Religion und Fernsehen 32
Kunst und Kultur 34

Die schönsten Autorouten

Die Nordroute: Von Boston nach Seattle

Boston 42
Von Boston zu den Niagara-Fällen 49
Thema: Die ›Bezwinger‹ der Fälle – Selbstmord einkalkuliert 52

Von den Niagara-Fällen nach Chicago 54
Detroit 55
Chicago 57
Thema: Al Capone – Die Realität übertrifft das Kino 62
Von Chicago zum Yellowstone National Park 64
Thema: Buffalo Bill – Legende schon zu Lebzeiten 71
Yellowstone und Grand Teton National Parks 73
Durch Idaho und Oregon nach Seattle 77
Thema: Rodeo – Cowboy-Handwerk oder Show? 80
Seattle 84
Thema: Der größte Goldrausch fand in Seattle statt 88

Die zentrale Route: Von Washington D. C. nach San Francisco

Washington D. C. 94
Appalachen-Parks und Blue Ridge Parkway 103
Durch Tennessee und Kentucky nach St. Louis 108
Nashville 109
St. Louis – Tor zum Westen 111
Thema: Westward Ho – Die Lewis & Clark-Expedition 114
Der schnelle Weg durch Colorado 118
Über das südliche Colorado zum Monument Valley 121
Thema: Mesa Verde – Die untergegangene Kultur der Anasazi 124
Durch die Nationalparks des Großen Plateaus 129
Thema: Utah – Staat der Mormonen 133
Von Las Vegas nach San Francisco 139
San Francisco 145
Thema: ›The Big One‹ kommt bestimmt – Erdbebenzone Kalifornien 150

Die Südroute: Von Miami nach Los Angeles

Süd-Florida 156
Miami 157
Von Miami nach New Orleans 163

Thema: Disneyworld – Happiness für harte Dollars 166
New Orleans 173
Von New Orleans nach Houston 180
Über San Antonio durch den Süden von Texas 183
Thema: Remember the Alamo –
Glorie und Heldenverehrung auf amerikanisch 185
Durch die Wüsten von New Mexico und Arizona 191
Tucson und Phoenix 197
Thema: Arcosanti –
Die Vision vom menschlichen Wohnen 203
Von Phoenix nach Los Angeles 206
Los Angeles 207

Tips und Adressen

Reisevorbereitungen 218
Anreise 221
Reisen in den USA 222
Unterkunft und Essen 224
Aktivitäten 227
Informationen von A – Z 229

Abbildungsnachweis 236
Verzeichnis der Karten und Pläne 236
Register 237

Land
und Leute

»Schon früh machten phantastische Bildungen der Natur – wie der Grand Canyon und Yosemite- und Yellowstone-Park – tiefen Eindruck auf uns. Die Indianer hatten sie als heilige Stätten verehrt, in denen Götter verkehrten, und wir alle begannen nach und nach Ähnliches zu empfinden.«

John Steinbeck

Die USA im Überblick

Geographie: Strände und Plains, Rocky Mountains und Plateaus

Tierwelt: kleine Erdhörnchen, mächtige Bisons

Bevölkerung: Aus aller Herren Länder...

Geschichte: keine Spur von Kolumbus – die Entdeckung Nordamerikas

Kunst: von der Western zur Pop Art

Weit reicht der Blick vom Canyon Overlook (1562 m) über den Zion National Park

Die USA im Überblick

Geographische und kulturelle Gliederung

Das kontinentale Kernland der USA, ohne Alaska und Hawaii, mit 48 Bundesstaaten bedeckt eine Fläche von rund 7,8 Mio. km^2 und ist damit 22 mal so groß wie Deutschland. Von Osten nach Westen unterscheidet man sechs geographische Bereiche:

– die **atlantische Küste** mit unendlich erscheinenden Stränden, vorgelagerten Nehrungen und Inseln sowie einer bis zur Golfküste reichenden Ebene von Massachusetts bis Florida;

– die **Appalachen**, die sich parallel zur Küste von New Hampshire bis nach Alabama erstrecken;

– das **zentrale Flachland** zwischen Appalachen und Rocky Mountains, zu dem östlich des Missouri/Mississippi zwischen Golfküste und den Großen Seen ausgedehnte Hügellandschaften gehören. Westlich der Linie Kansas City–Houston bestimmen die Great Plains mit Weizenfeldern und Weiden das Bild der Landschaft. Eine Sonderrolle spielt die Golfküstenebene, die beiderseits des Mississippi bis zu 900 km tief ins Binnenland reicht und sich in Florida mit der atlantischen Küstenebene vereinigt;

– die **Rocky Mountains**, die sich von Montana und Idaho durch die Staaten Wyoming, Utah, Colorado und New Mexico ziehen;

– die **intermontanen Plateaus**, weitgehend ebene, vegetationsarme Landschaften unterschiedlicher Höhenlagen zwischen den Rocky Mountains und der Küstenkordillere, die sich von der kanadischen Grenze bis nach Mexiko erstrekken;

– das **pazifische Gebirgssystem**, das in die Kaskaden und der sich in Kalifornien anschließenden Sierra Nevada sowie der Coastal Range entlang der Pazifikküste geteilt ist. Dazwischen liegt ein schmaler Streifen kargen Landes, der dank ausgeklügelter Bewässerung zu den ertragsreichsten Obst- und Gemüseanbaugebieten der USA gehört.

Unter historisch-kulturellen Gesichtspunkten unterteilt man die USA in vier Großräume:

– den **Nordosten** zwischen Erie- und Ontario-See und dem Atlantik mit den Neu-England-Staaten als Ausgangspunkt der weißen Besiedlung Nordamerikas, heute die am dichtesten bevölkerte Region;

– den südlich von Washington D.C. beginnenden **Süden**, der bis Texas reicht und alle ehemaligen Sezessionsstaaten (vgl. S. 22) umfaßt;

– den **Mittleren Westen** der Anrainerstaaten von Michigan und Superior Lake und ihrer südlichen und westlichen Nachbarn, der auch die Präriestaaten Oklahoma, Kan-

›Steckbrief‹ USA

Staatsform: Föderalistisch strukturierte Präsidialrepublik (50 Bundesstaaten; Hauptstadt: Washington D.C. (District of Columbia)
Fläche: einschließlich Hawaii und Alaska 9 363 123 km²; kontinentale USA 7 827 618 km² (Bundesrepublik Deutschland: 357 000 km²)
Bevölkerungsdichte: 33 Einwohner/km² ohne Alaska und Hawaii (Bundesrepublik Deutschland: 224 Einwohner/km²)
Bevölkerung: 260 Mio., davon weiß (einschließlich Hispanics): 217 Mio., schwarz: 32,5 Mio., andere: 10,5 Mio.; Stadtbevölkerung 207 Mio. (= 79 %), Anzahl der Haushalte: 97 Mio.
Größte Ballungsräume: New York (ca. 17 Mio. Einwohner), Los Angeles (ca. 15 Mio.), Chicago (ca. 8 Mio.), San Francisco Bay (ca. 6 Mio.)
Bevölkerungszuwachs: 0,7 % jährlich aus Geburtenüberschuß, außerdem Zuwachs aus – überwiegend illegaler – Einwanderung
Lebenserwartung: Frauen 79 Jahre (weiß), 75 Jahre (schwarz); Männer 73 Jahre (weiß), 67 Jahre (schwarz)
Religion: ca. 80 Mio. Protestanten (Baptisten, Methodisten, Lutheraner u.a.), 55 Mio. Katholiken und 6 Mio. Juden
Wirtschaft: Bruttosozialprodukt: 6 575 Mrd. US$, 50% entfallen auf den Dienstleistungssektor; Exporte 465 Mrd. US$, Importe: 581 Mrd. US$; Abhängig Beschäftigte: 121 Mio.; Arbeitslosigkeit: insgesamt 5,5%, Minoritäten 10%; Inflationsrate: ca. 3 %; Durchschnittseinkommen: pro Kopf der Bevölkerung 20 700 US$/Jahr; pro Familie (Arbeitnehmerhaushalt mit vier Personen) 38 000 US$/Jahr. Einkommensverteilung: Die ärmsten 20 % der Bevölkerung verfügen über 4,5% des Volkseinkommens, die oberen 25 % über mehr als 60%. Unter der Armutsgrenze (15 142 US$/Jahr für einen Vier-Personenhaushalt) leben über 40 Mio., davon ca. 65% Weiße und 35% Farbige
Staatshaushalt (Bund): 1 482 Mrd. US$, davon Verteidigung 275 Mrd. US$, Soziales 581 Mrd. US$, Zinslast 292 Mrd. US$
Personalstärke des Militärs: insgesamt 1 665 000 Männer und Frauen, davon Landstreitkräfte: 550 000, Luftstreitkräfte: 425 000, Seestreitkräfte 510 000, Eingreifreserve *(Marine Corps)*: 180 000
Bildung: 12jährige Schulpflicht. 1–2jährige Vorschule; 6–8jährige Elementary School, (4–)6 Jahre Highschool; 4 Jahre College (Abschluß: *Bachelor*); anschließend ggf. ca. 2 Jahre Universät; eine formalisierte Berufsausbildung fehlt, stattdessen gibt es *on the job training* und eine Vielzahl staatlicher und privater Aus- und Fortbildungsinstitutionen

Bisons in der Landschaft des Yellowstone National Parks in Wyoming

sas, Nebraska und die Dakotas einschließt:

– den **Westen**, der das gesamte, erst ab Mitte des vergangenen Jahrhunderts (amerikanisch) erschlossene Gebiet westlich der Präriestaaten und Texas umfaßt.

Vegetation und Tierwelt

Der Osten der USA war zur Zeit der ›Entdeckung‹ Amerikas durch ausgedehnte Waldlandschaften gekennzeichnet, die im Norden und im Bereich der Appalachen noch immer große Flächen bedecken. Vor allem die Mischwälder zwischen den Großen Seen, Great Smoky und Blue Ridge Mountains sowie in Neu-England sind für ihre phantastische Herbstlaubfärbung in allen erdenklichen Gelb- und Rottönen im *Indian Summer* von Ende September bis Ende Oktober berühmt. Weiter südlich dominieren Laubwälder, soweit sie nicht der agrarischen Nutzung zum Opfer fielen. Im feuchtheißen Klima der Golfanrainer und Georgias vermischen sich die Arten gemäßigter Breiten mit subtropischer Vegetation, die in Süd-Florida vorherrscht. An den südlichen Küsten von Golf und Atlantik findet man bis tief ins Landesinnere reichende Mangrovensümpfe.

Die Prärien westlich des Mississippi waren ursprünglich reine Graslandschaften, die größtenteils dem Getreideanbau zum Opfer fielen. Soweit in den trockenen Zonen eine intensive Landwirtschaft nicht möglich war, blieben die Kurzgrasgebiete als ausgedehnte Weideflächen für die Rinderzucht erhalten.

Unermeßliche Wälder bedecken die Gebirgsketten des Westens der USA. In den Trockenzonen der intermontanen Regionen überwiegen Steppen mit einer dürren Strauch- und Hartgrasvegetation, die im Süden (New Mexico, Arizona, Kalifornien) durch Kakteen und andere Sukkulenten ergänzt wird. Wo Bewässerung die Voraussetzung für landwirtschaftliche Nutzung schaffte, zeigen sich diese Regionen als überaus fruchtbar.

Die einst vielfältige und zahlreiche Tierwelt Nordamerikas wurde vor allem während der Pionierzeit dezimiert, wie etwa die Büffel, die vor dem Eintreffen des ›Weißen Mannes‹ zu Millionen durch die Prärie streiften. Einige vom Aussterben bedrohte Tierarten konnten nicht nur gerettet werden, ihre Bestände haben sich sogar wieder erholt. Dank einer Reihe von Freigehegen gibt es z. B. heute wieder einige Tausend der mächtigen Präriebisons.

In den USA sieht man auch eine Reihe ungewohnter Tiere, wie etwa Erdhörnchen *(ground squirrel)* und Waschbären *(racoons)*. Seltener bekommt man in Seen und Bächen nördlicher Regionen Biber und ihre Dammbauten zu Gesicht. Hier und dort findet man *prairie dog towns*, wo die squirrelähnlichen Präriehunde in Gruppen vor ihren Erdlöchern stehen, und in den westlichen Gebirgen den *cougar*, eine katzenähnliche Puma-Art. In geschützten Sumpfgebieten der Südstaaten, überwiegend in Florida,

oben: Erdhörnchen
Mitte: Junge Waschbären
unten: Koyote

leben wieder viele Alligatoren. Ebenfalls in Florida gibt es Flamingos. Langbeinige Reiher *(egrets)* und zahlreiche Pelikane gehören zum Bild vieler Küstenabschnitte im Süden. Die zahllosen Wasserläufe beheimaten alle möglichen Forellenarten, die hierzulande schon lange aus den Flüssen verschwunden sind. Trotz der Warnungen in einigen Nationalparks sieht man Bären eher selten.

Klima

Die klimatischen Verhältnisse in **Neu-England** sind mit denen in Norddeutschland vergleichbar, sieht man von höheren Temperaturspitzen und der sommerlichen Luftfeuchtigkeit ab.

Die **Appalachen-Region**, welche die kontinentale von der atlantischen Klimazone trennt, zeichnet sich vor allem auf der Ostseite durch erhebliche Niederschläge aus. Auch in den Sommermonaten kann Bewölkung in den Höhenlagen eine ungemütliche Witterung verursachen.

Im **zentralen Flachland** muß zwischen dem Bereich östlich einer Linie von Winnipeg nach Dallas, einer relativ niederschlagsreichen Zone, und der trockenen Westregion unterschieden werden. Die hohen Sommertemperaturen erreichen im Golfküstenbereich im Juli und August oft unerträgliche Werte.

Der **Westen** mit Ausnahme der Pazifikküste nördlich von San Francisco wäre als ›Gutwettergebiet‹ global zutreffend beschrieben. Die intermontanen Regionen sind bis September heiß und trocken, wobei in den höheren Plateaubereichen auch im Sommer angenehme Temperaturen herrschen. Niederschläge beschränken sich durchweg auf kurze Regenperioden. Im äußersten Südwesten sind Hitze und Trockenheit ausgeprägter. Die Höhenzüge der Kordilleren hingegen unterliegen einem wechselhafteren Klima mit niedrigeren Temperaturen und nennenswerten Niederschlägen auch im Sommer.

Entlang der **nördlichen Pazifikküste** dominiert ein frisches Meeresklima, das auch im Sommer kühle Tage und Regen mit sich bringt. Südlich von San Francisco werden die pazifischen Einflüsse bereits vom ›mediterranen‹ Wetter Süd-Kaliforniens überlagert.

Bevölkerung

In den Vereinigten Staaten leben rund 260 Mio. Menschen (33 Einwohner pro km^2 – BRD: ca. 224 Personen pro km^2). Zwar sind die USA vor allem im Osten sehr dicht bevölkert, doch ein Großteil der agrarischen Landstriche weist nur eine weit verstreut lebende Einwohnerschaft auf, während riesige Gebiete im Westen nahezu menschenleer sind. Fast 80 % aller

Amerikaner leben in Ortschaften mit mehr als 2500 Einwohnern, davon wiederum etwa zwei Drittel in Städten ab 10 000 Einwohnern.

Ein Kennzeichen der amerikanischen Bevölkerung ist ihre vielfältige Zusammensetzung. Während die Bürger europäischer Abstammung trotz unterschiedlicher ethnischer Zugehörigkeit weitgehend integriert sind, bleiben die Angehörigen anderer Rassen und Kulturkreise separiert. Das gilt vor allem für die schwarze Minderheit mit ca. 12,5 % der Gesamtbevölkerung, die sich auf die Metropolen im Osten konzentriert und in manchen Städten sogar die Mehrheit stellt. Eine schnell wachsende Minorität von heute etwa 10 % sind die Latinos, Bürger lateinamerikanischer Abstammung. Die starke Konzentration der Latinos im Süden führte in einigen Bundesstaaten (Süd-Kalifornien, Arizona, New Mexico und Florida) bereits dazu, daß Spanisch als zweite Sprache gilt. Weitere Minderheiten gehen auf lange zurückliegende Einwanderungswellen (Chinesen, Japaner) und auf Immigrationsbewegungen jüngerer Zeit (Philippinos, Vietnamesen) zurück. Indianischer Abstammung sind etwa 3 Mio. Amerikaner. Sie haben in den letzten Jahren nach langen Dekaden der Agonie wieder ein stärkeres Selbstbewußtsein gewonnen (vgl. S. 18).

Amerikanisches Ferienidyll

Indianer

Minorität im eigenen Land

Ein unrühmliches Kapitel in der jungen, vom ›Weißen Mann‹ geprägten Geschichte Nordamerikas ist die Tragödie der Indianer. Trotz der skrupellosen Ausrottung ganzer Stämme während der Pionierepoche und einer durch Vertreibung und Krankheiten erfolgten weiteren Verminderung der Urbevölkerung bis auf ein Viertel ihrer geschätzten Zahl vor Kolumbus sind die Indianer aber nicht (mehr) vom Aussterben bedroht. Im Gegenteil, gegenwärtig soll ihr Bevölkerungsanteil mit rund 3 Mio. wieder in etwa den Stand des Jahres 1500 erreicht haben. Mit dem Bevölkerungsanstieg ging vor allem in jüngster Zeit eine Renaissance indianischer Kultur einher, die auch zu einem wachsenden Interesse an ihrer Geschichte führte.

Obwohl sehr viele Indianer heute außerhalb von Reservaten leben, werden Reisende ihnen vornehmlich dort begegnen. Einige der größten dieser Territorien, in denen nicht die Gesetze des jeweiligen Staa-

Unten: Auf uralte Traditionen geht der Kopfschmuck der Cherokee Indianer zurück; Seite 19: Navajo-Indianerin im Monument Valley

tes, sondern spezielles Bundesrecht für Indianer gilt, liegen auf oder in der Nähe besonders beliebter Reiserouten durch den Westen der USA. Sie sind auf allen Karten deutlich gekennzeichnet, auf den Straßen zumeist mit dem Hinweis ›You Are Entering Indian Land‹.

In den überwiegend kargen und öden Landstrichen lebt die Mehrheit von der Sozialhilfe der Bundesregierung, die ihre Beamten vom Bureau of Indian Affairs entsendet. Zusammen mit den indianischen Selbstverwaltungsorganen sucht die Behörde Lösungen für Reservatsprobleme wie Arbeitslosigkeit, schlechte Schulausbildung, Jugendkriminalität und – insbesondere – Alkoholismus.

Bei einer Fahrt durch die Reservate wird deutlich, daß die Verbesserung der dortigen Lebensverhältnisse schnell an Grenzen stößt, die sich allein schon aus der mangelnden Qualität des zugewiesenen Landes ergeben. Das Erscheinungsbild der Siedlungen ist oft armselig und entspricht dem Zustand der Straßen und Häuser in ländlichen Wohngebieten anderer Randgruppen.

Im Gegensatz zum irritierenden äußeren Eindruck steht in einigen Regionen die stolze und eindrucksvolle Präsentation indianischer Relikte aus vorkolumbischer Zeit (*cliff dwellings* und Pueblos) und der vergangenen wie gegenwärtigen Kultur in Museen und Ausstellungen. Demonstrationen indianischer Tradition und Folklore während bestimmter Festtage sowie Tanz- und Musikfestivals *(Pow Wows)* können zu den besonderen Erlebnissen einer USA-Reise gehören. In sämtlichen Reservaten werden indianische Kunst- und Gebrauchsgegenstände aller Art, wie Silberschmuck, Tongeschirr, Web- und Lederwaren, Graphiken und Gemälde, angeboten. Kauft man *Indian Handicraft* direkt beim Künstler und nicht in den oft extrem teuren Läden umliegender Städte, besteht die Gewißheit, daß der Erlös in voller Höhe bei den Indianern verbleibt.

Daten zur Geschichte

vor 1513	Die Geschichte der menschlichen Besiedlung Nordamerikas beginnt vor 20 000 bis 30 000 Jahren mit der Einwanderung asiatischer Nomaden über die damals existierende Landbrücke zwischen Alaska und Sibirien. Ihre weitere Entwicklung verlief nach dem Verschwinden der Verbindung mit Asien unbeeinflußt von der anderer Kontinente. Vor Ankunft der Europäer lebten etwa 3 Mio. – von Kolumbus in Verkennung seines geographischen Standorts ›Indianer‹ genannte – Menschen in zahlreichen autonomen Gruppierungen in Nordamerika. Gemeinhin gilt die Landung von Kolumbus im Jahre 1492 auf den heutigen Bahamas als das ›Jahr Null‹ der amerikanischen Geschichtsschreibung. Gleichwohl setzte Kolumbus auf keiner seiner vier Reisen über den Atlantik seinen Fuß auf nordamerikanischen Boden, das blieb 1513 seinem einstigen Begleiter Juan Ponce de León vorbehalten. Nach dem Begründer der Erdteiltheorie für das neu entdeckte Land im Westen, Amerigo Vespucci, erhielt Amerika seinen Namen bereits 1507 von dem deutschen Kartographen Waldseemüller
1513	Der Spanier Juan Ponce de León landet an Floridas Gestaden
16. Jh.	Erkundung der Küsten Nordamerikas, erste Expedition ins Landesinnere und Inbesitznahme, vor allem durch Spanier (Florida und südwestliche Gebiete der USA) und Franzosen (La Nouvelle France zwischen St. Lorenz-Strom und Golfküste)
1609	›Geburtsjahr‹ der ersten britischen Kolonie Virginia mit der Gründung von Jamestown am James River südlich von Williamsburg. Gleichzeitig Gründung von Santa Fe durch die Spanier
1620	Landung der »Mayflower« mit den *Pilgrim Fathers* in Neu-England und Errichtung der Siedlung Plimoth
1626	Gründung von Neu-Amsterdam, dem späteren New York, durch die Holländer; sie hatten den Indianern die Insel Manhattan für Waren im Wert von 60 Gulden abgekauft
1626–1636	In kurzer Folge treffen neue Siedler ein und proklamieren entlang der Atlantikküste insgesamt sieben zunächst separate Kolonien
1664	Durch Besetzung von Neu-Amsterdam, New Jersey und das ebenfalls holländische Delaware runden die Briten ihre amerikanischen Besitzungen ab
1681	Gründung der neuen Kolonie Pennsylvania durch Quäkerbrüder unter William Penn
1682	Ausrufung von Louisiana durch die Franzosen für den Bereich um die Mississippi-Mündung

1718 Gründung von New Orleans

1732 Ausdehnung des britischen Einflusses durch die neue Kolonie Georgia. Die Engländer beherrschen damit die gesamte Ostküste mit Ausnahme von Florida. Die Appalachen bilden eine natürliche Grenze zu den menschenleeren, von den Franzosen beanspruchten Regionen. Mit Rücksichtnahme auf Frankreich untersagt die britische Krone ihren Kolonisten ein weiteres Vordringen. Der daraus resultierende Unmut gegen das Mutterland verschärft sich weiter durch auferlegte Zölle

1773 Bei der Boston Tea Party kippen als Indianer verkleidete Bürger die Teeladung eines englischen Handelsschiffes ins Meer. Der Zwischenfall weitet sich zum Unabhängigkeitskampf aus

1776 Am 4. Juli proklamieren die 13 britischen Kolonien als Vereinigte Staaten von Amerika ihre Unabhängigkeit

1783 Die Anerkennung erfolgt nach wechselvollen Kämpfen erst im Frieden von Versailles. Gleichzeitig weitet der junge Staat sein Gebiet bis zum Mississippi aus. England bleibt in Kanada und im pazifischen Nordwesten präsent

1789 Die demokratische Verfassung tritt in Kraft, George Washington wird erster Präsident der USA

1800 Das eigens für diesen Zweck gegründete Washington D. C. wird Hauptstadt

1803 Im *Louisiana Purchase* erwerben die USA über 2 Mio. km^2 Land westlich des Mississippi für 15 Mio. Dollar von den Franzosen

1818 Nach Klärung der Beziehungen zu Großbritannien, das 1814 einen weiteren Krieg gegen die Vereinigten Staaten verloren hatte, übernehmen die USA zusätzliche Gebiete im Norden des mittleren Westens

1836 Die mexikanische Provinz Texas erkämpft sich die Unabhängigkeit und wird 1845 US-Bundesstaat.

1846 Großbritannien verzichtet endgültig auf Ansprüche in den heutigen US-Staaten Oregon, Washington, Idaho sowie Teilen von Montana und Wyoming

1846–1848 Siegreicher Krieg der USA gegen Mexiko, das seine Gebietsansprüche im heutigen Südwesten, einschließlich Kalifornien, Nevada und Utah, aufgibt

1853 Im *Gadsden Purchase* wird Mexiko für 10 Mio. Dollar ein Landstreifen zwischen Rio Grande und Colorado River abgekauft, der die kontinentalen USA ›komplettiert‹. Aus den in rascher Folge hinzugewonnenen Territorien im Westen bilden sich erst nach und nach Bundesstaaten. Als letzte treten New Mexico und Arizona 1912 der Union bei

1861 Die Frage der Sklavenhaltung führt zur Sezession von elf Südstaaten aus dem damals 34 Staaten zählenden Verbund und zur Gründung der ›Konföderierten Staaten von Amerika‹. Es kommt zum Bürgerkrieg

1865 Ende des Bürgerkriegs mit einer Niederlage des Südens. Die Union wird wiederhergestellt, die Sklaverei abgeschafft. Präsident Abraham Lincoln fällt einem Attentat zum Opfer

1865–1886 Die USA wenden sich der Einverleibung der im Westen annektierten Territorien zu und brechen endgültig den Widerstand der Indianer gegen die Landnahme weißer Siedler. Die letzten noch freien Stämme werden in Reservate umgesiedelt

1867 Kauf Alaskas vom zaristischen Rußland für 7,2 Mio. Dollar

1890 Offiziell erklärtes Ende der *Frontier*-Zeit, während der eine kontinuierliche Ausdehnung der USA stattgefunden hatte. Die Zeit des internationalen Isolationismus endet ebenfalls. Die USA entwikkeln sich in der zweiten Hälfte des 19. Jh. dank eines beispiellosen Bevölkerungswachstums durch Einwanderung (von 23 Mio. 1850 auf 75 Mio. im Jahre 1900), immenser Rohstoffvorkommen sowie der industriellen und agrarischen Stärke zu einer neuen Großmacht mit wachsend imperialistischen Zügen

1865 wird die Sklaverei abgeschafft, Jubel bricht unter der schwarzen Bevölkerung aus (zeitgenössischer Holzstich)

1898 Krieg gegen Spanien. Die USA übernehmen die spanischen Kolonien Puerto Rico, Philippinen und Guam für 20 Mio. Dollar. Das Königreich Hawaii wird annektiert

1899 Annexion von Samoa

1903 Gründung des Staates Panama von amerikanischen ›Gnaden‹ anläßlich der Kanalbauplanung

1917 Eintritt der USA in den Ersten Weltkrieg, aus dem sie als Sieger- und Weltmacht hervorgehen

1929 Der ›Schwarze Freitag‹ an der New Yorker Börse führt zur Weltwirtschaftskrise

1933 Franklin Delano Roosevelt wird 32. und wegen des *New Deal* (Kampf gegen die Massenarbeitslosigkeit, Einführung einer Sozialgesetzgebung etc.) vielleicht bedeutendster Präsident

1941 Überfall der Japaner auf Pearl Harbor am 7. Dezember, Kriegserklärung an Japan und die Achsenmächte

1945 Mit dem Ende des Zweiten Weltkriegs steigen die USA zur bedeutendsten Weltmacht auf

1949 Gründung der NATO

1950 Beginn des drei Jahre währenden Korea-Kriegs

1957 Der Start von »Sputnik I und II« veranlaßt die USA zu erheblichen Anstrengungen in der Weltraumforschung

1959 Alaska und Hawaii werden als 49. und 50. Bundesstaat in die Union aufgenommen

1960 Wahl von John F. Kennedy

1962 Die Kuba-Krise führt knapp an einer militärischen Konfrontation mit der Sowjetunion vorbei

1963 Am 22. November fällt Präsident Kennedy in Dallas einem Attentat zum Opfer. Nachfolger wird Lyndon B. Johnson

1964 Schon Kennedy hatte das US-Engagement in Vietnam verstärkt, eskalierende Schritte führen zum Krieg

1968 Martin Luther King jr. und Robert Kennedy werden ermordet

1969 Die Amerikaner Armstrong und Aldrin landen als erste Menschen auf dem Mond

1973 Beendigung des Vietnam-Kriegs. Erstmals in ihrer Geschichte ziehen sich die Amerikaner sieglos zurück

1974 Die Watergate-Affäre führt zum Rücktritt von Präsident Richard Nixon

1979 Das Geiseldrama in der amerikanischen Botschaft von Teheran markiert auch das Ende der wenig erfolgreichen Präsidentschaft von Jimmy Carter

1981 Der Schauspieler Ronald Reagan regiert – nach seiner Wiederwahl 1985 – acht Jahre lang als Präsident

1989 George Bush wird 41. Präsident
1991 Golfkrieg
1993 Mit Bill Clinton übernimmt erstmals nach Jimmy Carter wieder ein Demokrat die Präsidentschaft
1994 Etablierung einer Freihandelszone von Mexiko bis Kanada
1995 Das militärische und diplomatische Eingreifen der USA führt zur Beendigung des Bosnienkonflikts

Weltmacht USA

Wie kam es dazu?

Nach dem weitgehenden ›Hinauswurf‹ der europäischen Kolonialmächte aus Gebieten, die von den jungen USA beansprucht wurden, verbat sich 1823 Präsident Monroe in einer nach ihm benannten Doktrin deren weitere Einmischung in Angelegenheiten auf dem gesamten amerikanischen Kontinent. Gleichzeitig bekundete er den expliziten Verzicht seines Landes auf Interventionen außerhalb der eigenen Grenzen.

Eine derartige, für einen großen Staat seinerzeit äußerst ungewöhnliche Selbstbeschränkung fiel Monroe nicht sonderlich schwer. Die Amerikaner waren bis zur endgültigen Konsolidierung ihres Territoriums um 1890 noch vollauf mit ihrer eigenen Entwicklung beschäftigt. Expansionistische Bestrebungen konnten sich im Bürgerkrieg und vor allem im Drang nach Westen ›austoben‹. Die USA spielen in den Annalen der Weltgeschichte denn auch vor Ende des 19. Jh. nur eine Nebenrolle. Nach dem Wiederaufbau des im Krieg zerstörten Südens und dem Ende der *Frontier*-Zeit (s. S. 22) wurden jedoch die Stimmen lauter, die eine Beendigung des Isolationismus forderten. Die Vorstellung, daß die wegen ihrer Fläche, ihrer Bevölkerungszahl und ihres mittlerweile erreichten industriellen Potentials bedeutenden Vereinigten Staaten unter ökonomischen wie weltpolitischen Gesichtspunkten nicht abseits stehen dürften, setzte sich durch. Auch der Gedanke einer ›nationalen Mission‹, der Vermittlung amerikanischer Werte, spielte beim Wunsch nach einer neuen, aktiven Außenpolitik eine wichtige Rolle.

International deutlich Flagge zeigten die USA erstmals im Samoa-Konflikt mit dem deutschen Kaiserreich in den 80er Jahren, der entscheidende Impulse zum Ausbau der Kriegsflotte gab. Ausgerechnet unter Berufung auf die Monroe-Doktrin fühlte sich Amerika wenig später berufen, bei Grenzstreitigkeiten zwischen Großbritannien und Venezuela in seiner nun proklamierten Interessensphäre Südamerika zu intervenieren. Kampfhandlungen wurden knapp vermieden, aber die nächste Gelegenheit zum militärischen Eingreifen bot sich bald: Aufstände der Kubaner gegen die spanischen Kolonialherren und die Explosion eines amerikanischen Schlachtkreuzers im Hafen von Havanna führten 1898 zum kurzen Krieg gegen Spanien. Die überlegene US-Marine versenkte die kleine spanische Flotte vor Kuba, die Insel gelangte unter US-Einfluß. Gleichzeitig fiel Puerto Rico an die USA und ebenfalls – nach einem weiteren Handstreich zur See – die spanisch beherrschten Philippinen, wenig später Hawaii und die Samoa-Inseln.

Mit Beginn der Präsidentschaft Theodore Roosevelts im Jahre 1901 geriet die imperialistische Politik endgültig zur Staatsdoktrin. Roosevelt sorgte für eine massive Aufrüstung und formulierte den Anspruch der Amerikaner als ›Weltpolizei‹. Er übernahm die Kontrolle des amerikanischen ›Hinterhofs‹, Karibik und Lateinamerika. In seine Regierungszeit fielen eine weitere Intervention auf Kuba samt Errichtung eines Marionettenregimes und der Bau des Panama-Kanals, verbunden mit der Gründung des Staates Panama, dessen Fläche von Kolumbien kurzerhand annektiert wurde.

Der Eintritt der USA in den Ersten Weltkrieg brachte ab 1917 die Wende zugunsten der Westmächte. Nicht nur militärisch, sondern auch wirtschaftlich übernahmen die Amerikaner nach dem Sieg über die Achsenmächte die weltpolitisch führende Position von den geschwächten Staaten Europas. Das Potential Amerikas kam indessen erst im Zweiten Weltkrieg gänzlich zum Tragen. Mit bis zu 16 Mio. Soldaten unter Waffen und einer Produktion von Kriegsmaterial, der Deutschland und Japan quantitativ nichts entgegenzustellen hatten, sorgten die USA für den Sieg der Alliierten und übernahmen nach 1945 die lange Zeit unangefochtene Rolle der absoluten Supermacht. Das Fiasko des Vietnam-Kriegs und darauf folgende wirtschaftliche Rückschläge führten zu einer vorübergehenden Schwächung dieser Position. Mit der Ost-West-Entspannung und dem Sieg im Golfkrieg übernahmen die Amerikaner international wieder die Führungsrolle. Trotz des verunglückten Somalia-Abenteuers unter UN-Hoheit sind sie weiterhin als einzige Macht weltweit präsent. Das zeigte auch ihr starkes Engagement bei der Beendigung des Bosnien-Konflikts.

Staat und Verwaltung

Die politische Landschaft der USA ist neben dem föderalistischen Aufbau durch die Präsidialverfassung, das Zweiparteiensystem und ein hohes Maß an Basisdemokratie gekennzeichnet. An der Spitze der Nation steht der alle vier Jahre gewählte Präsident, der mit einer für europäische Verhältnisse ungewöhnlichen Machtfülle ausgestattet ist. Gleichzeitig mit dem Präsidenten erhält der politisch eher bedeutungslose Vizepräsident sein Mandat, der bei Krankheit oder Tod des Amtsinhabers dessen Geschäfte übernimmt. Obwohl der Präsident immer einer der beiden großen Parteien angehört, kann er die Minister ohne Parteibindung bestimmen.

Die Kontrolle der Regierungspolitik erfolgt durch den Kongreß, der aus Senat und Repräsentantenhaus besteht. Während je zwei Senatoren aus jedem Bundesstaat kommen, wird die Anzahl der 435 Abgeordneten im House of Representatives entsprechend der Einwohnerzahl der Bundesstaaten bestimmt. Bei der Gesetzgebung bedarf es einer Kooperation und Zustimmung aller drei Instanzen; der Präsident verfügt über das Vetorecht.

Die Abgeordneten im Kongreß sind entweder Mitglieder der demokratischen oder republikanischen Partei. Die Demokraten gelten, verglichen mit den als konservativ angesehenen Republikanern, eher als liberal. Bei Abstimmungen existiert kein Fraktionszwang, so daß ein Präsident zur Not auch ohne Mehrheit seiner Partei im Kongreß regieren kann.

Ebenso wie die USA als Ganzes besitzt jeder einzelne Bundesstaat

Im Capitol residieren Repräsentantenhaus und Senat. Die Regierungsgebäude der Einzelstaaten sind oftmals dem Washingtoner Vorbild nachempfunden

Präsidenten-Wahlkampf made in USA

Der alle vier Jahre wiederkehrende amerikanische Präsidentschaftswahlkampf hat sich im Fernsehzeitalter zum politischen Medienspektakel entwickelt. Ganz sicher liegt das auch am besonderen Auswahlmodus der Kandidaten. Wie in einem Wettkampf mit mehreren Qualifikationsläufen gehen zunächst mehrere Bewerber der beiden großen Parteien (Republikaner, Demokraten) ins langwierige Rennen.

Ob aus eigener Initiative, über die Unterstützung von Parteigruppierungen oder auch als ›Presseliebling‹ in diese Position geraten, Vorbedingung einer ernsthaften Kandidatur ist eine gut gefüllte Kasse für die teuren, landesweiten Wahlkampagnen. Seit Anfang der 70er Jahre genügt es dabei keinesfalls, vermögend zu sein. Kein Kandidat darf offiziell mehr als 50 000 Dollar aus Familienmitteln zum eigenen Wahlkampf beisteuern. Vielmehr muß er die Finanzierung aus privaten Spenden sicherstellen, die 5000 Dollar nicht übersteigen dürfen, und darüber, wie auch über die Verwendung der Mittel, Rechenschaft ablegen. Finanzielle Unterstützung aus dem Staatssäckel, auf die in Anbetracht der immensen Kosten kaum ein Kandidat verzichten kann, erhält nur, wer in mindestens 20 Staaten eine gewisse Summe an Kleinspenden unter 250 Dollar nachweisen kann. Um die nötigen Gelder aufzubringen, unterstützen mehrere tausend Political Action Committees (PACs) die Kandidaten mit Spendengeldern. Neben idealistisch und lokalpatriotisch gesonnenen PACs sind das in vielen Fällen Interessengruppen. Bei einem Wahlsieg ist die Berücksichtigung ihrer Anliegen ausgemachte Sache.

Die Spreu vom Weizen der Bewerber wird zwischen März und Juli des Wahljahres staatenweise in parteiinternen *Primaries* (Vorwahlen) oder durch *Caucus* genannte Abstimmungsprozeduren getrennt. Grundsätzlich gilt, daß in den Primaries interessierte Anhänger, die sich für diesen Zweck registrieren lassen müssen (nicht etwa nur Parteimitglieder), in einer indirekten Wahl über die Kandidaten abstimmen und damit Delegierte für die im August stattfindende nationale Parteiversammlung wählen. Im Caucus werden die Delegierten in langwierigen Sitzungen bestimmt. Es besteht zwar eine klare, verbal proklamierte Festlegung jedes Delegierten zu einem der Kandidaten, aber das Stimmverhalten ist nicht gebunden.

Auf den mehrtägigen, vom Fernsehen übertragenen *National Conventions* – aus unserer Sicht politische Karnevalsveranstaltungen – mit

Little Rock, Arkansas: Bill Clinton feiert seinen Wahlsieg

mehreren tausend Delegierten und Ersatzleuten wird nach allerhand Gezerre hinter den Kulissen der Präsidentschaftskandidat aus dem Kreis der verbliebenen Bewerber gewählt. Dank der Stimmen, die wegen vorzeitig aus der Konkurrenz ausgeschiedener Kandidaten frei wurden, und der nie fehlenden ›Wankelmütigen‹ sind die endgültigen Nominierungen im voraus oft schwer kalkulierbar und spannende Höhepunkte des Wahlkampfes.

Der offizielle Wahlkampf der Kandidaten beider Parteien beginnt nach dem Labor Day und verläuft in eher konventionellen Bahnen mit Veranstaltungen und Fernsehdebatten bis November. Am Wahltag sind heute rund 185 Mio. wahlberechtigte Amerikaner aufgerufen, zu den Urnen zu gehen. Die traditionell niedrige Wahlbeteiligung beträgt zwischen 50 % und 60 %. Ein Grund dafür ist die Notwendigkeit, sich registrieren zu lassen, bevor man das Wahlrecht ausüben darf. Es gilt ein nach Staaten separiertes Mehrheitswahlrecht: Jeder Staat stellt eine nach seiner Vertretung im Kongreß festgelegte Anzahl von Wahlmännern *(Electors)*, die voll dem jeweiligen Sieger in einem Staat zufallen. Alle anderen Stimmen sind ohne Bedeutung.

Obwohl mit dem Ergebnis der neue Präsident im Prinzip feststeht, erfolgt seine Bestätigung erst über zwei weitere Schritte. Im Dezember geben die Wahlmänner in einer Zeremonie ihre Stimmen in der jeweiligen Staatshauptstadt ab. Das Ergebnis wird nach Washington übermittelt. Die Öffnung der Wahldokumente aus den 50 Staaten erfolgt Anfang Januar vor dem versammelten Kongreß. Erst mit der Verkündung des Resultats im Kapitol ist der Präsident endgültig gewählt.

eine eigene Verfassung. Regierungschef ist ein Gouverneur, der wie der US-Präsident vom Volk bestimmt wird. Seine Befugnisse unterliegen indessen einer schärferen Kontrolle, die ebenfalls durch einen Kongreß mit zwei Kammern ausgeübt wird. Der Gouverneur residiert in einem auch äußerlich fast immer dem Washingtoner Vorbild nachempfundenen Kapitol. Seine Position ist mit der eines deutschen Ministerpräsidenten vergleichbar. Die Einzelstaaten verfügen im Rahmen gewisser nationaler Vorgaben über eine stärkere Autonomie ohne Kooperationszwang mit den anderen Staaten der Union.

Die sich bei Präsidenten- und Gouverneurswahlen widerspiegelnde basisdemokratische Tradition (vgl. S. 28) setzt sich auf regionaler und lokaler Ebene fort. Die Bürgermeister *(Mayor)*, die Chefs der lokalen Polizeibehörde *(Sheriff)* und die Richter *(Judge)* werden direkt gewählt.

Bildungswesen

Wie andere Lebensbereiche war der Aufbau der schulischen Erziehung durch die Erfordernisse der Pionierepoche sowie durch die Notwendigkeit geprägt, die zahlreichen Immigranten auch mit Hilfe der Schule zu assimilieren.

Neben dem Erlernen der Grundfertigkeiten, der drei ›R‹ *(reading, [w]riting* und *[a]rithmetic)*, ging es um den möglichst direkten Bezug der Schulbildung zu den Erfordernissen des Arbeitslebens. Siedler, die in den neu erschlossenen Gebieten für ihre Kinder eine Schulbildung anstrebten, mußten sich selbst darum kümmern. Die Schule war notgedrungen eine lokale, im besten Fall regionale Angelegenheit. Diese örtliche Zuständigkeit blieb trotz der mittlerweile landesweit einheitlichen Struktur des Schulsystems erhalten. Lokale School Boards in mehr als 20 000 School Districts legen heute die von Staat zu Staat unterschiedlichen bildungspolitischen Vorgaben der Erziehungsbehörden nach ihren Vorstellungen und vor allem nach ihren finanziellen Möglichkeiten aus.

Im amerikanischen Bildungssystem steht an erster Stelle die als Kindergarten bezeichnete, freiwillige ein- bis zweijährige Vorschule. Es folgt die sechsjährige, in manchen Regionen achtjährige Elementary School, an die sich sechs bzw. vier Jahre Highschool anschließen. Bei der überwiegend sechsjährigen Version unterscheidet man die Junior und die Senior Highschool mit den Klassen sechs bis neun bzw. zehn bis zwölf.

Viel stärker als in Europa hat in dem Einwandererland USA die Schule die Aufgabe, das Sozialverhalten der Jugendlichen im Sinne traditioneller Normen zu beeinflussen. Durch ein umfangreiches Programm mit Aktivitäten, die nicht im Lehrplan enthalten sind (Fahrschu-

Gebäude der Harvard University. Studieren ist in den USA ein teures Vergnügen

le, Schul-Bands etc.), und gesellschaftliche Ereignisse hat die Schule einen deutlich höheren Stellenwert im Leben amerikanischer Jugendlicher als bei uns. Vor allem der Sport spielt dabei eine große Rolle.

Eine in unseren Augen erstaunliche Besonderheit der amerikanischen Erziehung ist der deutliche Patriotismus. Die Flagge *(Stars and Stripes)* gehört zur Grundausstattung jedes Klassenzimmers. In den meisten Bundesstaaten beginnt der Schultag mit einem Fahnengelöbnis. Nationale Wertvorstellungen prägen auch so manches Lehrfach. Das extrem auf die USA ausgerichtete Weltbild der meisten Amerikaner erstaunt daher kaum. Fremdsprachen, abgesehen von Spanisch im Südwesten, zählen nicht zu den bevorzugten Fächern.

Grundsätzlich besteht eine zwölfjährige Schulpflicht, aber nur ca. 70 % eines Jahrgangs absolvieren alle Klassenstufen. Der Rest bleibt als *drop-out* vorzeitig der Schule fern. Sofern die Schüler in der Highschool eine vorgeschriebene Anzahl von Pflicht- und Wahlkursen erfolgreich belegt haben, erhalten sie ohne weitere Prüfung ein Abschlußzeugnis (Highschool Diploma). Dieser Abschluß ist lediglich eine Voraussetzung für die Zulassung zum College. Zusätzlich muß jeder Studierwillige einen landesweit einheitlichen Test absolvieren. Die erreichte Punktzahl entscheidet über die Aufnahme.

Das stark verschulte Studium am College dauert vier Jahre. Die *Undergraduate Studies* schließen mit dem akademischen Grad eines *Bachelor* ab. Auf Mitteleuropa übertragen entspricht der College-Besuch den ersten vier Semestern einer Universität bis zur Vorprüfung. Durch ein weiteres, meist zweijähriges Studium an einer Universität erwerben Amerikaner den *Masters Degree,* einen unserem Universitäts- bzw. Fachhochschuldiplom vergleichbaren Abschluß.

Eine gute Ausbildung ist in den USA ein teures Vergnügen. Zwar sind die staatlichen Highschools schulgeldfrei, daneben gibt es jedoch zahlreiche private Schulen, die hohe Gebühren verlangen, deren Qualität aber gemeinhin höher geschätzt wird.

Neben dem formellen Bildungssystem findet man in den USA eine Vielfalt staatlicher und privater Aus- und Fortbildungsinstitutionen, die in Ergänzung des üblichen *on the job training* die Lücke schließen, die sich aus dem Fehlen einer formalisierten Berufsausbildung ergibt.

Religion

In den USA ist die strikte Trennung zwischen weltlicher und geistlicher Autorität nicht nur verfassungsmäßig festgelegt, sondern auch politisches Faktum. Eine alles dominierende, sich auf die Mehrheit der Bevölkerung stützende Staatskirche gibt es mit Ausnahme der Mormonen in Utah (s. S.133 f.) nicht. Andererseits sind Staat und Gesellschaft sehr viel stärker religiös durchdrungen als etwa in Deutschland. Der Glaube an Gott und an die von ihm bestimmte geschichtliche Rolle Amerikas gehört zu den Grundlagen des amerikanischen Selbstverständnisses.

Das *In God We Trust* auf allen Dollarnoten ist nicht nur traditionelle Floskel, sondern reflektiert an überaus geeigneter Stelle eine allen Bevölkerungsschichten gemeinsame Grundhaltung. Undenkbar, daß ein Präsident seine Fernsehansprachen nicht mit einem »God bless you all« oder »God bless America« abschlösse. Der Segen Gottes für die Nation oder die Anwesenden

Werbung für die Religion – in den USA kein seltener Anblick

Religion und Fernsehen

»Nächsten Donnerstag, sagt er [der Prediger], sei nun Thanksgiving Day. Jedermann in den Staaten äße an diesem Tag, dem schönen, alten Brauch folgend, seinen Turkey mit Cranberries, seinen Truthahn mit Preiselbeeren. Er selbst müsse jedoch darauf verzichten, er habe die Mittel nicht.

Die ganze Gemeinde seufzt von Herzen auf. Der arme, liebe, gute Bruder!

Aber, fährt der Bruder fort, so soll es auch sein! Ich bin ein Diener Gottes, und wer Gott dient, kann nicht gleichzeitig dem Mammon dienen. Das ist die Sache.

Jämen, Jämen! rufen zwei oder drei Stimmen hintereinander.

Wenn ich ein Bäcker wäre, könnte ich Geld machen, wenn ich ein Schuster wäre, könnte ich reich werden, wenn ich ein Bankclerk wäre, könnte ich Shares erwerben, aber ich bin ein Reverend, und so bin ich arm.

Bestätigendes Kopfnicken.

Und nun versucht er eine Viertelstunde lang, durch unzählige Beispiele seine notwendige Armut deutlich zu machen.[...] Sie [die Gläubigen] stimmen ganz mit dem Reverend überein, daß er alles in allem ein Mann von wunderbarer Tüchtigkeit ist und daß sie sich glücklich preisen müssen, von so einem einzigartigen, zu jedem Opfer bereiten Gottesknecht geleitet zu werden. Jämen!«

Manfred Hausmann beschreibt den Auftritt eines Predigers in einer Baptistenkirche, der bald darauf in wilde Tiraden gegen Sünde und Verruchtheit dieser Welt übergeht und den Anwesenden Fegefeuer und Höllenqualen in Aussicht stellt. Eben noch im Glückstaumel, verfällt die Gemeinde in ekstatische »Lord, help me«-Reaktionen, bevor am Ende die größten Sünder im ›Gospeltrain‹ der ersten Sitzreihe ihre letzte Chance bekommen, mitsamt dem Reverend in einem symbolischen Akt gen Himmel zu fahren. So erlebt vom Erzähler 1929.

Wer je einen der heutigen *Television Preacher* im Fernsehen erlebt hat, wird sich wundern: In den über 65 Jahren seither haben sich Botschaften und Art der Predigt kaum verändert. Es spricht einiges dafür, daß schon zu Hausmanns Zeiten mancher Reverend mitnichten auf den beschworenen Truthahn verzichtete und es trotz der drohenden Verdammnis mit dem eigenen Sündenfall im Zweifel weniger genau nahm, solange kein Gemeindemitglied davon erfuhr.

Die Garde der modernen TV-Prediger macht da keine Ausnahme, wie ihre treue und zahlungswillige Anhängerschar seit Ende der 80er Jahre durch immer neue Enthüllungen betroffen zur Kenntnis nehmen muß. Bescheidenheit und ein sündenfreies Leben zu predigen und sich an solchen, die Daseinsfreude erschwerenden Prinzipien selbst zu orientieren, sind zwei Paar Schuh. Besonders dann, wenn hohe Summen fließen, deren gottgefällige Verwendung niemand so recht kontrolliert. Die Stars unter den selbsternannten *Televangelists* bringen es auf 3 Mio. Dollar Spenden pro Woche. Fernsehzuschauer können die fehlende persönliche Anwesenheit bei den ausgestrahlten Heilsritualen durch einen Scheck ›wettmachen‹. Das Schöne daran ist, daß der jeweilige Betrag nicht nur ein Gebet des Predigers und seiner Schar zugunsten der Spender bzw. die Vergebung ihrer Sünden sicherstellt, sondern obendrein – da er gleichzeitig einem förderungswürdigen christlichen Zweck dient – steuerlich abgesetzt werden kann. Kein schlechter Startvorteil gegenüber profaneren Organisationen beim Wettbewerb um die Großzügigkeit des Fernsehpublikums.

Die Aufdeckung des Lebenswandels einiger der populärsten *Tele-Preacher* hat indessen dem Dollarsegen arg zugesetzt. Vor einigen Jahren wurde ausgerechnet Jim Bakker, ein Moralapostel wie er im Buche steht, Opfer einer Affäre mit seiner Assistentin. Als sie mit Aufdeckung des Seitensprungs drohte, kassierte sie erst einmal 265 000 Dollar Schweigegeld und machte den Fall dennoch publik. Bakker stellte sich zwar tränenüberströmt an der Seite seiner Frau Tammy vor die Fernsehkameras, bereute die Schande in einem landesweit übertragenen Auftritt und gelobte Besserung, aber es kam noch schlimmer. Der Staatsanwalt fragte nach der Herkunft des *hush money* und griff damit in einen Sumpf von Spendenmißbrauch und betrügerischen Machenschaften – vor allem zugunsten der eigenen Tasche des Christenmenschen Bakker, der mit seinem *Praise The Lord*-Imperium vor dem Skandal jährlich 130 Mio. Dollar umgesetzt hatte.

Weiter diskreditiert wurde die Branche, als die Presse dann auch noch die Nr. 1 unter den Wortgewaltigen, Jimmy Swaggart, sozusagen in flagranti mit einer Prostituierten ertappte, und ›Oral‹ Roberts während der Predigt seine Fernsehgemeinde mit der Einsicht überraschte, Gott würde seinem Leben ein Ende setzen, wenn nicht sogleich 4,5 Mio. Dollar gespendet würden.

Wer als TV-Prediger präsent ist, kann sich – trotz aller Skandale – nach wie vor einer großen (Fan-)Gemeinde sicher sein, die weit mehr zu finanzieren gewillt ist als einen »Turkey mit Cranberries«.

wird auch bei vielen durchaus weltlichen Anlässen (Sportveranstaltungen) und militärischen Zeremonien mit großer, von niemandem kritisierter Selbstverständlichkeit erbeten.

Die andersartige Religiosität der Amerikaner geht auch auf die zahlreichen Immigrantengruppen zurück, die einst wegen ihres ›sektiererischen‹ Glaubens in der Neuen Welt Zuflucht vor den Pressionen der jeweiligen europäischen Staatskirchen suchten. Zu ihnen zählten die Passagiere der »Mayflower« als erste Siedler an der Küste von Neu-England *(Pilgrim Fathers)*, die Mennoniten, Hugenotten und Quäker. Mit ihnen faßte eine als ›protestantische Ethik‹ bezeichnete Geisteshaltung in Amerika Fuß, die bis heute nachwirkt. Sie war dank ihrer auf Mehrung irdischer Güter bedachten Philosophie Triebfeder der Entwicklung des Kapitalismus amerikanischer Prägung. Die Idee des *American Dream* – Glück und Wohlstand als verdientes Ergebnis rechtschaffener, harter Arbeit – und ›protestantische Ethik‹ sind untrennbar miteinander verbunden.

Der Protestantismus blieb bis zur Gegenwart mit rund 80 Mio. bekennenden US-Bürgern die stärkste konfessionelle Kraft, obwohl – neben einer Handvoll Kirchen mit hohen Mitgliederzahlen wie den Baptisten (ca. 30 Mio.), Methodisten (ca. 14 Mio.) und Lutheranern (ca. 9 Mio.) – zersplittert in Hunderte von Gruppierungen und Sekten.

Abweichende Auffassungen in Glaubensfragen werden gemäß der Überzeugung, daß jedes Individuum die Freiheit eines eigenen Weges zur Gottesfindung besitzt, toleriert. Das gilt auch gegenüber anderen Konfessionen, speziell der katholischen mit 55 Mio. Gläubigen und den rund 6 Mio. Juden.

Für das einzelne Gemeindemitglied liegt die Bedeutung der Kirche vor allem in ihrer sozialen Funktion. Die Kirchen verfügen in vielen Fällen über Sportstätten und Räumlichkeiten für gesellige Veranstaltungen, sie organisieren Picknicks, Kegelabende und Vorträge und sorgen auch für geschäftliche Kontakte. In vielen Kleinstädten und ländlichen Regionen sind sie neben den Schulen die einzige Institution, die Freizeitaktivitäten anbietet. Tatsächlich steht dort, wer sich am Kirchenleben nicht beteiligt, mehr oder minder außerhalb der tonangebenden Gesellschaft.

Kunst und Kultur

Da kulturelles Schaffen auf dem ›neuen‹ Kontinent zunächst weitgehend europäisch inspiriert blieb, entwickelte sich eine eigenständige amerikanische Kultur – abstrahiert man einmal vom Sonderfall der Indianer – erst im 19. Jh. Interessanterweise gingen die bedeutendsten kulturellen Impulse von den USA im 20. Jh. aus, zeitgleich mit dem politischen Aufstieg des

Landes zur führenden wirtschaftlichen und militärischen Macht.

Literatur

Erste literarische, auch bei uns einem breiten Publikum bekanntgewordene Akzente setzten James Fenimore Cooper mit seinen »Lederstrumpf«-Büchern, Edgar Allan Poe mit hintergründigen Gruselgeschichten, Harriet Beecher-Stowe mit dem sozialkritischen Roman »Onkel Toms Hütte«, Herman Melville mit »Moby Dick« und ganz besonders Mark Twain mit seinen Mississippi-Helden aus Hannibal, Tom Sawyer und Huckleberry Finn (vgl. S. 117).

Amerikanische Autoren sind aus der Weltliteratur nicht mehr wegzudenken, sei es auf hohem literarischen Niveau, sei es im Bereich des Trivialromans mit millionenfacher Leserschaft. Jack London, Upton Sinclair, John Steinbeck, Sinclair Lewis, Thornton Wilder, Pearl S. Buck, Margaret Mitchell (»Vom Winde verweht«), Henry Miller, William Faulkner und Ernest Hemingway sorgten mit ihren Werken bereits vor dem Zweiten Weltkrieg für Aufsehen. Später machten Literaten wie Norman Mailer, Jack Kerouac, Truman Capote, Saul Bellow, John Updike, Vladimir Nabokov mit internationaler Resonanz von sich reden.

Das vorher europäisch orientierte Theater gewann in diesem Jahrhundert ebenfalls sein eigenes Profil. Dramatiker wie Eugene O'Neill, Thornton Wilder, Tennessee Williams und Arthur Miller wurden weltbekannt. Experimentelles Theater, wie das »Living Theatre« und andere avantgardistische Formen, nahmen ihren Ausgang in den USA, New York etablierte sich als internationales Theater-Mekka.

Musik

Wahrscheinlich nur im Vielvölker-Schmelztiegel Amerika konnten sich die beiden für die USA typischen Musikformen entwickeln – der Jazz und die Country & Western Musik. Während letztere ausschließlich von Weißen gepflegt wurde, entstand der Jazz als Musik der schwarzen und kreolischen Bevölkerung der Südstaaten. Kirchengesänge der Alten Welt mischten sich mit afrikanischen Rhythmen zu Spirituals und Gospel Songs. Arbeitslieder, die auf den Baumwollfeldern gesungen wurden, gehören heute zu den ›Klassikern‹. Erst Ende des 19. Jh. setzte sich der Jazz als eine von der Improvisation beherrschte Musikart durch, die von New Orleans ihren Siegeszug um die Welt antreten sollte.

Von dort verbreitete sich der Jazz zunächst über den Osten der USA mit Schwerpunkten in Kansas City, New York und – vor allem – Chicago. Gleichzeitig wurde die ursprünglich schwarze Musikform auch von weißen Interpreten aufgegriffen. Mit der Übernahme von

Jazz-Rhythmen durch Big Bands entwickelte sich der Swing, der den Jazz internationalisierte. Zum Oldtime Jazz gesellten sich nach dem Zweiten Weltkrieg Formen wie etwa der Cool und Free Jazz, aber auch der Soul.

Kaum erwähnt zu werden braucht der spätestens seit den 50er Jahren dominierende amerikanische Einfluß auf die internationale Unterhaltungsmusik. Vom Rock'n'Roll über Pop, Beat und Funk bis zum Hard Rock und Rap kommen die jeweils aktuellen Trends fast ausschließlich aus den USA.

Eine typisch amerikanische Entwicklung dieses Jahrhunderts ist das Musical, die US-Variante der Operette, deren Erfolgsstücke von New York aus über die Bühnen der Welt gingen und oftmals verfilmt wurden.

Film

Seit Erfindung der bewegten Bilder gelten die USA als führende Filmnation. Zwar profitierte die Filmindustrie in den 20er Jahren von deutschen Regisseuren, entwickelte aber auch aus eigener Kraft hohes künstlerisches Niveau. Ihre Position als *das* Filmland bauten die USA nach dem 2. Weltkrieg weiter aus. Die durch das Fernsehen verursachte Krise der 50er Jahre, die dem Glamour Hollywoods vorübergehend arg zusetzte, ist lange vergessen. Dank Video- und TV-Produktionen, Multimillionen-Dollar-Projekten und High-Tech-Einsatz erlebten die verbliebenen Filmfirmen, die meist multinationalen Konzernen einverleibt wurden, in den 80er Jahren und Anfang der 90er Jahre einen Aufschwung.

Bildende Kunst

Die bildende Kunst blieb stilistisch lange Zeit eng mit Europa verbunden, Eigenständigkeit zeigte sich im wesentlichen bei der Motivwahl. Realistisch, fast photographisch festgehaltene Naturansichten kennzeichneten die 1825 gegründete Hudson River School. Zu

Western Art: ›The Old Stage Coach of the Plains‹ von Frederic Remington

Berühmtheit brachte es der deutsche Emigrant Emanuel Leutze mit seinem Gemälde »Washington überquert den Delaware«, das heute im New Yorker Metropolitan Museum hängt. Prägnanteste Vertreter dieser Schule waren die Exponenten der Western Art, die Landschaften und Szenen aus dem Leben im Wilden Westen darstellten (Bierstadt, Moran, Remington, Russell). Ihre Werke fehlen in Kunstmuseen ebensowenig wie die naiven Gemälde der rein amerikanischen Primitive Art. Diese bereits im 19. Jh. entstandene Stilrichtung konnte sich bis heute als anerkannte, laienhafte Sonderform der Malerei behaupten.

Erst im 20. Jh. gewann die Kunstszene stärker an Eigenständigkeit. Von sich reden machte zwischen 1900 und 1930 die sogenannte Avantgarde. Rein amerikanisch sind die Neue Sachlichkeit der 30er Jahre mit Motiven des täglichen Lebens in realistischer Darstellung und die nach dem Ersten Weltkrieg aufgekommenen, mittlerweile als Kunstform anerkannten Comic Strips. Der abstrakte Expressionismus begann sich als amerikanische Stilrichtung ebenfalls noch vor dem Zweiten Weltkrieg zu entwickeln. Danach tendierte er mehr und mehr zum Action Painting und gänzlich Abstrakten. Parallel dazu entstanden die Richtungen der Minimal Art, Concept Art und die Pop Art. Mit ihr kehrte die figurative Malerei zurück, nun allerdings als Reflex auf die moderne Umwelt. Exemplarisch dafür ist Andy Warhols »Campbell Soup Can«.

Architektur

Das im Überfluß verfügbare Holz wurde zum vorherrschenden Baumaterial im Osten Amerikas, während im Südwesten nach dem Vorbild der Pueblo-Indianer nicht nur häufig Adobe (s. S. 124) benutzt, sondern auch ein pueblo-ähnlicher Baustil bis heute kultiviert wird.

Erst das Aufkommen des Stahls als Baumaterial und die Erfindung des Fahrstuhls begründeten Ende des 19. Jh. die Hochhausarchitektur als eine originär amerikanische Stilform. Die Hochhäuser würden ohne stählernen Rahmen in sich zusammenfallen. Er trägt nicht nur Zwischenböden und -decken, sondern auch die Wände, die wegen ihres hohen Eigengewichts nur so bis in schwindelerregende Höhen gezogen werden können.

Als ›Vater‹ der modernen Wolkenkratzerarchitektur gilt Louis Sullivan, dessen Schüler Frank Lloyd Wright zum bedeutendsten amerikanischen Architekten aufstieg. Neben Frank Lloyd Wright, für den die Hochhausarchitektur ein eher nebensächliches Betätigungsfeld war, spielten auch die Deutschen Walter Gropius und Mies van der Rohe eine wichtige Rolle.

Die seit der Jahrhundertwende allenthalben, besonders aber in Chicago und New York, emporschießenden Wolkenkratzer sorgten für hochhausspezifische neue Probleme. Neben den Schwierigkeiten, die aus der Ballung vieler Menschen auf engem Raum entstanden (Zufahrtstraßen, Parkraum, Wasserversorgung, Abwasser, Feuerschutz) und eher technischer Natur waren, führte die Entstehung tiefer, lichtarmer Straßenschluchten zu sogenannten Zoning Laws, die eine sich nach oben verjüngende Bauweise und später die Belassung von Freiflächen vorschrieben.

In jüngerer Zeit setzte die Architektengemeinschaft Skidmore, Owings und Merrill neue Akzente. Sie entwarf vollverglaste Bürobauten, u.a. den Sears Tower in Chicago, aber auch das avantgardistischen Hirshhorn Museum in Washington.

Herausragende Beiträge leisteten Louis Kahn und Philipp Johnson, der mit außergewöhnlichen Schöpfungen wie der gläsernen Garden Grove Community Church in Los Angeles oder dem schwarz verspiegelten Pennzoil Place in Houston in den 70er Jahren zur Postmoderne überleitete.

Mit der Renaissance der zeitweilig vernachlässigten Downtown-Bereiche der Großstädte in der vergangenen Dekade erhielt auch die Hochhausarchitektur neue Impulse. Wiederum machten in erster Linie Emigranten von sich reden: Der Deutsche Helmut Jahn u.a. mit dem State of Illinois Center in Chicago und der Japaner I. M. Pei, der nicht nur postmoderne Wolkenkratzer schuf, sondern auch für die John F. Kennedy Library in Boston und den Anbau der National Gallery of Art in Washington verantwortlich zeichnet.

Das Innere des State of Illinois Center in Chicago (Architekt: Helmut Jahn)

Routen durch die USA

Die Nordroute:
Von Boston nach Seattle

Die zentrale Route:
Von Washington D.C. nach San Francisco

Die Südroute:
Von Miami nach Los Angeles

Die Nordroute

Boston: Erinnerungen an eine Tea Party...

Eldorado für Waghalsige: die Niagara-Fälle

Wo der Wolkenkratzer erfunden wurde: Chicago

Mondlandschaften in den Badlands, Geysire im Yellowstone

Seattle, die nördlichste Großstadt der USA

Blick über die Michigan Avenue auf die Wolkenkratzer von Chicago City

Die Nordroute: Von Boston nach Seattle

Von Boston und der Atlantikküste geht es durch Up-State New York über die Niagara-Fälle zunächst nach Detroit und Chicago. Ein Sprung über die Prärien führt zum Mount Rushmore Monument und quer durch den Cowboystaat Wyoming zum Yellowstone. Weitere Nationalparks in Idaho und Washington State, darunter der grandiose Mount St. Helens Vulkan, liegen am Wege. Seattle, die grüne Großstadt am Meer, ist Endpunkt der Route.

Boston

Boston, neben New York preiswertester Zielflughafen jenseits des Atlantiks, bietet sich als Ausgangspunkt für die Nordroute durch die USA an. Der überschaubare Logan International Airport liegt keine fünf Straßenkilometer von der City entfernt. U-Bahn, Bus, Taxi und ein Water Shuttle (Bootsservice) befördern die Passagiere von der Flughafenhalbinsel East Boston in die Innenstadt.

Boston verfügt aus amerikanischer Sicht über ein europäisches Flair. Tatsächlich sind vor allem britische Elemente in der Altstadt und in den Stadtteilen Back Bay, Cambridge sowie Charlestown offensichtlich. Wie die meisten anderen Ballungsräume der USA erstickt auch Boston nahezu an der täglichen *rush-hour,* die jeweils mindestens drei Stunden dauert. Trotz eines relativ gut ausgebauten Nahverkehrssystems gehört Boston zu den Städten mit den größten Parkproblemen. Für den autofahrenden Besucher gilt daher die Empfehlung: Park and Ride (vorzugsweise die Subway), sofern nicht eine Unterkunft im Zentrumsbereich gebucht wurde, von der sich Altstadt und andere Sehenswürdigkeiten unmittelbar zu Fuß oder mit dem Touristen-Trolley erreichen lassen.

Zur Erkundung der Stadt startet man am besten an der U-Bahn Station Park Street in der südöstlichen Ecke des Boston Common. Dieser bereits 1634 als Exerzierfeld entstandene, älteste öffentliche Park der USA liegt heute zwischen Geschäfts- und Regierungszentrum, Chinatown und den Nobelvierteln

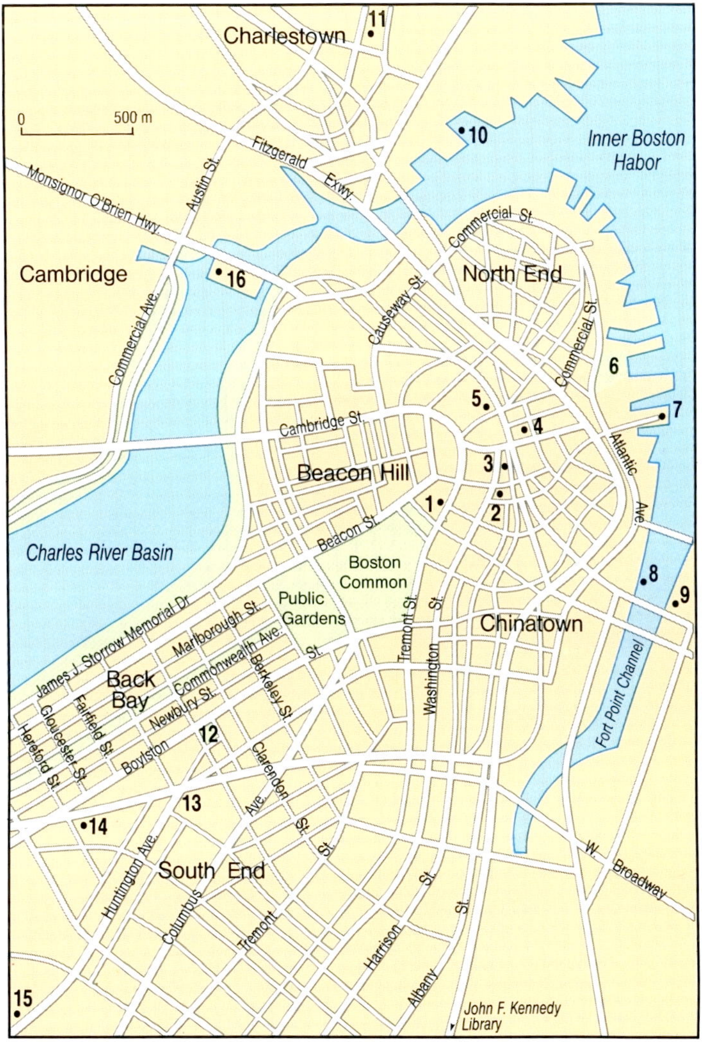

Boston 1 Friedhof 2 Old South Meeting House 3 Old State House 4 Markets 5 Government Center 6 Park 7 Aquarium 8 Tea Party Ship 9 Children's und Computer Museum 10 U.S.S. Constitution 11 Bunker Hill 12 Copley Sq. 13 Copley Pl. 14 Prudential Building 15 Museum of Fine Arts 16 Museum of Science

Beacon Hill und Back Bay. An seiner Südseite (Tremont St.) befindet sich sowohl ein Büro der Visitor Information als auch der Beginn des Freedom Trail. Der Freiheitspfad führt entlang einer roten Linie durch die Innenstadt und North End, vorbei an historischen Gebäuden und Gedenkstätten des Unabhängigkeitskampfes gegen die Briten bis zum Bunker Hill Monument auf der anderen Seite des Charles River in Charlestown.

Die Touristen-Trolleys passieren auf einer Rundstrecke in 90 Minuten reiner Fahrzeit die meisten wichtigen Punkte von Boston. Die Fahrgäste dürfen ihre Fahrt beliebig unterbrechen und wieder zusteigen. Boston kann man auf diese Weise innerhalb eines Tages recht gut kennenlernen. Weder zu Fuß (wegen der Entfernungen) noch mit eigenem Wagen (vor allem wegen der Parkprobleme) läßt sich das mit den Trolleys mögliche Besichtigungsprogramm nachvollziehen.

Auf dem *Granary Burying Ground* (1), einem alten Friedhof an der Hauptverkehrsader Tremont St. neben der Park Street Church, findet man bekannte Bostoner Namen auf den schiefen Grabsteinen. Das *Old South Meeting House* (2)

Das Zentrum von Boston

Ecke Washington St./Milk St. liegt zwischen Bürotürmen, welche die kleine Kirche schier erdrücken. Wäre nicht deren historische Bedeutung – hier nahm die Boston Tea Party ihren Ausgang –, die wenigsten würden von dem Haus zwischen Läden und Restaurants Notiz nehmen.

Das *Old State House* (3), ebenfalls in der Washington St., diente den britischen Kolonialherren und später den Staatsregierungen als Regierungssitz, bevor das imposante neue State House mit der markanten Goldkuppel an der Beacon St. errichtet wurde. Heute beherbergt das Gebäude aus dem Jahre 1713 das Geschichtsmuseum der Stadt.

Der zu einem Einkaufs- und Restaurantkomplex umgestaltete Bereich *South, Quincy* und *North Market* (4) mit der klassizistischen Faneuil Hall ist als Fußgängerzone angelegt. Die Auswahl an Open Air-Restaurants und Snack-Shops macht den Marktbereich zum idealen Anlaufpunkt für Mittags- oder Kaffeepausen. Westlich der Märkte liegt das *Government Center* (5) mit der City Hall und dem Kennedy Building. Der Beton des imposanten Regierungskomplexes steht im Gegensatz zum ›alten‹ Boston.

In östlicher Nachbarschaft zum Marktbereich befindet sich der *Waterfront Park* (6) mit dem eindrucksvollen *New England Aquarium* (7). Bootstouren durch den Hafen zur *U.S.S. Constitution* (10) aus dem 18. Jh., durch die vorgelagerte Inselwelt, zum Cape Cod sowie den Inseln Martha's Vineyard und Nantucket starten hier ebenso wie Ausflüge in den Atlantik zur Walbeobachtung. Zur Waterfront gehört auch der Fort Point Channel, wo das *Boston Tea Party Ship* (8) vor sich hindümpelt. Der historischen Bedeutung der im Dezember 1773 von aufgebrachten Bostoner Bürgern ins Wasser geworfenen 342 Teekisten wird die regelmäßig zelebrierte Wurfaktion eines einzigen schwimmfähigen Ballens am Seil nicht gerecht. Origineller ist schon das Museum für Kinder – *Children's Museum* (9) – auf der gegenüberliegenden Seite des Kanals und das allgemein gelobte *Computer Museum* gleich nebenan.

Nicht versäumen sollte man den Besuch der U.S.S. Constitution am Nordufer des Charles River. Es handelt sich um ein Schlachtschiff des 18. Jh., das kürzlich restauriert wurde. Unübersehbar erinnern auf dem Bunker Hill ein mächtiger Obelisk, das *Bunker Hill Monument* (11) sowie ein kleiner Park an die erste Schlacht des Unabhängigkeitskrieges. Eindrucksvoller als das Denkmal ist der Blick über Boston.

Ein Spaziergang durch den alten Stadtteil Beacon Hill zwischen dem Common und der Cambridge St. führt zu prachtvollen Anwesen und britisch anmutenden Stadthäusern des frühen 19. Jh. Romantische Gäßchen mit Kopfsteinpflaster und Gaslampen, aber auch der exklusive Louisburg Square lassen nahezu vergessen, daß man sich in einer amerikanischen Stadt befindet. Teilweise kaum minder nobel ist die Back Bay mit restaurierten Häusern des 19. und 20. Jh., die sich westlich an die Public Gardens anschließt.

Architektonische Gegensätze findet man am *Copley Square* (12) mit dem verspiegelten John Hancock Tower neben der ›romanischen‹ Trinity Church. Der mit 241 m höchste Büroturm von Boston besitzt eine Aussichtsplattform (Observatory), die bis 23 Uhr zugänglich ist. Die Shopping Mall *Copley Place* (13) schließt an den Copley Square an. Südlich des Copley Square liegt das Prudential Center zwischen Huntington Ave. und Boylston St. Das *Prudential Building* (14), ebenfalls mit Aussichtsstockwerk, dem Skywalk, ist das zweithöchste Gebäude der Stadt.

Außerhalb des unmittelbaren City-Bereichs sind vor allem folgende Sehenswürdigkeiten hervorzuheben: Das *Museum of Fine Arts* (15) an der Huntington Ave. in der südwestlichsten Ecke von Back Bay, leicht zu erreichen sowohl mit dem Auto als auch mit der Straßenbahn (Grüne Linie: Copley nach Arborway). Der riesige Bau beherbergt eine umfangreiche Sammlung ägyptischer, asiatischer und europäischer Kunst bis zu zeitgenössischen Americana. Das *Museum of Science* (16) im Science Park auf dem Charles River Damm hat eine eigene U-Bahn-Station. Der Komplex verfügt zwar auch über ein Parkhaus, dessen Einfahrt ist aber nur von Norden problemlos zu finden (nicht geeignet für Campingfahrzeuge). Neben dem naturwissenschaftlichen Museum gehören ein Planetarium und ein Omni-Filmtheater zum Wissenschaftspark.

Die John F. Kennedy Library liegt im Süden der Stadt. Die faszinierende Architektur des schneewei-

Kontraste: Spiegelung der Trinity Church im Hancock Tower

ßen Gebäudes und die exponierte Lage an der Dorchester Bay mit Blick über den Hafen und die Stadt sind die etwas komplizierte Anfahrt schon fast alleine wert (von der I-93 ausgeschildert; mit der U-Bahn rote Linie bis zur University of Massachusetts-Station, von dort kostenloser Bus). Im Museum der Bücherei wird der Lebensweg der beiden, Attentaten zum Opfer gefallenen Kennedy-Brüder in bisweilen arg verklärender Weise nachgezeichnet.

Zum Boston-Besuch gehört für viele ein Abstecher nach Cambridge zur Harvard University. Um den Stadtkern auf der Massachusetts Ave., der gleichzeitig Mittelpunkt des ausgedehnten Campus' ist, sind die altehrwürdigen Gebäude auf dem Harvard Yard sehenswert. Er grenzt direkt an den Harvard Square mit einem Geschäftszentrum, Restaurants, Kneipen und U-Bahn-Station. Angesichts der efeubegrünten Ziegelsteinbauten im Yard liegt der Ursprung des Begriffs *Ivy League* (›Efeu-Liga‹) für die alten Elite-Universitäten der USA auf der Hand. Eindrucksvoll dominiert die Widener Library mit ihren korinthischen Säulen diesen Teil des Campus. Von den verschiedenen Museen erscheint das Peabody Museum for Anthropology (Oxford St.), darin die indianische Abteilung, besonders sehenswert.

Information: Greater Boston Convention & Visitors Bureau, Prudential Tower Suite 400, PO Box 490, Boston MA 02199, ✆ 617-536-41 00. Informationskiosk an der Tremont Street (Nordostecke des Parks Boston Common). Der National Park Service unterhält Informationsbüros in der State Street neben dem Old State House und am Quincy Market.

Unterkunft: Hotels und Motels sind in Boston besonders teuer. Im Zentrum gibt es überwiegend hochpreisige Hotels der Oberklasse, die aber z.T. günstige *weekend rates* (ab ca. 100 $) bieten. Noch relativ citynah und einigermaßen moderat sind die beiden Howard Johnson-Hotels westlich Back Bay. Ein gutes Preis-Leistungsverhältnis bieten die beiden Häuser von Motel 6, ca. 10 Meilen südlich der City, 125 Union St. und 800 Morissey Blvd. In Neu-england hat B&B Tradition. Vermittlung: Bed & Breakfast Associates Bay Colony, ✆ 617-449-53 02.

Camping: Empfehlenswerter Campingplatz: Wompatuck State Park, ca. 25 Meilen südöstlich: Autobahn Nr. 3, Exit Nr. 14, dann Straße Nr. 228.

Die Umgebung von Boston

Zu den interessantesten Zielen in der Umgebung von Boston gehört **Salem**, 18 Meilen nordöstlich an der Massachusetts Bay gelegen (Straße Nr. 1A). Im alten Stadtkern kann man wie in Boston einer roten Linie folgen, die an historischen Gebäuden vorbeiführt. Als Salem Maritime National Historic Site wurde ein restaurierter Bereich des Hafens ausgewiesen. Überwiegend den maritimen Ursprüngen Salems ist auch das sehenswerte Peabody Museum gewidmet. Touristisch aufbereitet wird die Hexenverfolgung im 17. Jh.; ein Witch Museum befindet sich am Washington Square.

Auch **Cape Anne,** 25 Meilen weiter nördlich (autobahnähnlich ausgebaute Straße Nr. 128 oder Straße Nr. 127), mit dem heute stark kommerzialisierten Fischer- und Künstlerdorf **Rockport** (40 Meilen ab Boston) und schönen Stränden entlang der Küstenstraße 127 A und 127 über Pigeon Cove lohnt einen Ausflug. 42 Meilen südöstlich von Boston liegt Plymouth mit der Plimoth Plantation

Hafenszenerie im Fischer- und Künstlerdorf Rockport

(3 Meilen südlich des Orts an der Straße Nr. 3A), einer Nachempfindung der ersten Ansiedlung der Pilgerväter. Eine Replika ihres Schiffs »Mayflower II« ist im Hafen von Plymouth vertäut.

An der **Cape Cod National Seashore** (ca. 100 Meilen mit dem Auto oder per Schiff von Boston nach Provincetown – im Sommer täglich) findet man Naturschutzgebiete, endlose Dünen und Strände am kühlen Atlantik. In den kleinen Orten an der Straße Nr. 6 entlang des Naturschutzgebiets, ganz besonders in dem Künstlerstädtchen **Provincetown**, hat man sich voll auf den Tourismus eingerichtet. **Newport** (ca. 70 Meilen auf der Straße Nr. 25) ist für seine *Mansions* berühmt, die der Geldadel von Neu-England um die Jahrhundertwende als prachtvolle Sommerpaläste an der romantisch-rauhen Küstenlinie der Newport-Halbinsel errichten ließ.

Von Boston zu den Niagara-Fällen

Die I-90 von Boston nach Seattle führt über Buffalo/Niagara Falls (465 Meilen). Die Benutzung dieser zunächst als Massachusetts Turnpike und – im Nachbarstaat – als New York State Thruway bezeichneten Mautautobahn ist recht teuer. Eine Alternative gibt es nur bei erheblichem zeitlichen Mehraufwand, der jedoch teils durch attraktive Straßenführung ausgeglichen wird: etwa die Straße Nr. 2 über das alte Städtchen **Williamstown** bis Albany und von dort weiter auf der Nr. 20. Bis zum ca. 65 Meilen entfernten, keinesfalls zu versäumenden Zwischenziel Old Sturbridge kommt man am Turnpike der I-90 jedoch kaum vorbei.

Old Sturbridge Village, zwischen der I-90 und I-84 gelegen, ist eines der ältesten ›lebenden‹ Museumsdörfer Nordamerikas. Auf einem Waldareal von rund 80 ha wurde ein Neu-England-Städtchen des frühen 19. Jh. errichtet. In einer alten Farm und 40 hierher versetzten historischen Gebäuden geht die ›Bevölkerung‹ in zeitgenössischen Trachten ganzjährig ihren dörflichen Aktivitäten nach. Vor den Augen der Besucher wird auf alte Art gebacken, getöpfert, geschmiedet und gesägt. Die Ergebnisse des nostalgischen Schaffens kann man auch kaufen.

Für **Albany**, Hauptstadt des Staates New York, sollte man sich etwa einen halben Tag Zeit lassen. Hauptattraktion ist ein monumentales Regierungs- und Kulturzentrum, das mit voller Bezeichnung Nelson A. Rockefeller Empire State Plaza heißt und fast 2 Mrd. Dollar – zum großen Teil vom Finanzmagnaten und ehemaligen Gouverneur des Staates finanziert – gekostet hat. Die hochgelegene Plaza läßt sich nicht verfehlen: Vom Verkehrsverteiler (I-787) am Hudson River führt eine Stadtautobahn zur Parkebene unter der Anlage.

Nicht versäumen sollte man einen Besuch des New York State Museum für Geschichte und Entwicklung des Staates und die eintrittsfreie Auffahrt zum Aussichtsstockwerk des Corning Tower. Kontrapunkte zum Beton der Empire Plaza setzen das State Capitol, das State Office Building und das Education Building, die Stilelemente europäischer Vorbilder aus verschiedensten Epochen aufgreifen. Durch das prunkvolle Interieur des Kapitols finden regelmäßig Führungen statt. Von dort zur Hauptgeschäftsstraße von Albany, der State St., sind es nur wenige Schritte. Etwas abseits liegt das Büro der Visitor Information am Broadway, Ecke Clinton St., mit einem kleinen, aufschlußreichen Museum zur Stadtgeschichte.

Bei ausreichender Zeit ist ein Abstecher in den **Adirondack Park** zu erwägen, eine riesige, von Seenplatten unterbrochene, dicht bewaldete Mittelgebirgsregion nordwestlich von Albany. Nicht mehr als einen Extratag muß man für die Strecke I-87 von Albany nach Norden und ab Lake George auf der Straße Nr. 28 nach Blue Mountain Lake/ Old Forge und zurück zur I-90 (Ultic) veranschlagen. Die relativ warmen Seen zwischen dem Blue Mountain Lake und Old Forge sind Wassersport- und Angelparadiese. Boote kann man allerorten leihen.

Auf der I-90 erreicht man auf dem Weg nach Niagara Falls zunächst den äußeren Autobahnring Nr. 290 um Buffalo. Um bei Fortsetzung der Reise nach Detroit das doppelte Abfahren einer Strecke und doppelten Brückenzoll zu vermeiden, sei nach 6 Meilen auf der I-290 die Straße Nr. 62 (Niagara Falls Blvd.) empfohlen, die direkt zu den Fällen und zur Brücke über den Niagara River führt. Schneller geht es über die I-190 und den Robert Moses Parkway.

Die **Niagara-Fälle** sind weder die höchsten noch die schönsten des amerikanischen Kontinents. Aber die kolossalen Wassermengen, die auf der rund 1 km breiten gemeinsamen Kammlinie der kanadischen und amerikanischen Fälle 55 m tief hinabstürzen, haben nirgendwo ihresgleichen. Dabei wurde mit dem Bau der einst größten Wasserkraftwerke der Welt 1963 die ursprüngliche Gewalt des Niagara River tageszeitabhängig um bis zu 75 % reduziert. Unterirdische Kanäle entnehmen dem Erie- und Ontario-See verbindenden Fluß einige Meilen oberhalb der Fälle bis zu 4500 m^3 pro Sekunde! Aus riesigen Auffangbekken beiderseits des Niagara schießt das Wasser ein Stück flußabwärts durch die Turbinen der Kraftwerke (2,5 Megawatt) zurück in das 107 m tiefer liegende Flußbett. Tagsüber verbleibt ein Minimum von rund 3000 m^3/sek. für die Fälle, davon über 90 % für die Horseshoe Falls auf der kanadischen Seite. Ein Besucherzentrum des Niagara Power Project (Lewiston Rd. unweit des Robert Moses Parkway)

Blick von der amerikanischen Seite auf die kanadischen Horseshoe Falls

informiert über die Stromerzeugung am Niagara River.

Trotz des relativ geringeren Wasseranteils sind auch die American Falls beeindruckend. Anlaufpunkt für die Besichtigung ist der Prospect Park mit State Park Visitor Center und großem Parkplatz gleich gegenüber der Rainbow Shopping Mall. Vom Besucherzentrum sind es nur einige Schritte zum Observation Tower am Prospect Point mit einer in den Fallkessel ragenden Aussichtsplattform. Am Fuße des Turms befindet sich die Anlegestelle für die »Maid(s) of the Mist«-Boote, die so dicht an die Fälle heranfahren, daß sie im Gischtschleier zu verschwinden scheinen.

Den kurzen Spaziergang hinüber zur Goat Island, welche die American und Horseshoe Falls trennt, sollte man auf jeden Fall machen. Für den Weg über die Green Island und weiter zur kleinen vorgelagerten Luna Island benötigt man etwa 15 Minuten. Dort steht man unmittelbar über den amerikanischen Fällen und den schmalen Bridal Veil Falls zwischen Luna und Goat Island. Wer sich der ›Cave of the Winds‹-Tour anschließt (Eintritt), gelangt am Fuße dieser Fälle mitten hinein in Nässe und Gischt. Noch 5 Minuten weiter ist es bis zum Terrapin Point in der Westecke von Goat Island. Von dort überschaut man die kanadischen Fälle.

Am Rande des Prospect Park befindet sich das indianische Kulturzentrum Turtle, das, in Form einer überdimensionalen Schildkröte angelegt, Geschichte und Leben der

Die »Bezwinger« der Fälle

Selbstmord einkalkuliert

Wagemutige Teufel *(daredevils)* nennt man in Amerika die ›Bezwinger‹ der Niagara Fälle. Die Bilder der Männer und Frauen in Fässern und seltsamen Behältern vor und – naturgemäß nicht in allen Fällen – nach dem Versuch, den Sturz über die tosende Wasserwand der Horseshoe Falls zu überleben, gingen in regelmäßigen Abständen durch die Weltpresse, bis der Bau neuer Kraftwerke die Wasserführung des Niagara erheblich verminderte. Die Handvoll Unentwegter, die seither von ihrem Vorhaben trotz des höheren Risikos, der Verbote, Kontrollen und Strafen nicht lassen konnte, fand kein vergleichbares Echo mehr.

Begonnen hatte alles – typisch amerikanisch – im Jahre 1827: Drei Hotelbesitzer ließen vor 10 000 Zuschauern einen ausgemusterten Segel-Schoner mit einer Besatzung wilder Tiere als Touristenattraktion über die Fälle kippen. Sieht man einmal von einem Mann namens Sam Patch ab, der zwei Jahre später von der Goat Island 37 m tief in die Gischt der Bridal Veil Falls sprang und überlebte, vergingen weitere 30 Jahre bis zur nächsten spektakulären Aktion, die unterhalb der Niagara Fälle über der tief eingeschnittenen Schlucht stattfand: 1859 überquerte der Zirkusakrobat Blondin die Schlucht auf einem Drahtseil balancierend. Er zog sogar ›unterwegs‹ von der »Maid of the Mist« eine Flasche herauf und leerte sie. Danach wiederholte er den Balanceakt mehrfach unter noch härteren Bedingungen: einmal mit dem Fahrrad radelnd, andere Male ein Faß rollend oder in Ketten, dann wiederum mit seinem Manager auf dem Rücken und schließlich mit einem Eisenofen, auf dem er sich mitten über dem Niagara ein Omelett bereitete.

Keiner seiner zahlreichen Nachahmer erreichte je wieder Blondins Virtuosität. Erst 1876 erregte die Italienerin Maria Spelterina als erste Frau auf dem Seil weltweites Aufsehen. Als 1882 Steve Peer beim nächtlichen Überquerungsversuch tödlich abstürzte, wurde die Seilakrobatik über dem Niagara verboten. Danach konzentrierten sich neue Aktivitäten zunächst auf die Stromschnellen unterhalb der Fälle und den sogenannten Whirlpool:

– 1883 kam der britische ›Kanalbezwinger‹ Matthew Webb, beim Versuch, durch den Whirlpool zu schwimmen, um

- 1886 wiederholte ein Polizist aus Boston dasselbe erfolgreich
- Im gleichen Jahr tauchte das erste Faß auf, in dem ein Böttcher aus Philadelphia Stromschnellen und Whirlpool heil überwand
- 1889 überlebte Steve Brodi in einem Holzfaß das Wagnis

Nachdem 1901 zwei Frauen die Faßdurchquerung der Stromschnellen und des Whirlpools geschafft hatten, wenngleich die zweite nicht rechtzeitig geborgen werden konnte und erstickte, war die Zeit reif für die erste Bezwingerin der Niagara Fälle.

- 1901 kletterte die Lehrerin Annie Taylor 17 Minuten nach dem Sturz nur leicht verletzt aus ihrem Faß
- 1920 ließ sich der Engländer Charles Stephens an Boden und Deckel seines Fasses fest anseilen, um so den Stößen zu entgehen. Von ihm blieb nur ein Arm, verbunden mit dem später aufgefundenen Faßtorso
- 1928 glückte Jean Lussier der Sturz über die Fälle in einer Art Gummiball aus Autoschläuchen und einem Stahlrahmen nahezu ohne Schramme
- 1930 versuchte es der griechische Koch George Stathakis noch einmal in einer Tonne, überstand den Aufprall, blieb aber hinter Felsen hängen, so daß er vor der Bergung erstickte
- 1951 mißglückte der Versuch von William Hill, dessen Vater erfolgreich im Faß des verunglückten Griechen die Stromschnellen passiert hatte, die Fälle in einer Gummikonstruktion zu bewältigen, sie erwies sich als zu leicht
- 1961 gelang es Nathan Boya, einen Nachbau des Lussier-Gummiballs von 1928 zu Wasser zu bringen und, genau wie jener, die Fälle recht unbeschadet zu überstehen
- 1984, 1985 und 1986 versuchten wieder drei Waghalsige das Abenteuer. Alle überlebten ohne größere Verletzungen. Der Bezwinger Karel Soucek indessen ›wiederholte‹ 1985 den Sturz im Amusement Park Astrodome in Houston, was aber mißlang. Sein Faß fiel aus 54 m Höhe auf den Rand des bereitgestellten Auffangbeckens. Der jüngste Versuch (1995) endete wiederum tragisch. Der Kalifornier Robert Overacker jagte auf Jet-Skis über den Rand der Fälle und wollte am Fallschirm in die Tiefe gleiten. Der Schirm öffnete sich jedoch nicht.

Der spektakulärste Fall ereignete sich unfreiwillig: Im Sommer 1960 trieb ein siebenjähriger Junge nach einem Bootsunfall über die Horseshoe Falls und wurde Minuten später von der »Maid of the Mist« nur leicht verletzt aufgefischt.

Irokesen dokumentiert. Für geologisch Interessierte ist der Besuch des kleinen Schoellkopf Mueum am Moses Parkway zu empfehlen. Die Erläuterungen zur Entstehung der Fälle sind dort erheblich detaillierter als im Besucherzentrum des Prospect Park. Eine Fußgängerbrücke führt vom Museum zum Aquarium mit Seehund- und Delphinvorführungen.

Ein Grenzübertritt nach Kanada lohnt sich kaum, wenn man die Horseshoe Falls von der »Maid of the Mist«, dem Aussichtsturm und dem Terrapin Point gesehen hat. Man kann jedoch nur auf der kanadischen Seite durch einen Tunnel hinter die tosenden Fälle gelangen. Ohne Zweifel originell ist die Daredevils Hall of Fame im 109 m hohen Kodak Tower. Die Ausstellung ist den erfolgreichen und weniger gelungenen Versuchen gewidmet, die Fälle zu bezwingen.

Information: Niagara Falls Information Center, 4th St./Niagara St., ✆ 716-284-20 00. Niagara Falls Convention & Visitors Bureau, 345 Third St., Niagara Falls, NY 14303, ✆ 716-285-24 00 und 800-421-52 23.

Von den Niagara-Fällen nach Chicago

Auf der I-90 nach **Buffalo**, einer Stadt mit deutlichen Spuren des industriellen Niedergangs, sind es nur 20 Meilen. Eindrucksvoll ist die Brückenkonstruktion über den Niagara River nach Fort Erie. Unmittelbar östlich der I-90 (Ausfahrten 6 und 7) liegt das kürzlich sanierte Zentrum von Buffalo. Die bei der Errichtung 1901 wegweisende City Hall (115 m hoch, im Art deco-Stil) am Niagara Square erinnert daran, daß die Stadt schon bessere Zeiten erlebt hat.

Die größte Sehenswürdigkeit der Stadt, die Albright-Knox Art Gallery, liegt an der Elmwood Ave. im Norden nahe der Umgehungsautobahn I-290 (ausgeschildert). Das etwas bescheiden als Art Gallery bezeichnete Kunstmuseum kann mit den bedeutenden Museen seiner Art konkurrieren. Nicht nur, was die antikisierte Architektur des Hauptgebäudes, sondern vor allem auch, was den Rang der Gemäldesammlung betrifft. Sehenswert ist auch das Museum of History, ebenfalls an der Elmwood Ave.

Wie bereits bis Buffalo empfiehlt sich für die Weiterfahrt die I-90. Auf dem kurzen Abschnitt durch Pennsylvania passiert man Erie, das kaum einen Besuch lohnt.

Attraktiver ist das 500 000 Einwohner zählende **Cleveland**. Unweit der Innenstadt mit einer Reihe architektonisch interessanter Hochhäuser (Terminal, Society Center) wurde die einst marode Lakefront, ehemalige Gewerbe- und Industriegebiete, schick restauriert (Warehouse District/The Flats).

Nahezu übergangslos findet man Wohlstand und Pracht rund um den University Circle (Euclid Ave.

und East Blvd.) mit den wichtigsten Museen der Stadt. Das großartige Cleveland Museum of Art, ein tempelartiges Gebäude mit modernem Anbau, beherbergt eine umfangreiche Gemälde- und Skulpturensammlung. Gleich daneben liegt das ebenfalls sehenswerte Museum of Natural History, und auf der anderen Straßenseite (East Blvd.) das Auto Aviation Museum und der Botanical Garden. An der Ecke Euclid Ave./East Blvd. ist die Severance Hall Sitz des Cleveland Orchestra eines der besten Symphonie-Orchester der Welt.

Auch westlich von Cleveland gibt es zur I-90 keine lohnende Alternative. Vor Toledo zweigt Richtung Norden die I-280 von der I-90 ab. Nach der Überquerung des Maumee River trifft sie auf die I-75 nach Detroit. Verzichtet man auf diesen Abstecher, gelangt man auf der I-90 direkt nach Chicago.

Detroit

Der Großraum Detroit mit einer Bevölkerung von 5 Mio. war noch Anfang des 19. Jh. ein kleines, aus einem Militärstützpunkt hervorgegangenes Städtchen mit nicht einmal 2000 Einwohnern und erreichte erst kurz vor Beginn des 20. Jh. die 100 000-Marke. Millionenstadt wurde Detroit mit der Erfindung des Autos und dessen Durchbruch als Massentransportmittel. Neben Ford siedelten sich weitere Hersteller- und Zulieferbetriebe an und machten Detroit zur weltweit größten Automobilmetropole.

Brachte die industrielle ›Monokultur‹ über Jahre nur Glanz, so stürzte sie Detroit nach den Ölkrisen der 70er und wiederum zu Beginn der 90er Jahre um so tiefer ins Elend: Mehrere hunderttausend Arbeitsplätze gingen verloren – mit dramatischen Folgen für Wirtschaft und Sozialgefüge. Mittelständische Viertel verkamen zu Slums, die Kriminalitätsrate stieg extrem.

Bei der Einfahrt nach Detroit über die I-75 und den Cityring I-375 ist der Verfall weniger sichtbar. Aus jeder Richtung gelangt man

Als Glanzstück moderner Architektur gepriesen – das 1977 erbaute Renaissance Center in Detroit

zur neugestalteten Riverfront, dem Cobo Conference Center, der großen Civic Center Plaza und, daran angrenzend, dem Aushängeschild von Detroit, dem 1977 erbauten Renaissance Center. Rund um diesen Bereich befinden sich zahlreiche Parkhäuser und -plätze.

Ein wenig umsehen sollte man sich im ›Ren Cen‹, das aus fünf runden bzw. vieleckigen Glastürmen unterschiedlicher Höhe mit außen aufgesetzten, ebenfalls voll verglasten Fahrstuhlschächten besteht. Vom Observation Deck im 72. Stock des 230 m hohen Tower 100 bekommt man einen Eindruck von der Ausdehnung der Stadt.

Das überschaubare, in den letzten Jahren aufgefrischte Zentrum wird von unerfreulichen Straßenzügen durch die Pylonentrasse der computergesteuerten Magnetschwebebahn (People Mover) abgegrenzt. Auf ihrem Rundkurs, der durch einige der größeren Gebäudekomplexe hindurchführt, erhält man einen ausgezeichneten Überblick. Die Bahn ist daher ein ideales Transportmittel für Touristen, zudem sauber und – dank grimmiger Bewachung – sicher. An 13, durch ›Kunst im Bahnhof‹ attraktiv gestalteten Stationen läßt sich die Fahrt unterbrechen.

Im Bereich des Civic Center über dem Detroit River gibt es viel Platz für urbane Belebung von Open-air-Konzerten bis zu ethnischen Food Festivals. Am Pier unterhalb der Hart Plaza befindet sich die Anlegestelle für Ausflugsboote.

Die Woodward Ave. ist bis zum Kennedy Square geschäftiges Teilstück einer über 40 km langen, fast schnurgeraden Nord-Süd-Achse. Eingangs, an der Ecke Jefferson Ave., findet man die riesige Skulptur »Spirit of Detroit«.

Die Fußgängerzone Grand Circus zwischen Kennedy Square und Washington Blvd. wurde mit viel Grün und Ruhezonen verschönt. Von der Hart Plaza fährt ein Touristen-Trolley auf historischer Schienentrasse dorthin. Ein als Greektown bezeichneter, 100 m langer Abschnitt der Monroe St. (ab Randolph St.) wartet mit griechisch geprägten Restaurants und Boutiquen auf, dazwischen die Trappers Alley mit zahlreichen Läden und Restaurants in einer ehemaligen Lederfabrik.

Die mit Abstand meistbesuchte Sehenswürdigkeit von Detroit ist der Henry Ford Museum/Greenfield Village-Komplex im westlichen Vorort Dearborn am Oakwood Blvd. zwischen I-94 und der Straße Nr. 12. Im Mittelpunkt des Ford-Museums steht die Mobilisierung Amerikas durch Auto, Eisenbahn und Flugzeug. Das Greenfield Village ist ein ›lebendes‹ Museumsdorf mit etwa 80 Gebäuden aus verschiedenen Zeitabschnitten, die entweder hierher versetzt oder originalgetreu nachgebaut wurden – darunter einige alte Fabrikanlagen, Edisons Labor, der Fahrradladen der Gebrüder Wright sowie das Geburtshaus von Henry Ford. Eine alte Dampfeisenbahn aus dem Jahre 1843 fährt auf einem Rundkurs.

Neben Downtown und dem Ford-Museumskomplex bildet das University Cultural Center den dritten Anlaufbereich in Detroit. Von der Riverfront sind es dorthin nur etwa 4 km auf der Woodward Ave. Unter den Museen des Kulturzentrums ist das pompöse Detroit Institute of Arts (DIA) das mit Abstand sehenswerteste. Aufschlußreich ist das schräg gegenüber dem DIA angesiedelte Historical Museum mit starkem Gewicht auf der Geschichte des Autos. Unter den Museumsbegriff im weitesten Sinne fallen auch die riesigen Anwesen der ›Autobarone‹ wie Ford, Dodge u. a., von denen einige besichtigt werden können; Einzelheiten bei der Visitor Information, die auch über Führungen durch die Montagehallen von Ford, Chrysler oder General Motors informiert.

Information: Visitor Information Center, Hart Plaza/Jefferson Ave. (beim RenCen, neben der Mariner's Church), ✆ 313-567-1170 (Anschrift: 2 E Jefferson Ave., Detroit MI 48226).

Unterkunft: Häuser der bekannten Motelketten sind besonders in Airportnähe, in den Stadtteilen Dearborn (Ford Museum) und Troy sowie entlang des gemeinsamen Streckenabschnitts von I-96 und I-275 im Stadtwesten zu finden. Eine Liste von Unterkünften aller Kategorien enthält der ›Metro Detroit Visitors Guide‹. Im Bereich Downtown preiswert: Shorecrest Motor Inn, 1316 E Jefferson Ave., ✆ 313-568-30 00. Die teure, aber tolle Alternative ist das Westin Hotel im Renaissance Center, ✆ 313-568-80 00.

Camping: Citynah kann man in Detroit nicht campen. Diverse State Parks liegen nordöstlich der Stadt, der Sterling State Park südlich am Erie Lake.

Von Detroit kommend, stößt man nach einer Fahrt auf der relativ ereignislosen I-94 durch Michigan erst kurz vor Chicago wieder auf die I-90. In diesem Bereich liegen die **Indiana Dunes National Lakeshore** und der gleichnamige State Park. Das Dünengebiet ist am einfachsten über die Straße Nr. 49 oder Michigan City zugänglich. Zum Baden und Wandern besitzt der State Park die besten Voraussetzungen und außerdem einen guten Campingplatz in der Nähe von Chicago. Das kleine Visitor Center befindet sich an der Straße Nr. 12.

Chicago

Die Entwicklung der Windy City am Michigan Lake begann so recht erst Mitte des 19. Jh. Von 1830 bis 1870 wurde aus einem 100-Seelen-Dorf eine Großstadt mit 300 000 Menschen. Eisenbahn- und Kanalbau (Anbindung des Michigan Lake an den Illinois/Mississippi River) sowie der Bürgerkrieg von 1861 bis 1865 mit Chicago als Nachschubplatz waren wichtige Faktoren für die Expansion. Nach der Erschließung des Westens wurde Chicago bedeutendster Standort für Schlachthöfe, welche die Bevölkerungszentren des Ostens versorgten. Um die Jahrhundertwende

zählte die Stadt bereits über 1 Mio. Einwohner. Die Entwicklungsdynamik hielt trotz sehr wechselvoller Jahre bis heute an. Ein typisches Beispiel sind die Wolkenkratzer, die im ausgehenden 19 Jh. in Chicago ›erfunden‹ wurden. Erstaunlich viele Hochhäuser aus jenen Tagen künden noch immer davon. Außer in New York wurden auch in jüngster Zeit nirgendwo mehr architektonisch anspruchsvolle Glaspaläste der neuen Generation vollendet als in Chicago.

Wechselt man bei der Anfahrt Richtung Innenstadt von der Interstate (spätestens mit der 63rd St.) hinüber zur Uferstraße, gibt es ausreichend Gelegenheit, die eindrucksvolle Skyline auf sich wirken zu lassen. Auf dem Lake Shore Drive passiert man das überaus sehenswerte Museum of Science and Industry im Jackson Park (57th St.), das weltgrößte seiner Art.

Die vorgeschlagene Anfahrt besitzt gegenüber allen anderen den Vorteil einer besonders problemlosen Orientierung. Wenn man die Anlage des *Field Museum of Natural History* (1, hervorragende Darstellung der indianischen Kulturkreise Nordamerikas), *Shedd Aquarium* (2) und *Adler Planetarium* (3) am Südende des Grant Park erreicht hat, sollte man, die Erkundung der Stadt zunächst per Bus und zu Fuß fortsetzen. Dort ist es leichter als in der Innenstadt einen Parkplatz zu finden. Die für diesen Zweck ideale Buslinie Nr. 146 passiert alle drei Institutionen und fährt über die Michigan Ave. bis zum Lincoln Park und darüber hinaus. Von den Haltepunkten sind die meisten Sehenswürdigkeiten in der City leicht zu Fuß erreichbar. Eine andere Möglichkeit bieten die roten, in kurzen Abständen verkehrenden Doppeldeckerbusse, die ihre Fahrgäste für einen Einheitspreis über einen touristisch interessanten, etwa 90minütigen Rundkurs befördern.

Blick vom Sears Tower auf Chicago

Nördlich des Field Museum erstreckt sich auf etwa 2 km direkt am See der Grant Park. Er wird westlich von der Michigan Ave. begrenzt, an der gleichzeitig *The Loop* endet, wie der Innenstadtbereich südlich des Chicago River genannt wird. Downtown setzt sich mit zahlreichen Hochhäusern auf der Nordseite des Chicago River bis etwa zur Oak St. und dem gleichnamigen, sehr schönen Beachpark (Baden mitten in der City) fort. Die Michigan Ave. wird dort zur zentralen Achse zwischen Ontario und Oak St. – dank zahlloser Läden der internationalen Glitzerklasse – zur Magnificent Mile, zu der auch noch die Oak St. auf dem Abschnitt zwischen Michigan Ave. und State St. gehört. State St. N. und Nebenstraßen bis zum Lincoln Park sind feinste Wohnadressen mit phantastischen Anwesen und Stadthäusern. Auch noch attraktiv, aber nicht mehr ganz so prestigeträchtig

Chicago 1 Field Museum of Natural History 2 Shedd Aquarium 3 Adler Planetarium 4 Art Institute of Chicago 5 Sears Tower 6 Museum der Chicago Historical Society sind die engen, lange Zeit vernachlässigten, heute restaurierten Straßenzüge in Old Town, dem Viertel über der North Ave. westlich des Lincoln Park und östlich der Halstead St.

Beginnt man die Stadtbesichtigung im Süden, liegt das *Art Institute of Chicago* (4) östlich des Loop an der Michigan Ave. gleich am Weg. Die Sammlung dieses bemerkenswerten Museums dürfte nur vom Metropolitan Museum in New York übertroffen werden. Besonders eindrucksvoll sind die zeitgenössischen Americana. Wer daran stärker interessiert ist, könnte zusätzlich das Terra Museum of American Art besuchen: einige Blocks nördlich vom Kunstmuseum über die Brükke auf der linken Seite der Michigan Ave.

Vom Art Institute führt die Adams St. zum *Sears Tower* (5), dem mit 443 m höchsten Bauwerk der Welt. Der Preis für die Auffahrt zum Skydeck Observatory im 103. Stock in 406 m Höhe schließt eine Diashow ein. Um Wartezeiten zu vermeiden, empfiehlt sich der Besuch um 9 Uhr oder kurz vor der Dämmerung (Auffahrt im Sommer bis 22.30 Uhr möglich). Vom Sears Tower lassen sich die – im doppelten Wortsinn – herausragenden Gebäude leicht identifizieren, Schautafeln markieren deren Standort.

Zur Erholung von der City bietet sich außer dem Oak Street Beach Park besonders der Lincoln Park an. Neben Stränden, Picknicktischen und Sportanlagen gibt es ei-

Jachthafen in Chicago

Al Capone

Die Realität übertrifft das Kino

Der Mount Carmel Friedhof im Stadtteil Hillside ist eine gepflegte Anlage. Dort ruht, verstorben an den Folgen der Syphilis, der bekannteste und zugleich berüchtigste Bürger von Chicago: Al(phonse) Capone, geboren 1897, einst Tellerwäscher und kleiner Gangster in New York, dann über ein gutes Jahrzehnt lang Gangsterboß in Chicago. Von 1932 bis 1939 saß er in Alcatraz ein, wurde wegen guter Führung vorzeitig entlassen, und verbrachte die Jahre bis zu seinem Tode 1947 als kranker Mann.

Alt ist er nicht geworden, doch überlebte er die meisten Freunde und Feinde, die in den Bandenkriegen im Chicago der 20er Jahre einem nahezu unglaublichen Blutzoll zum Opfer fielen: An über 500 Morden soll Al Capone direkt oder mittelbar beteiligt gewesen sein. Wenn es nicht die eigenen Killerkommandos waren, die zuschlugen, dann seine Gegner in ›vorbeugender‹ Aktion oder als Revanche. Auch die Polizei griff rasch zur Waffe. Capone selbst, der mit Cleverness und Glück Anschlägen entkam, konnte in seiner besten Zeit jährliche Einkünfte von angeblich über 100 000 000 Dollar einstreichen.

Der Schlüssel zum beispiellosen Aufstieg von Al Capone lag in den Prohibitionsgesetzen, die 1920 für die gesamten USA Geltung erlangten. Aber es bedurfte Mafia-Methoden, gekaufter Politiker sowie einer korrupten Polizei und Justiz, um aus dem Alkoholverbot derartigen Gewinn zu schlagen.

Die Prohibition, die Herstellung, Ausschank und Konsum von einem Tag auf den anderen unter Strafe stellte, bot einen goldenen Boden für organisiertes Verbrechen. Gesetz hin, Gesetz her – die mitnichten versiegende Nachfrage nach Alkoholika traf auf ein nun illegales, zunächst kleines Angebot versteckter Bars mit Drinks aus geheimen Brennereien zu entsprechend hohen Preisen. Wunderbare Erträge lockten. Wer mitmachte, war jedoch erpreßbar; die Polizei fiel als Helfer aus; ›Schutzgelder‹ wurden abkassiert. In Chicago mit einer Vielzahl von einst legalen, über Nacht aber ›schwarzen‹ Privatdestillen bezogen die Banden den *liquor deal* in ihr Geschäft ein und erweiterten ihre Stadtbezirke. Gelegentliche grenzübergreifende Konflikte blieben nicht aus. Und da es im Gegensatz zum Schnaps nicht verboten war, Maschinenpistolen mit sich zu führen, wurden die Probleme – oft in aller Öffentlichkeit – schnell und gründlich erledigt. Das ›Chi-

Al Capone mit seinem Anwalt

cago Piano‹, das sich so praktisch in Geigenkästen verstauen ließ, erwarb sich in jenen Jahren Symbolcharakter.

Der Unterweltboß Big Jim Colosimo, der sich von der Konkurrenz bedroht fühlte, holte Al Capone 1920 von New York nach Chicago. Einen ordentlichen Ruf und die Empfehlung sizilianischer Freunde wird Al damals also schon gehabt haben. Big Jim half das nicht, Al und Vetter Torrio servierten den Mentor noch im selben Jahr ab und übernahmen seine ›Geschäfte‹. Der ganz große Coup gelang wenig später im Stadtteil Cicero. Der republikanische Bürgermeisterkandidat errang mit Capones Hilfe den Wahlsieg. Als Gegenleistung gab es geöffnete Kneipen und die Duldung des *bootlegging* (Alkoholschmuggels).

Damit nicht genug, Al Capone erlangte alleinige Kontrolle über die Unione Sicilione, eine Organisation, welche die Schwarzbrennerei in Chicago und Umgebung durch Verteilung des Rohmaterials, sowie Abnahme- und Preisgarantien straff organisierte. 15 000 kleine Familienbrennereien zumeist italienischer Einwanderer waren der Unione angeschlossen. Eine Zahl, gegen die das Gesetz auch ohne Korruption machtlos gewesen wäre. Mit Hilfe der Unione, deren diverse Präsidenten wegen Unregelmäßigkeiten nur kurz ›amtierten‹, und des ›Chicago Piano‹ dehnte Capone seinen Herrschaftsbereich in wenigen Jahren auf die ganze Stadt aus. Gegen Ende des Jahrzehnts gebot er über einen Staat im Staate und befehligte eine Privatarmee von 500 Killern und Leibwächtern. Nachweisen konnte oder wollte man ihm nicht eines der auf sein Konto gehenden Verbrechen. Erst 1932 gelang es, ihn wegen Steuerhinterziehung hinter Gitter zu bringen. Die Prohibition wurde 1933 wieder aufgehoben – nicht zuletzt dank Al Capone.

nen kleinen Gratiszoo. In der Südwestecke des Parks befindet sich das *Museum der Chicago Historical Society* (6), dessen Besuch aber nur bei ausgeprägtem Interesse für die Geschichte der Stadt lohnt.

Außerhalb des Downtown-Bereichs kommt neben dem naturwissenschaftlichen Museum vor allem der Stadtteil Oak Park mit dem Frank Lloyd Wright House and Studio für eine Besichtigung in Frage (951 Chicago Ave.). Man erreicht Oak Park mit dem Auto am leichtesten über die I-290, Ausfahrt Harlem Ave. N. In Oak Park befinden sich außer dem Haus des Architekten 25 weitere Gebäude, die nach seinen Entwürfen entstanden.

Neben Wolkenkratzern und Al Capone rühmt sich Chicago zweier weiterer weltbekannter Spezialitäten – Pizza und Jazz. Die Pizza wurde hier 1943 ›erdacht‹, zwar von Italienern, aber eben nicht in Italien, wohin sie erst von Chicago aus gelangte. Eine ›richtige‹ Chicago-Pizza erhält man in der Ur-Pizzeria Uno (29 E. Ohio St.) oder deren Ableger Due gleich um die Ecke 619 N. Wabash Ave., zwei Blocks westlich der Magnificent Mile. Zwar liegen die Ursprünge des Chicago Blues – wie des Jazz – im Süden der USA, aber hier wurde er zur Blüte gebracht. Auch wenn die großen Zeiten des Blues vorüber sind, die Klubs existieren wie eh und je – vor allem entlang der Lincoln und Halstead St., wo auch die sonstige Nightlife-Szene gut vertreten ist. Der berühmteste Treff ist immer noch B.L.U.E.S., 2519 N. Halstead St.

Information: Chicago Visitor Information Center, 163 E Pearson St./Michigan Ave. (gegenüber dem Old Water Tower), ✆ 312-744-24 40 (Anschrift: Chicago Office of Tourism, 78 E Washington St., Chicago 60602); außerdem Visitor Information im Sears Tower.

Unterkunft: Übernachtungen sind in Downtown Chicago im allgemeinen nicht billig. Relativ günstig sind aber die Hotels im Bereich der beiden Flughäfen Midway und O'Hare. In vielen Häusern gelten attraktive *weekend rates*. Der gratis bei der Visitor Information erhältliche ›Hotel Guide Metro Chicago‹ nennt zahlreiche Unterkünfte mit Preisen. In Chicago gibt es einige besonders reizvolle nostalgische Luxushotels, die für den tieferen Griff ins Portemonnaie einen schönen Gegenwert bieten, z.B. Palmer House Hilton, 17 E Monroe, ✆ 312-726-75 00 (über Veranstalter in Europa preiswerter zu buchen als vor Ort). Preiswerter: Days Inn an der Lakefront und das Quality Inn an der Halstead St./Ecke Madison.

Camping: Für Chicago-Verhältnisse stadtnah ist der Platz des Indiana Dunes State Park direkt am Lake Michigan, I-94 East bis Chesterton.

Von Chicago zum Yellowstone National Park

Auf der Weiterfahrt verläßt man mit Chicago auch den amerikanischen Osten. Für eine rasche Überbrükkung der folgenden rund 1000 Meilen durch Wisconsin, Minnesota und South Dakota bietet sich weiter die I-90 an. Die auf jeder Reise viel zu knappe Zeit sollte besser für die Attraktionen im Westen der USA genutzt werden, als für Zwischenstopps und Umwege zugunsten weniger ›sensationeller‹ Sehenswürdigkeiten in diesen Staaten. Speziell gilt dies für Abstecher zu Städten wie etwa Milwaukee und Madison, die nach dem Erlebnis Chicago kaum Neues zu bieten haben, oder zu den Seenplatten von Wisconsin und Minnesota – für Touristen aus Europa nicht besonders interessante Kanu- und Angelreviere.

Ein Umweg von rund 100 Meilen mit einem Zeitbedarf von mindestens einem Extratag könnte jedoch einem Besuch der ›Zwillingsstädte‹ **Minneapolis/St. Paul** gelten, dem letzten großen Ballungsraum bis zur Westküste. Beide Städte unterscheiden sich in mancher Beziehung positiv von anderen Cities vergleichbarer Größe. In St. Paul imponieren insbesondere das State Capitol mit vergoldeten römischen Kampfwagen über dem Eingangsportal und das 5 km lange – auch in Minneapolis in ähnlicher Form vorhandene – Skyways-System, das klimaunabhängig die Gebäude des zentralen Business District miteinander verbindet. In Minneapolis reizen die city-nahe Seenplatte und grünen Prachtalleen rund um das Zentrum, das ausgezeichnete Walker Arts Center und das historische Fort Snelling hoch über dem Mississippi.

Im Shopping Center ›American Mall‹ in Minneapolis

Kurz vor der Grenze von South Dakota liegt 25 Meilen nördlich der Autobahn das kleine Städtchen **Pipestone** mit dem gleichnamigen National Monument. Westlich des Ortes befinden sich durch einen Pfad verbundene Steinbrüche, aus denen die Indianerstämme im 1000-Meilen-Umkreis das Material für ihre Friedenspfeifen auch heute noch holen. Ein Verkaufsstand für die Pfeifen und andere, aus dem rötlich-braunen Seifenstein gefertigte Produkte fehlt natürlich nicht.

Etwas abseits der I-90 liegt **Sioux Falls**, die größte Stadt von South

Dakota. Die gleichnamigen, bei ausreichender Wasserführung des Big Sioux River pittoresken stufenartigen Fälle (Zufahrt über die Main Ave.) nördlich des kleinen Zentrums sind die einzige Sehenswürdigkeit. Auf der 350 Meilen langen Strecke von Sioux Falls nach Rapid City lohnen der Corn Palace in **Mitchell**, eine Veranstaltungshalle, deren Fassade jährlich neu und anders mit Maisstroh und -kolben gestaltet wird, die **1880 Town**, eine künstliche Westernstadt im besten Kinostil (direkt an der Ausfahrt Nr. 170/Straße Nr. 63) und das Städtchen **Wall** einen Zwischenstopp. Es besitzt mit Wall Drug den größten *Drug Store* der Vereinigten Staaten. Das kuriose Einkaufs- und Entertainment Center macht über Hunderte von Meilen durch Wer-

betafeln auf sich aufmerksam. Alles hatte damit begonnen, daß die Gründer des Ladens in den 30er Jahren auf die Idee kamen, Autofahrer mit ›Free Ice‹ und ›Coffee 5 Cents‹ in ihr Geschäft zu locken. Beides gibt es heute noch.

Wall liegt unmittelbar an der westlichen Zufahrt zum **Badlands National Park**. Der von Osten kommende Besucher nimmt am besten die Ausfahrt Nr. 131 (Straße Nr. 240) 20 Meilen vor Wall. Nach der langen Fahrt durch die Prärien ist die Wirkung der bizarr geformten grauen Sandsteinhügel, die bald nach Verlassen der I-90 entlang der Loop Road Nr. 240 auftauchen, bereits eindrucksvoll. Aber erst nach Überquerung des Cedar Passes führt die Straße in die Mondlandschaft der Badlands hinein. Schlechtes, ungeeignetes Land für eine Durchquerung, befanden die ersten Europäer, die als Trapper oder Abenteurer hierher gelangten. Als *bad lands* sahen auch die nachfolgenden Siedler die großenteils unfruchtbare und schwer zugängliche Region an. Ein Besucherzentrum unweit der (östlichen) Einfahrt erläutert geologische Ursprünge und Geschichte dieses ungewöhnlichen Gebiets.

Auf der Fahrt durch den Park gibt es zahlreiche Halte- und Aussichtspunkte, die immer wieder neue Eindrücke von der durch Erosion entstandenen vielfarbigen Formationen vermitteln.

Rapid City, das Eingangstor zu den Black Hills, besitzt im wesentlichen Versorgungsfunktion für die Farmer der Umgebung und vor allem für Touristen. Ob für Bear Country, Cowboy Supper Show oder illuminierte Höhlen, die Tourist Information im Civic Center

Badlands National Park: Die Straße verläuft zwischen Sandsteinhügeln

Komplex (Rushmore Plaza, dorthin vom West Blvd., auf den man bei der Einfahrt nach Rapid City über Ausfahrt Nr. 57 gerät) hält reichlich Material bereit. Gratis und in Grenzen sehenswert sind das Geology Museum der School of Mines (Joseph St./Straße Nr. 79), das Sioux Museum (515 W. Blvd., im selben Gebäude wie das Pionieer Museum) und das Dahl Fine Arts Center (713 7th St.), letzteres in erster Linie wegen des überdimensionalen, 60 m langen Wandgemäldes von B. P. Thomas zur amerikanischen Geschichte. Wer sich nicht mit der Betrachtung von echten Dinosaurierknochen im Geologie-Museum zufrieden geben möchte, kann im Dinosaur Park (Quincy St. W.) sieben lebensgroße Zementexemplare bewundern.

Einst waren die **Black Hills** geheiligtes Land der Sioux und Cheyenne Indianer und ihnen 1868 von der US-Obrigkeit in einem der zahllosen kurzlebigen Verträge als unantastbarer Landbesitz zugesprochen. Vorbei war es mit der Unantastbarkeit schon 1875, als Gold in den schwarzen Hügeln gefunden wurde – das Goldfieber brach aus, Tausende von Schürfern strömten ins Indianerland. Die Regierung unternahm nichts gegen den Vertragsbruch durch ihre Bürger. Zwar wehrten sich die Sioux verzweifelt und errangen 1876 am Little Bighorn River gegen die US-Armee unter General Custer noch einmal einen großen Sieg, aber die Black Hills blieben verloren. Die nach den darauffolgenden Massakern (u. a. Wounded Knee) überlebenden Sioux wurden in verschiedene Reservate verwiesen.

Heute zieht die schwarzwaldähnliche Mittelgebirgsregion alljährlich einige Hunderttausend Touristen an. Seit 1941 besitzt sie mit den vier Präsidentenköpfen im Granit des **Mount Rushmore** einen Besuchermagneten ersten Ranges, den alle aufrechten Amerikaner einmal gesehen haben müssen.

Die landschaftlich schöne Straße Nr. 16 nach **Keystone** ist eine Art Autobahn, der Ort selbst Zentrum des Mount Rushmore-Rummels. Kurz hinter Keystone geht es hinauf zu den riesigen Parkplätzen und zum Visitor Center des Mount Rushmore National Memorial. Von der Aussichtsterrasse hat man einen großartigen Blick auf die 20 m hohen Köpfe der vier Präsidenten Washington, Jefferson, Lincoln und Roosevelt, am besten in der Vormittagssonne. Ein Videofilm informiert über Motive und Arbeiten ihres Schöpfers Gutzon Borglum. Vom Mount Rushmore kann man sich nordwestlich Richtung Deadwood wenden oder einen Umweg über den Custer State Park und weiter über den Wind Cave National Park oder das Jewel Cave National Monument anschließen.

Der ausgedehnte **Custer State Park** südlich von Keystone verfügt über zwei Attraktionen: den Needles Highway und die Wildlife Loop Road. Wer nicht nur über die sehr schöne Iron Mountain Road (Straße

Versteinert am Mount Rushmore: Washington, Jefferson, Lincoln und Roosevelt

Nr. 16A) ohne Stopp durch den Park fährt, muß Eintritt entrichten, der allerdings einen Aufenthalt im Park (schön gelegene Campingplätze und Lodges) bis zu fünf Tagen abgilt. Der Needles Highway verläuft von der Nr. 16 A als Einbahnstraße. Die bizarre Felsnadellandschaft ist spektakulär, am Ende der Straße liegt mit dem Sylvan Lake ein Bergsee wie aus dem Bilderbuch. Entlang der Wildlife Loop Road durch das südliche Parkareal sind die Chancen, Büffel, Rotwild und Elche zu sehen, besser als auf den meisten Straßen, die durch ›echte‹ Wildnis führen. Im Süden schließt der **Wind Cave National Park** an den Custer Park an. Mittelpunkt des Areals, in dem Bisons frei grasen und Präriehunde ihre *prairie dog towns* errichtet haben, sind – heute trockene – Tropfsteinhöhlen. Geführte einstündige oder halbtägige Touren werden ganzjährig angeboten. Das **Jewel Cave National Monument** gehört wie die Wind Cave zum bislang nur ansatzweise erforschten Höhlensystem unter den Black Hills. Es liegt ca. 12 Meilen westlich von Custer an der Straße Nr. 16 in Richtung Wyoming abseits der üblichen Routen. Wunderbar geformte kristalline Kalzitablagerungen gaben der Höhle ihren Namen.

Ein immer noch in den Anfängen steckendes Projekt ist das **Crazy Horse Monument**. Das gigantische Gegenstück zum Mount Rushmore

Memorial läßt sich von der Straße Nr. 16/385, 5 Meilen nördlich von Custer, ganz gut erkennen. Der 1982 verstorbene Bildhauer Korzcak Ziolkowski begann auf Einladung der Sioux im Jahre 1949 mit der Sisyphusarbeit an dem *Memorial for all North American Indians.* Heute führen seine Nachkommen die Geschäfte, während auf dem Berg mit Dynamit und Kränen gewerkelt wird. Im Norden des Gebirges, etwa 50 Meilen vom Rushmore Monument, liegen die beiden historischen Goldrausch- und Minenstädtchen Deadwood und Lead.

Von Deadwood gelangt man rasch zurück auf die I-90. Bereits in Wyoming, 40 Meilen weiter westlich, zweigt die Straße Nr. 14 zum **Devils Tower National Monument** ab. Der Teufelsturm, ein abgeplatteter Klotz aus Säulenbasalt, erhebt sich weithin sichtbar etwa 270 m hoch über die hügelige Landschaft der Black Hills-Ausläufer. Geologen vermuten, daß Devils Tower der erkaltete Kern eines früheren Vulkans ist, dessen umgebendes, weicheres Gestein allmählich erodierte. Nach einem kurzen Besuch des Visitor Center und dem Blick von den verschiedenen Viewpoints nach oben unternehmen nur wenige Reisende die kleine Rundwanderung am Fuße des Bergs, die den Zeitaufwand von rund 30 Minuten aber unbedingt wert ist.

Zurück auf der I-90 sind es noch 91 Meilen durch Ost-Wyoming bis zur ersten Alternativroute zur Überquerung der an die 4000 m hohen Bighorn Mountains in Richtung Yellowstone. Die Straße Nr. 16 ab Buffalo ist die am besten ausgebaute Strecke über die Pässe des Gebirges und daher bei schlechten Wetterverhältnissen – auch im August kann es hier schneien – unbedingt vorzuziehen. Besonders im westlichen Abstieg durch den Ten Sleep Canyon kann man ihrem Verlauf landschaftlichen Reiz nicht absprechen, aber die 40 Meilen nördlichere Alternative (Nr. 14/14 Alt) bietet insgesamt mehr. Dabei ist es relativ gleich, ob man sich für die Nr. 14 oder die Nr. 14 Alt entscheidet. Auf der Nr. 14 gelangt man ein wenig schneller nach Cody.

Der 270 m hohe Devils Tower

Buffalo Bill

Legende schon zu Lebzeiten

Buffalo Bill, alias William Cody, im Februar 1846 als Abkömmling irischer Einwanderer geboren, ist auch heute noch nicht in Vergessenheit geraten. Dafür sorgen schon die von ihm mitbegründete Stadt, die seinen Namen trägt, und die Buffalo Bill Memorial Association, die das nach ihm benannte Historical Center und das Museum betreibt. Bis in die 30er Jahre unseres Jahrhunderts war Buffalo Bill der weltweite Inbegriff des amerikanischen ›Westener‹. Wer ihn nicht selbst erlebte in seiner Wild West Show, mit der er jahrelang durch Amerika und Europa tingelte, kannte die vielen Erzählungen und später die Comic Strips, in denen Buffalo Bill der strahlende Held im wilden Land der Cowboys und Indianer war.

Tatsächlich erlebte William Cody die Eroberung des Westens bis zu den letzten Indianerkriegen. Als Achtjähriger gelangte er mit seiner Familie nach Fort Leavenworth, einem Militär- und Handelsfort am Ufer des Missouri in Kansas. Als sein Vater starb, verließ er – nunmehr elf Jahre alt – die Schule, um zum Unterhalt der Mutter und der fünf Schwestern beizutragen. Zunächst reitender Bote und Fallensteller, versuchte er sein Glück auch als Goldwäscher. Mit vierzehn heuerte er beim legendären Pony Express Service an, der Briefe innerhalb von zehn Tagen von New York nach San Francisco beförderte. Er machte sich einen Namen, als er in 22 Stunden 320 Meilen an einem Stück ritt. Im Bürgerkrieg kämpfte er auf Seiten der Unionstruppen. Nach kurzem Zwischenspiel als Postkutschenlenker und Hotelmanager ging er zurück nach Fort Leavenworth und verdingte sich als Scout, Pfadfinder, bei der US-Kavallerie. Nebenbei versorgte er zeitweise 1200 Gleisbauarbeiter mit einer täglichen Frischfleischration von zwölf Büffeln, was ihm den Beinamen Buffalo Bill einbrachte.

Seine Dienste als Scout und Bisonjäger trugen ihm einen so exzellenten Ruf ein, daß er 1872 für eine Jagdpartie Fürst Alexanders von Rußland in Wyoming angeheuert wurde. Dabei beeindruckte er die begleitenden Journalisten derart, daß sein Name durch die Presse ging und ein Bühnenstück »Buffalo Bill: King of the Border Men« geschrieben wurde. Beim nächsten Stück »The Scouts of the Prairies« spielte er seine Abenteuer selbst, zehn Jahre lang ging er von Herbst bis Frühjahr damit auf Tournee. Im Sommer zog es ihn zurück in den Westen.

1883 verwirklichte Bill Cody seine Idee von der großen Wild West Show. Nach grandiosen Erfolgen im eigenen Land verschiffte er seine Mannschaft von 600 Mitwirkenden und 500 Rindern, Pferden und Büffeln über den Atlantik und demonstrierte den staunenden Europäern den wilden Westen, ›wie er wirklich war‹: Pony Express-Reiter, Büffeljagden, Indianerüberfälle auf Postkutschen und Wagenburgen, nachgestellte Schlachten wie die tragische Custer Battle gegen die Sioux unter Sitting Bull, der später sogar persönlich in der Show auftrat, und Buffalo Bill selbst mit unglaublichen Reit- und Schießkunststücken. Der europäische Adel überhäufte ihn mit Orden und Geschenken. Kaiser Wilhelm konnte kaum glauben, wie Bill Cody seine Riesenmannschaft organisatorisch im Griff hatte und schickte ihm Offiziere zur Nachhilfe in Logistik.

Anfang des 20. Jh. ging es mit der Show bergab, das Kino zeigte Wildwest-Abenteuer billiger und in rascher Folge. Die Millionen, die Buffalo Bill verdient hatte, schmolzen dahin. Investitionen erwiesen sich als Flop oder warfen zu seinen Lebzeiten nichts ab, Schulden türmten sich auf. Und so kam 1913 Buffalo Bills Wild West Show unter den Hammer. Dennoch stieg Bill Cody nicht aus dem Sattel, er machte bis ins 70. Lebensjahr hinein weiter im Zirkus und in verschiedenen Shows. Am 10. Januar 1917 ging Buffalo Bill in die ewigen Jagdgründe ein. Er liegt auf dem Lookout Mountain bei Golden, westlich von Denver/Colorado begraben.

Cody, Hauptstadt des Buffalo Bill-Kults und östliches Tor zum Yellowstone National Park, lebt im Sommer überwiegend vom Tourismus. Mit dem Buffalo Bill Historical Center verfügt die Stadt über einen eindrucksvollen Museumskomplex, an dem man nicht vorbeifahren sollte. Er besteht aus dem gut präsentierten (Prärie-)Indianer-Museum, dem Buffalo Bill-Museum, der umfangreichen Waffensammlung des Winchester Museum und der sehenswerten Whitney Gallery of Western Art. Wer in Cody übernachtet oder in der Nähe, kann das von Anfang Juni bis Ende August täglich um 20.30 Uhr stattfindende Rodeo einplanen.

Gleich hinter Cody führt die Straße durch den schroffen Canyon des Shoshone River, ein angemessener Auftakt für die auch weiterhin großartige Szenerie entlang der Strecke hinauf zum Osteingang des Yellowstone National Park.

Yellowstone und Grand Teton National Parks

Der rund 10 000 km^2 große **Yellowstone National Park** liegt auf einem Plateau in etwa 2000 m Höhe. Geysire und heiße Quellen sind seine Hauptanziehungspunkte. Bereits 1872 eingerichtet, ist er der älteste der inzwischen 39 Nationalparks der USA. Schneefälle versperren bisweilen noch im Juni die Pässe, schon im September kann es kräftig schneien. Recht kalte Nächte sind auch im Sommer keine Seltenheit. Im Jahre 1988 wüteten schwere Waldbrände, die nahezu 50 % des Parks in Mitleidenschaft zogen. Im Bereich der meisten Geysirfelder und entlang der Straßen erkennt man durchaus noch Schäden, aber auch die bereits eingetretene Erholung.

Der Name des Parks geht auf den gelben Sandstein des Grand Canyon of the Yellowstone zurück, eine vom Yellowstone River tief ausgewaschene Schlucht, in die das Wasser über zwei Fälle, die Upper und die Lower Falls, stürzt. Letztere sind spektakulär, vielleicht die schönsten der USA. Leicht erreichbar liegen sie unweit des zentralen Canyon Village. Der Weg vom Osteingang sollte direkt hierher führen und dann weiter über Tower Junction zu den sehenswerten Mammoth Hot Springs.

Auf dieser Route passiert man das Mud Volcano-Gebiet zwischen Fishing Bridge und dem Canyon. Im Mud Volcano und seinen schwefligen Nachbarn brodelt eine ›Suppe‹ aus Regenwasser, geschmolzenem Schnee und Matsch, die durch Dämpfe vulkanischen Ursprungs erhitzt und in Bewegung gehalten wird. Am interessantesten blubbert es im übelriechenden Dragon's Calderon am Ende der etwa 1 km langen Rundstrecke.

Nach einem Abstecher zu den Yellowstone-Fällen (bester Aussichtspunkt für die Lower Falls ist der Red Rock Point) geht es über Tower Junction zu den Mammoth Hot Springs am nördlichen Parkausgang. Heißes Quellwasser wird hier auf dem Weg an die Oberfläche stark mit dem Kalziumkarbonat des Deckgesteins (Kalksandstein) angereichert, das sich bei Austritt um die Öffnung herum ablagert und auf diese Weise die pittoresken Terrassen bildet. Die Verbindungsstraße von den Mammoth-Quellen zum Norris Geyser Basin gehört zu den besonders schönen Strecken des Parks. Im Norris Field findet man ›ruhige‹ Heißwasserpools und heiße Quellen. Überaus sehenswert ist der Ecchinus Geyser, der sich langsam mit heißem Wasser füllt, um dann seinen Inhalt in wenigen Minuten wieder hinauszusprühen. Die Erholungsphase zwischen den Eruptionen dauert bis zu einer Stunde.

Von Norris gelangt man über Madison zur größten Ansammlung von Geysiren. Das Upper Geyser Basin zeichnet sich durch mehrere, regelmäßig ›überkochende‹ und bis zu 70 m hohe Fontänen versprühende Geysire aus. Am bekanntesten ist der Old Faithful, der zu relativ genau vorhersagbaren Zeiten und vor allem öfter als die ›Konkurrenz‹ ausbricht. Die Erkun-

Der Yellowstone National Park

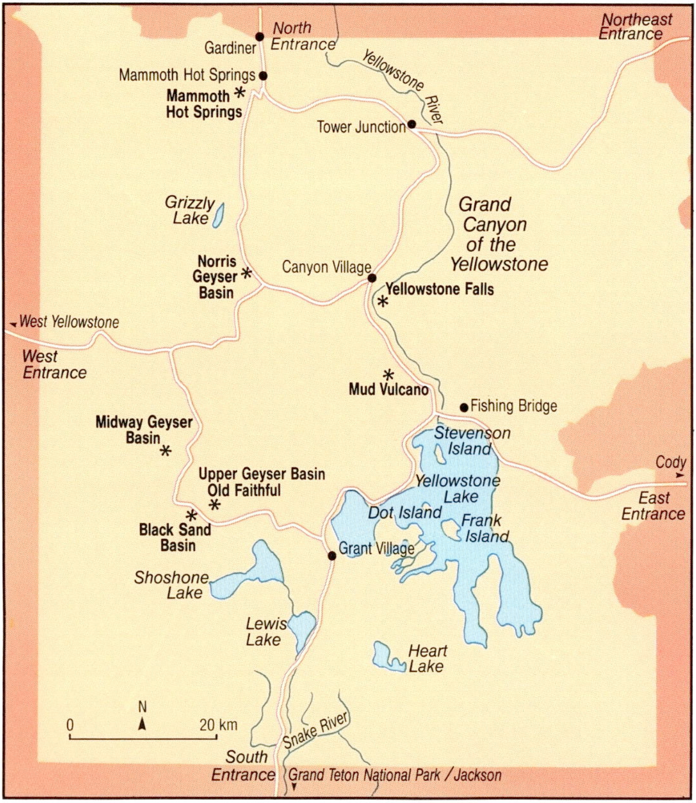

Farbenprächtige Pools gehören neben den Geysiren zu den Hauptattraktionen des Yellowstone National Park

dung aller Geysire des oberen Basin kostet mit Wartezeiten vor Eruptionen, Photopausen und einem empfehlenswerten Abstecher zum Black Sand Basin einen ganzen Tag. Dabei läßt sich auch noch eine Besichtigung der Old Faitful Inn mit der einzigen Kneipe weit und breit einplanen. Die Innenarchitektur des im Blockhausstil errichteten Hotels muß man gesehen haben.

Neben den Geysiren machte der Fisch- und Wildreichtum den Yellowstone Park bekannt. Um Rotwild, Elche und die in den letzten Jahren hier heimisch gemachten Büffel zu sehen, braucht man die Hauptstraßen kaum zu verlassen, speziell nicht in den frühen Morgen- und Abendstunden. Die Ranger verraten die wechselnden Gebiete mit den besten Aussichten, Wild anzutreffen. Bären machen sich im allgemeinen rar. Vorwitzige Exemplare, die sich von den Essensgerüchen der Campingplätze anlocken lassen, werden in abgelegene Gebiete des Parks transportiert, wenn man sie erwischt. Verhaltensanordnungen für überraschende Begegnungen mit Bären und Bisons erhalten die Besucher bei der Einfahrt in den Park.

Unmittelbar südlich an den Yellowstone schließt der **Grand Teton National Park** an, der für die Mehrheit der Besucher eine Durchgangsstation vor oder nach dem Besuch des Yellowstone ist. Zu den

Grand Teton National Park: Blick über den Lake Jackson auf das Gebirgsmassiv der Teton Range

beliebtesten Zielen im Park gehört der Jackson Lake vor dem alpinen Gebirgsmassiv der Teton Range, dessen mit 4197 m höchster, fast immer schneebedeckter Gipfel der Grand Teton ist. Rund 60 Meilen sind es vom Old Faithful-Bereich des Yellowstone Park bis zum Colter Bay Visitor Center (Campingplätze, Bootsverleih, Supermärkte) am östlichen Seeufer mit brillanter Aussicht auf die Berge. Einen Besuch der Ausstellung zur indianischen Kultur im American Indian Art Museum, das dem Visitor Center angegliedert ist, sollte man nicht versäumen.

Wer noch etwas näher an die Berge heran möchte, vielleicht sogar eine Wanderung ins Auge faßt, sollte südlich von Colter Bay die Hauptstraße verlassen und der Teton Park Road folgen. Ein besonders reizvoller, nicht zu langer Wanderweg führt vom Jenny Lake Trailhead um den See herum zu den Hidden Falls (Inspiration Point); Zeitbedarf hin und zurück etwa 3 Stunden, bei Umrundung des Jenny Lake kaum unter 4 Stunden.

Wenige Meilen südlich der Grenzen des Grand Teton Park liegt **Jackson,** ein amerikanisches Touristenzentrum, wie es im Buche steht: sommers der zentrale Sammel- und Ausgangspunkt für den Hauptverkehr in die beiden Nationalparks, winters ein beliebtes Ziel für Skisportler. Die Liste der Ferienaktivitäten reicht von Wildwasserfahrten über Planwagentrips mit Cowboy-Romantik bis zur Teton-Bezwingung im Heißluftballon oder Segelflugzeug. Mittwochs und samstags gibt es Rodeo-Veranstaltungen.

Unterkunft: Im Sommer sind die Unterkünfte im Yellowstone und im Grand Teton N.P. langfristig ausgebucht. Wer frühzeitig disponiert, kann aber sehr günstig unterkommen. Einfach eingerichtete Zimmer mit bis zu vier Schlafplätzen gibt es unter den Bezeichnungen Budget Shelter, Roughrider und Frontier Cabin am Upper Geyser Basin, bei Mammoth Hot Springs und in Tower Junction. Reservierung aller Unterkünfte im Yellowstone Park: TW Services, ✆ 307-344-73 11, Fax von Europa aus: 001-307-344-74 56. Im Grand Teton Park kann man preiswert sog. *Tent Cabins* und kleine Blockhäuser mieten, Auskunft und Reservierung unter ✆ 307-543-28 55. Einige Unterkünfte öffnen erst im Juni und schließen bereits Ende August/Anfang September! Außerhalb der Parks verfügen West Yellowstone/Montana, Cody und Jackson (beide Wyoming) über ein großes und vielfältiges Zimmerangebot von der Jugendherberge bis zum stilvollen Nostalgie-Hotel.

Camping: Die besten Campingplätze im zentralen Bereich des Yellowstone sind Norris und Madison. Spätestens mittags sind in der Hochsaison die meisten Plätze belegt. Das gilt auch für die Campingplätze im Grand Teton, speziell am beliebten Jenny Lake und auf dem Signal Mountain-Platz. In den Orten rund um die Parks gibt es aber bei privaten Betreibern große Kapazitäten, die selbst in der Hochsaison meist noch Platz bieten.

Durch Idaho und Oregon nach Seattle

Die Straße Nr. 22 führt in langem, steilem Anstieg über die Teton Range von Jackson nach Idaho Falls. Hinter der Paßhöhe bis Victor passiert man noch einmal einen landschaftlich besonders schönen Streckenabschnitt und läßt danach die Teton-Berge bald hinter sich. Der schnellste Weg von Idaho Falls nach Westen führt über die verbundenen Interstate-Autobahnen Nr. 15/86/84. Kilometermäßig fast gleich, aber zeitlich aufwendiger ist es, der Straße Nr. 20 zu folgen, die in Mountain Home, rund 50 Meilen östlich von Boise, auf die I-84 trifft. Die Nr. 20 durchquert das aufregende Craters of the Moon National Monument. Von dort kann man den Umweg über die Sawtooth Mountains leicht anschließen.

Zum **Craters of the Moon Monument** sind es von Idaho Falls noch rund 100 Meilen. Auf halber Strecke passiert man bei Atomic City ein Sperrgebiet, in dem 1948 der erste Atomreaktor der Welt in Betrieb ging. Erhöhte Radioaktivität läßt manche einen Bogen um diese Region machen. Eine kurze Durchfahrt dürfte indessen keinen Schaden anrichten. Vorsichtshalber sollte man bis Arco das Auto nicht verlassen. Schwarzes Lavagestein empfängt den Touristen bereits weit vor den Grenzen des ›Mondmonuments‹. Aber erst die beim

Visitor Center beginnende 7 Meilen lange Loop Road führt in die bizarre Landschaft der erstarrten Lavaströme. Das Minimalprogramm sollte den Aufstieg zum Inferno Viewpoint, den Blick in die kleinen Krater Spotter Cones und Snow Cone und den Abstieg in zumindest eine der diversen Lavahöhlen (festes Schuhwerk, Taschenlampe) einschließen.

Einige Meilen westlich des Monument zweigt die Sawtooth Scenic Route (Straße Nr. 75) ab. **Ketchum** und **Sun Valley** eingangs der Sawtooth Berge sind beliebte Ziele für Sommerfrische und Skiurlaub. In ihrer Umgebung und weiter nördlich entlang des Salmon River befinden sich zahlreiche heiße (Bade-)Quellen, teilweise kommerziell betrieben, teilweise aber auch naturbelassen. Ab Stanley geht es auf der Nr. 21 um die hochalpine Sawtooth Wilderness herum auf kurvenreicher Gebirgsstrecke hinunter nach Boise.

Boise (sprich: Beusie) ist mit 100 000 Einwohnern die kleine, grüne Hauptstadt des dünn besiedelten Idaho. Hauptattraktionen sind das State Capitol an der 6th St. und der mitten durch die Stadt fließende Boise River. Der Grüngürtel beiderseits des Flusses erweitert sich im Zentrumsbereich zum Julia Davids Park – erreichbar über Washington Blvd. und 9th Ave. – mit Historical und Art Museum (beide mittelmäßig), übersichtlichem Zoo, Picknicktischen und Jogging-Pfaden.

Weideland in Idaho

Eine empfehlenswerte Teilumgehung der Interstate nach Westen (Zeitbedarf mindestens ein Tag) führt von Boise auf der Straße Nr. 55 entlang des Payette River in nördliche Richtung. Hinter dem Cascade Reservoir und dem Familienferienort McCall am Payette Lake geht es auf der Straße Nr. 95 in südliche Richtung nach Cambridge und von dort auf landschaftlich reizvoller Strecke (Straße Nr. 71) zum Brownlee und Oxbox-Damm, die den Snake River kurz hintereinander aufstauen.

Zwischenziel ist der **Hells Canyon**. Nirgendwo sonst gibt es eine Straße, die so weit (22 Meilen) in einen vergleichbar tiefen Canyon hineinführt. Das Panorama während der Fahrt entlang des aufgestauten Flusses vom Oxbow zum Hells Canyon-Damm am Fuße rotbrauner Steilwände sucht seinesgleichen. Hinter der Staumauer beginnt der ›wilde Teil‹ der Höllenschlucht. Auf einer Strecke von 36 Meilen schießt das Wasser über Stromschnellen durch den Canyon. Mehrere Unternehmen bieten Fahrten per Schlauch- und Jetboot an. Vom Anleger einige hundert Meter unterhalb des Damms starten 2- bis 6-stündige Touren (✆ 1-8 00-4 22-35 68 und 5 03-7 85-33 52).

Die Fortsetzung des Umwegs zum Hells Canyon führt auf der Straße Nr. 86 weiter durch rauhe wie liebliche Gebirgslandschaften, bevor bei Baker die I-84 erreicht wird. Auf dieser Straße geht es weiter nach **Pendleton**, einem Zentrum für Rancher in der heißen, trockenen Ebene des östlichen Oregon. Gäbe es nicht das Pendleton Round-Up, eine der bekanntesten Rodeo-Großveranstaltungen Nordamerikas, wäre die entlegene Stadt kaum jemandem ein Begriff. Alljährlich in der zweiten vollen Septemberwoche verwandelt sich Pendleton vom Provinznest in das Rodeo-Mekka von Amerika. Aber rund geht es so richtig erst ab Mittwoch (bis Samstag) mit dem täglichen Rodeo am frühen Nachmittag und der großen abendlichen Indianer- und Wildwest-Show in der Happy Canyon Open Air Arena. Die Stadt ›vibriert‹ in diesen Tagen mit Cowboy's Breakfast und Barbecue, Umzügen – vor allem die wilde ›Westward Ho!‹-Parade am Freitagmorgen ist sehenswert – Country Music, Square Dance und *gunfights* in der Main St.

Für amerikanische Verhältnisse sind die Eintrittspreise für Rodeo und Abendveranstaltungen nicht sehr hoch. Letztere sind aber fürs Abschlußwochenende oft Monate im voraus ausverkauft. Mit Kreditkarte lassen sich Tickets telefonisch kostenlos reservieren über: ✆ 1-800-5 24-29 84. Ohne Reservierung findet man in und um Pendleton während der Round Up-Tage kaum eine Unterkunft. Zentrale Buchung von Privatquartieren ab August: ✆ 1-8 00-5 47-89 11 oder 1-8 00-4 52-94 03. Das Campen wird auf *first-come-first-served*-Basis zentral geregelt (3920 Westgate, Ausfahrt Nr. 207 von der I-84).

Rodeo

Cowboy-Handwerk oder Show?

So ein ›richtiges‹ Rodeo muß man gesehen haben, wenn man durch den Westen der USA reist. Am besten auf dem Lande, am Sonntagnachmittag, irgendwo in den Weiten von Wyoming, Montana oder Idaho, wenn ›echte‹ Cowboys ihr Handwerk demonstrieren und sachkundige Zuschauer der Umgebung an den Gattern stehen. Weniger gekonnt als das, was die Rodeo-Profis bei Großveranstaltungen vor viel Publikum zeigen, ist es kaum. Im Gegenteil, die kleine lokale Arena vermittelt oft mehr Atmosphäre als das große Rund.

Ohne ein bißchen Glück fährt man mit Sicherheit auch am Sonntagnachmittag nichtsahnend am besten Dorf-Rodeo vorbei, weil der Wettkampf-Corral nicht an der Durchgangsstraße liegt. Aber wer möchte, kann sich vorher informieren, da die meisten Rodeo-Termine lange im voraus bekannt sind. Kaum ein kleiner Ort von Texas bis zu den kanadischen Prärieprovinzen und westwärts, der nicht mindestens einmal jährlich sein Rodeo organisiert. Die Termine entnimmt man den Veranstaltungskalendern, die bei sämtlichen Touristen-Informationsbüros ausliegen.

Abgesehen von den Chuck Wagon- und Stagecoach Races (Planwagen- und Postkutschenrennen), die nur in größeren Stadien stattfinden, geht es mit kleinen Abweichungen und Einlagen für Kinder und Junggebliebene beim Rodeo im wesentlichen um folgende Wettbewerbe:

- *Saddle Bronc Riding*, das ›klassische‹ Zureiten von Pferden, die erstmalig einen Sattel umgeschnallt bekommen und alles tun, um das ungewohnte Objekt samt Reiter wieder loszuwerden. Wenn nicht schon wild geworden durch das Anschnallen des Sattels im engen *chute*, der käfigartigen Wartebox, reagiert das Pferd spätestens dann mit Bocksprüngen, wenn der Cowboy aufspringt und ihm – wie vorgeschrieben – einmal kurz die Sporen gibt.
- *Bareback Riding* unterscheidet sich vom Zureiten durch den fehlenden Sattel. Der Cowboy verläßt die Box nach einer kräftigen Markierung des Pferdes mit den Sporen. An dem im Nacken befestigten *riggin* (eine Art Handgriff) darf er sich nur einhändig festhalten.
- *Bull Riding* entspricht dem *Bareback Riding*. Der Unterschied liegt außer im Reittier in der Befestigung der Haltevorrichtung: das Ende eines Taus, das per Schlinge um den Bullen gelegt ist. Je mehr der Reiter zieht, um so wilder wird das eingezwängte Tier.

- *Steer Roping* gehört ebenso wie das *Bronc Riding* zu den echten Cowboy-Fertigkeiten. Das Einfangen (der Hörner) und Umwerfen des Stiers mit dem Lasso ist der erste Teil der Übung. Während das Pferd mit dem gespannten Lasso das Tier am Boden hält, muß der Reiter abspringen und es mit schnellem Griff – Zusammenfesseln von drei Beinen – bewegungsunfähig machen.
- *Calf Roping* erfordert beim Einfangen noch größere Geschicklichkeit als das *Steer Roping*, denn das junge Kalb besitzt noch keine Hörner. Das Lasso muß stattdessen eines der Hinterbeine erwischen, also genau im richtigen Moment über den Huf rutschen. Wiederum hilft das Pferd, während der Cowboy drei Beine des Kalbs fesselt.
- *Steer Wrestling* ist wie die beiden *Bareback Riding*-Varianten eine Geschicklichkeitsprüfung für den Rodeo-Cowboy. Zum Leben auf der Ranch gehört es nicht. In der Arena läßt sich der Reiter in vollem Galopp vom Pferd auf den Stier fallen, greift dessen Hörner, ›bremst‹ ihn durch Verdrehen des Kopfes ab, schwingt sich mit den Beinen nach vorne und wirft das Tier um.

Allen Übungen ist ein Zeitlimit gesetzt. Innerhalb einer bestimmten Sekundenzahl muß der Cowboy noch im Sattel/auf dem Rücken von Pferd oder Bulle sitzen bzw. Kalb oder Stier müssen am Boden liegen. Wer das Limit schafft, wird nach Haltung und Eleganz bewertet. Im Dorf geht es oft nur um die Ehre, beim großen Rodeo um harte Dollar.

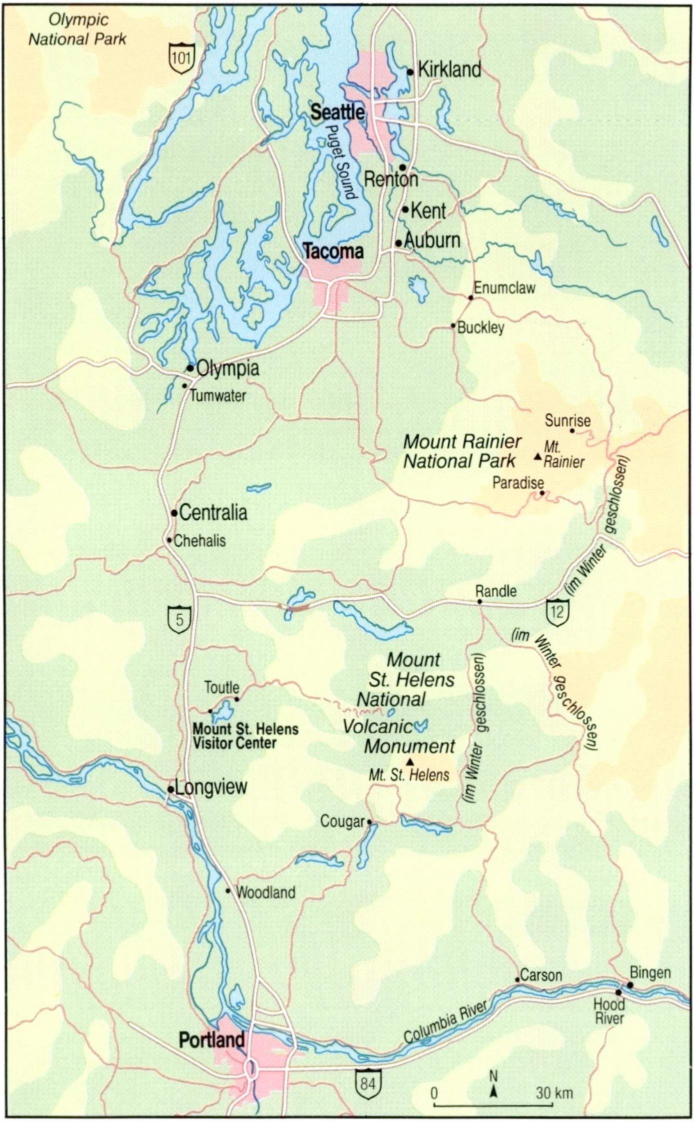
Olympic National Park
101
Kirkland
Seattle
Puget Sound
Renton
Kent
Auburn
Tacoma
Enumclaw
Buckley
Olympia
Tumwater
Sunrise
Mount Rainier National Park
Mt. Rainier
Paradise
(im Winter geschlossen)
Centralia
Chehalis
Randle
5
12
(im Winter geschlossen)
Mount St. Helens National Volcanic Monument
(im Winter geschlossen)
Toutle
Mount St. Helens Visitor Center
Mt. St. Helens
Longview
Cougar
Woodland
Carson
Bingen
Hood River
Columbia River
Portland
84
N
0
30 km

Auf dem Weg nach Seattle liegt als nächstes Ziel der geborstene Vulkan Mount St. Helens. Rund 40 Meilen auf der I-84 sind es bis zum mächtigen Columbia River, dem Grenzfluß zwischen Oregon und Washington. Westlich von Biggs beginnt die Columbia River Gorge, der gern als Rhine Valley of America bezeichnete Durchbruch des Flusses durch das Kaskadengebirge. Den Columbia River sollte man bereits bei Biggs verlassen und der Straße Nr. 14 auf dem rechten Ufer des Flusses folgen.

Einige Karten weisen die Verbindung von Carson zum Straßensystem östlich des Mount St. Helens nicht oder nur als Schotterstrecke aus. Tatsächlich ist die (Forst-)Straße Nr. 30 mit der Verbindung Nr. 51/90 zum **Mount St. Helens National Volcanic Monument** eine gut ausgebaute Strecke, zwar kurvenreich und zeitraubend, dafür aber landschaftlich reizvoll mit ersten Ausblicken auf den meist schneebedeckten Mount Adams und den Mount St. Helens selbst.

Der Nationalpark verdankt seine Entstehung dem Ausbruch des Mount St. Helens im Jahr 1980. Mehrere hundert Quadratkilometer Wald wurden von den Schlammfluten geschmolzener Gletscher, von Lavamassen und durch deren Glut entstandene Brände vernichtet. Dörfer und Städte der Umgebung erstickten nahezu im Ascheregen. Nach Beendigung der vulkanischen Aktivitäten zeigte der Berg sich um 400 Höhenmeter reduziert, mit einem nach Norden aufgebrochenen Krater von einer Meile Durchmesser.

Die durchgehend asphaltierten Forststraßen im östlichen Hinterland des Parks führen mitten in das Gebiet, das am stärksten in Mitleidenschaft gezogen wurde. Die Auffahrt zur Windy Ridge über dem einst idyllischen, heute teilweise verschütteten Spirit Lake ist ein absolutes Muß. Sie vermittelt einen atemberaubenden Eindruck der Naturgewalten, die durch den Ausbruch ausgelöst wurden. Von Carson bis zur Windy Ridge sollte man sich auf mindestens drei Stunden Fahrzeit einstellen. Eine weitere Stunde benötigt man für die Weiterfahrt bis Randle – am besten über die Straße Nr. 26, es sei denn, man fährt ein für diesen Abschnitt weniger geeignetes *Motorhome* größeren Typs.

Von Randle bis zur südöstlichen Einfahrt in den **Mount Rainier National Park** sind es rund 30 Meilen auf der Straße Nr. 12 am idyllischen Cowlitz River entlang – oder 50 Meilen, wenn man sich entschließt, über die Straßen Nr. 12, 7 und 706 zunächst den Westeingang anzusteuern. Der Vulkan Mount Rainier, mit 4400 m der höchste Berg der Kaskaden, bietet auch im Sommer mit weit nach unten reichenden Gletschern und schneebedecktem Krater ein über alle Maßen eindrucksvolles Bild. Dünne Rauchspuren zeigen häufig, daß es in seinem Inneren immer noch brodelt. Eine ›heile Welt‹ unberührter, wildreicher Wälder, Almen und eiskalter Bäche umgibt den zentralen Bereich rund um diesen pittoresken Berg.

Von der Hauptstrecke durch den Park führen zwei Zubringer zu Ausgangspunkten für Wanderungen und Gletscherbesteigungen. Eine kurze Loop Road durch das Paradise Valley im Süden des Mount Rainier bringt die Besucher zum Jackson Visitor Center und zu den gletschernächsten Wanderwegen des Parks. Dort sollte man zumindest den Nisqually Vista Nature Trail entlang laufen. Für die 14 Meilen lange Stichstraße (ab der Straße Nr. 410) zum Sunrise Visitor Center im Osten des Parks mit zahlreichen Serpentinen muß man etwas Extrazeit einplanen. Bei gutem Wetter wird man aber für die Anfahrt reich belohnt: Die schönsten Ausblicke auf den majestätischen Gipfel hat man von dieser Straße. Hinter dem Visitor Center liegt ein Picknickplatz mit Traumpanorama. Der Weg zu den Gletschern ist allerdings von der Sunrise Region aus sehr weit.

Wer den Mount Rainier erklimmen möchte, ohne selbst Bergspezialist zu sein, kann eine dreitägige Gipfeltour buchen. Ein Tag dient der Vorbereitung, zwei Tage dauert der Marsch über das Eis. Die notwendige Ausrüstung wird weitgehend gestellt, Spezialschuhe etc.

können gemietet werden (Auskunft bei Rainier Mountaineering, ✆ 2 06-5 69-22 27). Bei mindestens einem vollen Tag im Mount Rainier Park sollte man beide Regionen (Paradise und Sunrise) besuchen und über den Westeingang anfahren. Man verläßt dann den Park Richtung Seattle über die landschaftlich schönste Strecke, die Straße Nr. 410.

Seattle

Die nördlichste Großstadt der USA liegt auf einer im zentralen Bereich nur 4 km breiten Landenge zwischen einem tief nach Süden reichenden Meeresarm, dem Puget Sound, und dem fast 30 km langen Binnensee Lake Washington. Die Kaskaden im Osten und die Olympic Peninsula mit den gleichnamigen Bergen und Nationalparks im Westen bewahren Seattle vor extre-

Blick von der Elliot Bay auf die Hafenanlagen und Wolkenkratzer von Seattle

men klimatischen Schwankungen. Verhältnismäßig kühle Sommer und milde Winter mit hohen Niederschlägen sorgen gleichwohl für den Ruf als ›Rain Capital‹ der Vereinigten Staaten. Nichtsdestoweniger gibt es keine andere US-Großstadt, deren Einwohner sich einer vergleichbaren Vielfalt an Möglichkeiten zur Freizeitgestaltung erfreuen: zahlreiche Salz- und Süßwasserreviere samt Inselwelt ringsum und unterschiedlichste Berglandschaften in kurzer Distanz, die alle Varianten der Sommerfrische und des Wintersports bieten.

Die Ursprünge des heutigen Seattle liegen gerade 100 Jahre zurück: 1889 brannte die damals 30 Jahre junge 20 000 Seelen-Stadt bis auf die Grundmauern nieder, beim Wiederaufbau wurde sie um rund 10 m ›geliftet‹. Ungezählte Abenteurer machten dann seit 1896 die Hafenstadt an der Elliot Bay zum Hauptausgangspunkt der Reise in die Goldrauschgebiete am Klondike River in Alaska. Der Schiffsbau florierte, Seattle wurde zur maritimen Drehscheibe für den nördlichen Pazifik und später zum Luftkreuz für diese Region. Der Großteil der dort startenden und landenden Flugzeuge wird heute in der Stadt und im nahen Everett gefertigt.

Wenn man von Süden auf der I-5 nach Seattle hineinfährt, passiert man die Boeing-Montagehallen und das dazugehörige Airfield linker Hand hinter der Abfahrt Nr. 158. Der Weg zum Museum of Flight (Marginal Way) ist ausgeschildert. In der lichten Glashalle fanden rund 50 Flugzeugtypen vom Doppeldecker bis zum modernen Abfangjäger Platz. Wer auf

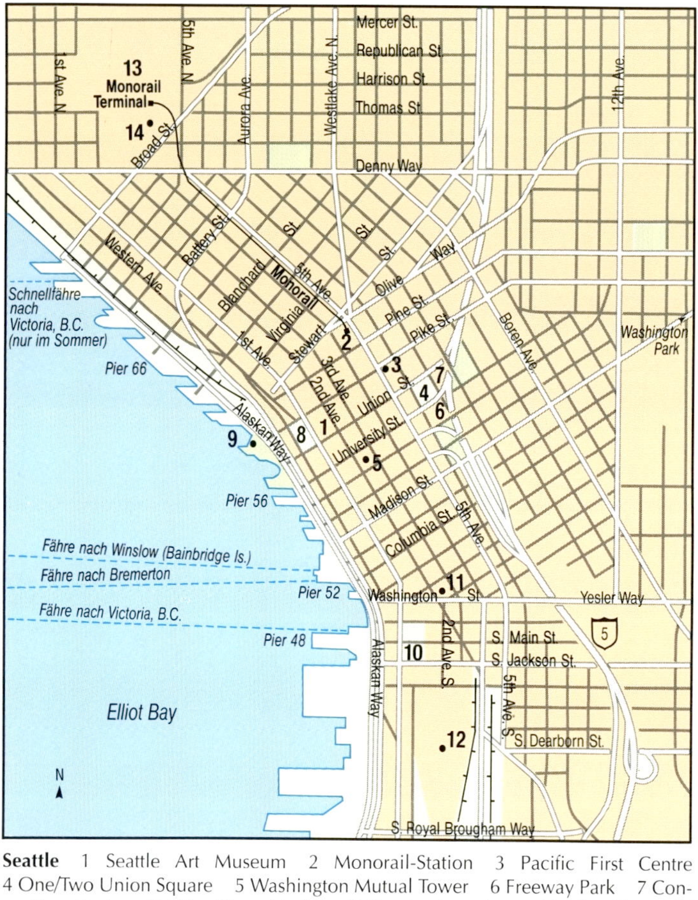

Seattle 1 Seattle Art Museum 2 Monorail-Station 3 Pacific First Centre 4 One/Two Union Square 5 Washington Mutual Tower 6 Freeway Park 7 Convention Center 8 Pike Place Market 9 Seattle Aquarium 10 Klondike Gold Rush National Historic Park 11 Smith Tower 12 Kingdome 13 Seattle Center 14 Space Needle

den Besuch verzichtet oder ihn auf später verschieben kann, sollte erwägen, das Zentrum von Seattle nicht auf der I-5 von Süden, sondern über die I-405 und die Nr. 520 auf derselben Interstate von Norden zu erreichen. Die Fahrt über den Lake Washington auf der

Evergreen Point Bridge und die aus dieser Richtung viel eindrucksvollere Skyline sind den Umweg allemal wert.

Ausgangs der Pylonenstrecke der Nr. 520, gleich nach Überquerung des Sees, befindet sich rechter Hand das mittelmäßige Seattle Museum of History and Industry an der 24th St. Hinter dem Museum beginnt der Marshland Trail, ein idyllischer Naturlehrpfad zum Foster Island, dem nördlichen Ausläufer des attraktiven Washington Park zwischen Union Bay und der Madison St.

Vom Washington Park führt die Madison St. geradlinig nach Downtown Seattle und an die Waterfront. Man könnte aber zunächst auch einen weiteren Umweg über den Interlaken Blvd., eine Parkstraße, anschließen und noch einen Abstecher zum Volunteer Park (15th Ave./Prospect St.) im Stadtteil Capitol Hill machen. In diesem Park stehen das ehemalige Gebäude des *Seattle Art Museum*, das 1992 in einen eindrucksvollen Neubau an der 2nd Ave. im Zentrum (1) umgezogen ist, und das eintrittsfreie Conservatory (Gewächshaus). Der Besuch im Park lohnt vor allem für den Blick auf die Stadt von den Terrassen des alten Kunstmuseums.

Downtown Seattle erstreckt sich zwischen der mitten durch die Stadt führenden I-5 und dem Uferbereich der Bucht sowie dem Pioneer Square (Jackson St.) und der Stewart St./Olive Way. Die Parksituation ist dort ausgesprochen problematisch. Speziell mit Wohnmobilen sollte man die City wegen der teilweise starken Gefälle auf den Ost-West-Straßen mit häufig auftretendem Stop-and-Go-Verkehr meiden. Es empfiehlt sich, entweder unterhalb der hochgelegenen Stadtautobahn Nr. 99 am Alaskan Way (Waterfront) einen Parkplatz zu suchen oder von vornherein weiter außerhalb zu parken, etwa im Bereich des Seattle Center. Eine *Monorail-Hochbahn* (2) verkehrt von dort ins Zentrum (Pine St./5th Ave.). Die Benutzung der Stadtbusse, darunter eine unterirdisch geführte Linie (Tunnel Bus) von der Pine St. unter der 3rd Ave. bis zur Union Station, ist gratis.

Am Alaskan Way (Waterfront) verkehrt ein Schienen-Trolley am Pier 70 über den Pioneer District bis zum International District (5th Ave.). Ein Tagesticket für das gesamte Bussystem von Seattle (Metro) einschließlich Flughafen-Zubringer ist in der Visitor Information im Convention Center (8th Ave./Pike St.) erhältlich. Die Distanzen zwischen den wichtigsten Sehenswürdigkeiten in der Innenstadt lassen sich auch gut zu Fuß bewältigen. Eindrucksvoll sind im ansonsten weniger attraktiven Geschäftszentrum vor allem einige neuere Hochhäuser, etwa das *Pacific First Centre* (3, Pike St./5th Ave.), *One/Two Union Square* (4, Union St./Freeway Park), *Washington Mutual Tower* (5, Seneca St./2nd Ave.), sowie das First Interstate Building

Der größte Goldrausch fand in Seattle statt

Vom Goldrausch in Colorado, Nevada und Kalifornien, in den Black Hills, in Montana und Idaho hat man gehört, auch von Alaska und dem Klondike, jedoch Washington State?

Das Gold fand man 1896 am Rabbit (heute Bonanza) Creek, einem Zufluß des Klondike in den kanadischen Yukon Territories unweit des Polarkreises. Aber dahin mußte der vom Goldfieber infizierte zukünftige Prospektor erst einmal kommen. Der einzige Weg in den hohen Norden führte über die Inside Passage, einen von vorgelagerten Inseln gegen die Stürme des Nordpazifik geschützten Wasserweg entlang der Westküste von Kanada und des ›Pfannenstiels‹ von Alaska. Von Skagway, Dyea oder Haines, überfüllten, provisorischen Landeplätzen am Ende schmaler Meeresarme zwischen hochaufragenden, gletscherbedeckten Bergen ging es zunächst zu Fuß auf steilen Pfaden über die Pässe landeinwärts, danach auf Booten oder Flößen über verbundene Seen zum Yukon River und nach Dawson City, der *boom town* am Zusammenfluß von Klondike und Yukon. Den meisten der abertausend Glücksucher, die es trotz aller Entbehrungen – viele kehrten um, starben vor Erschöpfung, ertranken in Stromschnellen – bis dort geschafft hatten, zerrannen die Träume vom schnellen Reichtum schon bei der Ankunft: die *claims* waren lange gesteckt, auf sich gestellt irgendwo in der Wildnis Gold zu suchen, war fast unmöglich, alles, was man nicht dabei hatte, unbezahlbar. Zum Überleben blieb nur Lohnschürferei für

(Marion St./2nd Ave.). Als gelungene Schöpfung neuzeitlicher Stadtgestaltung gilt der *Freeway Park* (6) über der I-5 zwischen Seneca und Union St., eine begrünte Betonkreation mit Wasserspielen. Gleich nebenan steht der gläserne Palast des *Convention Center* (7).

Zu Recht der absolute Publikumsmagnet in Downtown Seattle ist trotz der heute nicht zu übersehenden touristischen Elemente der *Pike Place Market* (8) entlang der Straße Pike Place zwischen 1st und Western Ave. hoch über der Stadtautobahn Nr. 99, einer der besten und originellsten Dauermärkte der USA. Um den namensspendenden Kernbereich gruppieren sich heute zwischen Pike und Virgina St. diverse mehrstöckig besetzte Blocks, Innenhöfe und Arkaden mit weiteren Marktständen, Läden, Kneipen, Fast Food-Theken und Restaurants.

die glücklichen *claim*-Besitzer. Bittere Ernüchterung für all jene, die oft alles verkauft hatten, um die weite Anreise und die Ausrüstung zu bezahlen.

Spätestens als das Dampfschiff »Portland« mit 68 erfolgreichen Klondike-Prospektoren und mehr als 2 t Gold im Juli 1897 in Seattle einlief, war der Goldrausch entfacht. Die Nachricht vom schnellen Reichtum ging in Windeseile um den Globus. Glücksritter aus aller Herren Länder überschwemmten die Stadt, um sich dort einzuschiffen. Auch unzählige Bürger von Seattle einschließlich des Bürgermeisters machten sich auf den beschwerlichen Weg in den Norden. Seattle wurde über Nacht zur eigentlichen Kapitale des Klondike- und des wenig später folgenden Alaska-Goldrausches.

Dank der von der kanadischen Mounted Police verlangten und selbst im harschen Winter überprüften Einjahresvorräte (u. a. 400 Pfund Mehl, 100–200 Pfund Speck, 6 Paar Wollhandschuhe, 2 Paar Gummistiefel sowie diverses Haushaltsgerät und Handwerkszeug), die jeder Prospektor beim Grenzübertritt vorweisen mußte, kam es zu einem ungeahnten Aufschwung vor allem der Geschäftswelt, die sich damals auf den Bereich des heutigen Pioneer Square Historical District konzentrierte. Gerade recht nach Jahren schwerster wirtschaftlicher Probleme, mit denen Seattle als Folge einer landesweiten Depression seit 1893 zu kämpfen gehabt hatte. Mit dem Verkauf von Lebensmitteln und Ausrüstungsgegenständen aller Art, der Beschaffung zusätzlicher Schiffskapazität und Bereitstellung von Hotels und Massenquartieren verdienten in Seattle weit mehr Leute – zudem risikoloser – ein Vermögen als im Hohen Norden bei der oft vergeblichen Goldsuche.

Über Treppen und einen verglasten Fahrstuhlturm geht es vom Market Place hinunter zur Waterfront am Alaskan Way. Alte ausrangierte Piers wurden mit Restaurants, Boutiquen, Andenkenläden und Galerien zur Touristenattraktion umgestaltet. Das gute *Seattle Aquarium* (9) mit Omnimax-Theater ergänzt das Angebot ebenso wie eine vierstündige Bootsfahrt vom Pier 56 zur Blake Island mit dem kommerziellen Museumsdorf Tillicum Indian Village.

Bei Interesse für die Indianerkultur des pazifischen Nordwestens empfiehlt sich auch ein Besuch im Thomas Burke Memorial Museum, 45th St./17th Ave. auf dem Gelände der Washington State University oberhalb des Lake Washington zwischen Portage und Union Bay.

Unmittelbar südlich der touristischen Waterfront legen vom Pier

52 die Fähren nach Bremerton und Winslow auf der gegenüberliegenden Seite des Puget Sound ab. Pier 48 dient der Autofähre nach Victoria auf Vancouver Island als Terminal; in den Sommermonaten verkehrt ab Pier 69 zusätzlich der schnelle *Victoria Clipper.*

Pier 48 liegt am Rand des Pioneer Square Historical District, der einige Blocks von Alt-Seattle zwischen Waterfront/2nd Ave. und King St./Yesler Way umfaßt. Ein ehemals vernachlässigtes Viertel mit Backsteinhäusern wurde im Stil der früheren Tage herausgeputzt, begrünt und mit Restaurants, Bars, Antiquitätenläden, Galerien und allerhand Shops neu belebt. Nicht nur Touristen, sondern auch die Einheimischen besuchen gerne diesen Stadtteil.

Ein Besuch des Visitor Center und des Museums des *Klondike Gold Rush National Historic Park* (10) an der South Main St. gegenüber dem Occidental Park lohnt sich auf jeden Fall. Besonders sehenswert sind die Filme zum Goldrausch um die Jahrhundertwende. Aber auch die Dokumentation im kleinen Museum ist sehr aufschlußreich. Wer sich für die Geheimnisse ›City unter der City‹ interessiert, kann an Underground-Touren teilnehmen, die in Doc Maynard's Public House, einem Lokal am Pioneer Square Park, beginnen. Die Tour führt durch beim Brand von 1889 zerstörte Teile der Stadt, die unter dem darauf entstandenen neuen Seattle bis heute erhalten blieben. An der 2nd Ave., Ecke Yesler St. steht der *Smith Tower* (11) in nostalgischem Kontrast zu den nahen modernen Hochhäusern. Das heute eher unauffällige Gebäude war 1914 ›the tallest building west of the Mississippi‹.

Unübersehbar überragt der *Kingdome* (12) die Waterfront, eine überdachte Mehrzweckarena mit 75 000 Sitzplätzen, nur wenig südlich des Pioneer District. Hinter dem Kingdome und der nahen Union Station liegt der International District mit einer kleinen Chinatown, Zufahrt über Jackson und Main St.

Das anläßlich der Weltausstellung 1962 errichtete *Seattle Center*

Straßenmusikanten am Pike Place Market

(13), nördlich von Downtown zwischen Broad/Mercer St. und 1st/5th Ave., wurde zum Entertainment- und Konferenzzentrum umgestaltet. Eine der größten und interessantesten Veranstaltungen findet am ersten Wochenende im September (Labor Day Weekend) statt. Das Bumbershoot Arts Festival bietet von Freitag bis Montag ein vielfältiges Musik- und Theaterprogramm auf den Bühnen, Straßen und Plätzen des Center. Dessen im wahrsten Sinne des Wortes herausragendes Kennzeichen ist die 152 m hohe *Space Needle* (14) mit Aussichtsplattform und -restaurant. Von oben genießt man einen phantastischen Blick über Seattle und die Umgebung. Neben der Space Needle ist das Pacific Science Center sehenswert, ein auf Kinder und Jugendliche zugeschnittenes Wissenschaftszentrum.

Information: Visitor Information im Convention Center, 8 th/Pike Streets, ✆ 206-461-58 40 (Anschrift: Seattle/King County Visitor and Convention Bureau, 800 Convention Place, Seattle WA 98101). Ein weiteres Informationsbüro residiert im Seattle Center.

Unterkunft: An Wochenenden gibt es im Airport-Bereich (Straße Nr. 99) gute Zimmer zu recht niedrigen Tarifen: Hampton Inn, Nendel's Motor Inn, La Quinta, Econolodge, Red Lion u.a. Überwiegend zur Billigkategorie gehören die Motels in der Aurora Ave. nördlich des Seattle Center, z.B. das Marco Polo Motel, 4114 Aurora Ave., ✆ 206-633-63 66. In Zentrumsnähe bieten ein gutes Preis-Leistungsverhältnis das Days Inn in der 7th Street und die Travelodge Downtown in der 8th Street.

Camping: Die Plätze liegen alle weit außerhalb, am besten der einfachst ausgestattete Saltwater State Park südlich von Des Moines, Straße Nr. 509 in der Einflugschneise des Flughafens.

Die Umgebung von Seattle

Zu den interessanten Zielen in der Umgebung von Seattle gehören **Victoria und Vancouver Island**, per Fähre von Seattle erreichbar oder, schöner noch, über die Fähren ab Anacortes nach Sidney durch die Inselwelt der San Juan Islands. Eine Rundfahrt könnte von Vancouver Island weiter nach Vancouver führen (Fährverbindung Nanaimo-Horseshoe Bay oder Swartz Bay-Tsawwassen) und von dort zurück nach Seattle auf der I-5.

Der **Olympic National Park** liegt auf der gleichnamigen Halbinsel mit Zugang zum Gipfelbereich südlich von Port Angeles (von dort auch Fähre nach Victoria), zum Rain Forest und zum wild-romantischen Küstenstreifen des Parks über die Straße Nr. 101.

Im **North Cascades National Park** an der Grenze zu Kanada findet man dichten Regenwald an den Westhängen, während die Vegetation warmer Trockengebiete östlich der Berge vorherrscht. Durch die alpine Einsamkeit des nördlichsten Nationalparks der USA führen herrliche Wanderwege.

Die zentrale Route

Das Herz der Demokratie: Washington D.C.

Durch die Appalachen nach Nashville

St. Louis, das ›Tor zum Westen‹

Die grandiosen Parks des Großen Plateaus

San Francisco – die ›Stadt der Hügel‹

Im Grand Canyon National Park

Die zentrale Route: Von Washington D. C. nach San Francisco

Diese Route beginnt und endet in der jeweils attraktivsten Stadt der Ost- bzw. Westküste. Shenandoah und Smoky Mountain Nationalpark, verbunden durch den Blue Ridge Parkway, bilden erste landschaftliche Höhepunkte. Nashville, St. Louis und Denver sind wichtige Etappen, bevor die schönsten Nationalparks des Westens erreicht werden: Mesa Verde, Arches, Canyonlands, Bryce, Zion und natürlich der Grand Canyon. Den Kontrapunkt zu den Naturwundern setzt das Spielerparadies Las Vegas. Zum Abschluß warten im Death Valley und im Yosemite Park noch einmal großartige Naturerlebnisse.

Washington D. C.

Die Hauptstadt der Vereinigten Staaten, Washington D. C. (District of Columbia), wurde eigens als Kapitale gegründet. Nach der Unabhängigkeit im Jahre 1776 konnte man sich auf keine der bereits existierenden Städte einigen und beschloß daher, Regierung und Parlament einen besonderen Federal District zuzuweisen. Ein Quadrat von insgesamt 10 Meilen Seitenlänge wurde beiderseits des Potomac River von den Bundesstaaten Virginia und Maryland zur Verfügung gestellt und ein französischer Architekt 1791 mit der Planung beauftragt. Weitsichtig konzipierte Pierre L'Enfant für damals imaginäre 100 000 bis 200 000 Einwohner ein großzügiges Netz paralleler Querverbindungen, die diagonal durch die Karrees der Nord-Süd- und Ost-West-Straßen schnitten. Kernstück war die rund 500 m breite Grand Avenue vom Capitol Building zum Potomac River, die auch heute noch als Parkanlage mit Museen und Monumenten unter der Bezeichnung The Mall ihrem damals zugedachten Zweck als Repräsentationsmeile von Staat und Regierung entspricht.

Stolz erfüllt die Mehrheit der amerikanischen Besucher angesichts der Prachtentfaltung ihrer mächtigen Demokratie, die durchaus an die Zurschaustellung absolutistischer Herrschaft vergangener Jahrhunderte in Europa erinnert. Ein wichtiger Unterschied besteht jedoch darin, daß hier das Volk zugelassen und willkommen ist.

Viele Sehenswürdigkeiten in Washington liegen in Fußgängerreichweite. Für einige der etwas weiter von der Mall entfernten Besichtigungspunkte kommen als Transportmittel das Tourmobile, aber auch Bus und Taxi in Frage. Zur raschen Fahrt in die City ist die Metro ohne Konkurrenz – ideale Stationen zum Aussteigen: Federal Triangle und Smithsonian (Blue and Orange Line). Parkplätze sind an den Vorortstationen vorhanden. Rund um die Mall gibt es zwar zahlreiche Parkuhren, jedoch mit zweistündiger Begrenzung und Benutzungsverboten während der *rush hour* von 16 bis 18 Uhr. Von 9 Uhr morgens und nach 18 Uhr sowie samstags und sonntags findet sich recht schnell ein freier Platz. Zu jeder Tageszeit gute Chancen hat man im Bereich des Capital Yacht Club und des Fischmarkts (Water St. am Washington Channel); von dort gelangt man über den kleinen Benjamin Banneker

Geschickt geplant – der Blick vom Lincoln Memorial auf Washington Obelisk und Capitol

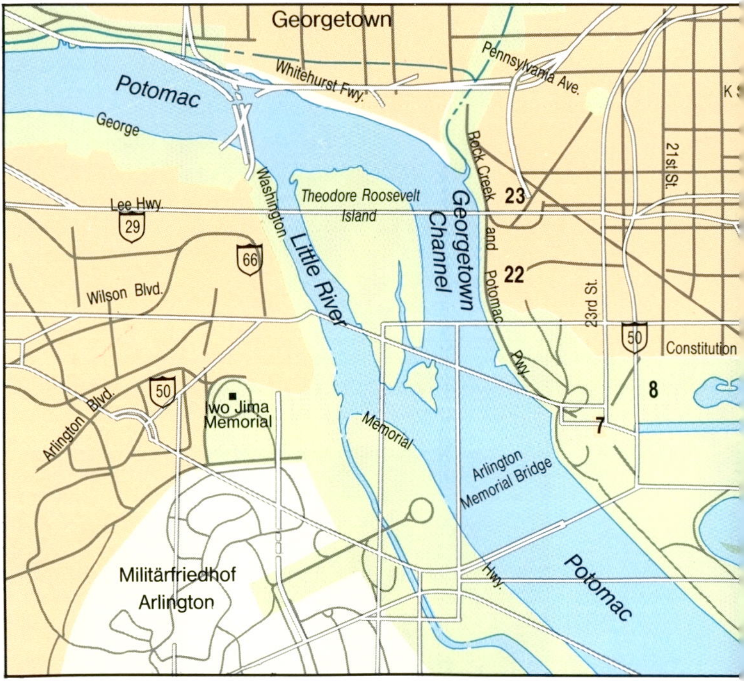

Washington D. C. 1 White House 2 Capitol 3 Supreme Court 4 Library of Congress 5 Washington Obelisk 6 Holocaust Memorial Museum 7 Lincoln Memorial 8 Vietnam Veterans Memorial 9 Jefferson Memorial 10 National Museum of American History 11 National Museum of Natural History 12 Freer Gallery, Sackler Gallery und Museum of African Art 13 Arts and Industries Building 14 Hirshhorn Museum 15 National Air and Space Museum 16 National Gallery of Art 17 National Gallery of Art East Building 18 Old Executive Office Building 19 Treasury Department 20 National Museum of American Art 21 Union Station 22 John F. Kennedy Memorial Center 23 Watergate-Anlage

Park in fünf Minuten zur Mall. Wer zwischen Jefferson und Lincoln Memorial das Tourmobile nimmt, parkt ohne Gebühren und Zeitlimit jenseits des Washington Channel/Tidal Basin im Potomac Park. Bei der Anfahrt ist auf einigen in die Innenstadt führenden Autobahnen das ›Drei-Personen-Gebot‹ zu beachten: Zu bestimmten Zeiten gibt es für Fahrzeuge mit weniger Insassen drastische Geldstrafen,

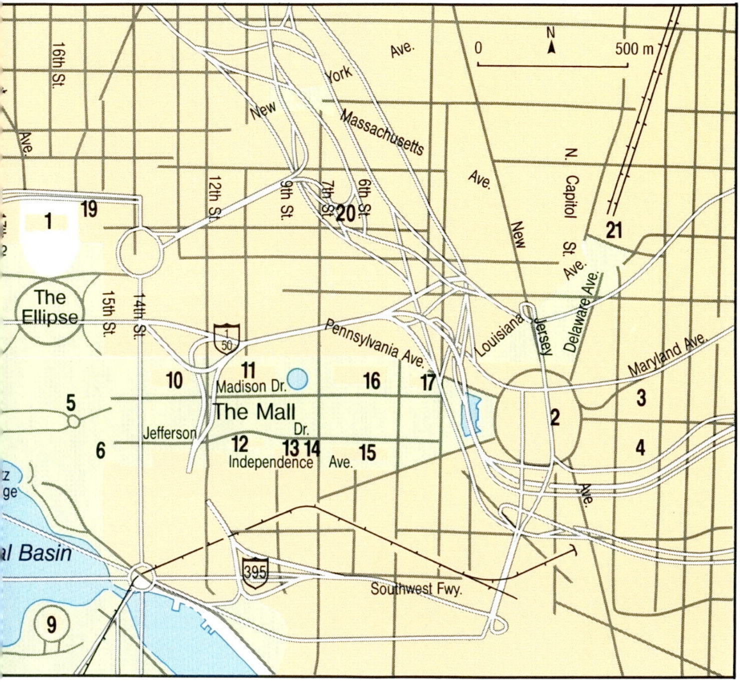

auch Touristen sind von dieser Regelung nicht ausgenommen.

Die Besichtigung des *White House* (1) steht in der Prioritätenliste der Amerikaner ganz oben; entsprechend ist der Andrang. Erstaunlich ist, daß überhaupt (im Sommer von Di bis So jeweils von 10–12 Uhr, sonst verkürzte Zeiten) Touristen durch das Allerheiligste der amerikanischen Präsidialmacht geführt werden. Die Anmeldung erfolgt ab 8 Uhr morgens im Ticket Booth in der Nordostecke des Parks The Ellipse. Dort erhält man eine vorgegebene Zeit – in der Hochsaison frühestens für den nächsten Vormittag. (Die Besucherzahl pro Tag ist begrenzt, daher bei Interesse dies als erstes regeln.)

Im *Capitol* (2) residieren Repräsentantenhaus und Senat, die etwa dem englischen Unter- und Oberhaus entsprechen. Der Zugang für Besichtigungen erfolgt von der Ostseite her, quasi durch die Hintertür, nichtsdestoweniger auch hier durch repräsentative Treppenaufgänge und Portale. Wer Glück hat, erwischt einen Tag, an dem der Kongreß debattiert. Allerdings warten in der Regel lange Schlangen auf Einlaß.

Der ebenfalls bombastische *Supreme Court* (3) gegenüber dem Kapitol entspricht in seiner Funktion dem Bundesverfassungsgericht.

Die *Library of Congress* (4) befindet sich mit ihrem ehrwürdigsten Gebäude, dem Thomas Jefferson Building, gegenüber dem Kapitol. Mit rund 80 Mio. Bänden sind in der umfassendsten Bibliothek der Welt alle in den USA erschienenen Bücher erfaßt; jedes Jahr kommen eine Million neue hinzu. Die zentrale Halle sollte man besichtigen. Im Stil der italienischen Renaissance entstand sie als ein von 50 Malern und Bildhauern geschaffenes, phänomenales Gesamtkunstwerk. Einen Blick kann man auch in den 49 m hohen Lesesaal mit einer wunderbaren Lichtkuppel werfen (Besuchergalerie im zweiten Stock). Er steht – wie die Präsenzbibliothek – jedermann offen, lediglich die Ausleihe unterliegt Beschränkungen.

Fünfzig Künstler haben an der Gestaltung der Library of Congress mitgewirkt

Die Memorials im Bereich der Mall verdienen allesamt eine Besichtigung, bei dem *Washington Obelisken* (5) genügt auch die distanzierte Betrachtung. Die üblicherweise langen Wartezeiten für den Fahrstuhl zur Aussichtsplattform (im Sommer bis kurz vor Mitternacht) lassen sich tagsüber besser nutzen. Das neueste Memorial und gleichzeitig Museum ist der Judenverfolgung im Dritten Reich gewidmet. Das *Holocaust Memorial Museum* (6) unterhalb des Washington Obelisken ähnelt von außen der Architektur der Vernichtungslager und könnte beeindruckender nicht sein.

Unübertroffen ist der dem Athener Parthenon nachempfundene Marmortempel des *Lincoln Memorial* (7), hinter dessen Säulen Abraham Lincoln, überlebensgroß und dezent beleuchtet, aus der hohen Warte des Präsidentenstuhls auf die Besucher herabblickt. An den Wänden sind Kupfertafeln mit Auszügen aus den Reden des 1865 ermordeten Präsidenten angebracht.

Um eine Erinnerungsstätte ganz anderer Art handelt es sich beim *Vietnam Veterans Memorial* (8). Die Namen von über 58 000 Gefallenen des Vietnam-Kriegs wurden in schlichte schwarze Granittafeln graviert, die nebeneinander entlang eines abgesenkten Parkwegs aufgestellt sind. Eine Bronzeskulptur erinnert gleich daneben an die Rolle der Frauen in Vietnam.

Da das Parthenon für das Lincoln Memorial als Vorbild diente, griff man für das *Jefferson Memorial* (9) auf das Pantheon von Rom zurück. Mächtig und eindrucksvoll sind auch in diesem Tempel aus weißem Marmor der Treppenaufgang und die ionischen Säulen. Dort steht in Bronze gegossen und 6 m groß Thomas Jefferson, der dritte Präsident der USA.

Die meisten der zahlreichen Museen der Hauptstadt befinden sich an der Nord- und Südseite der Mall. Das *National Museum of American History* (10) in der Nordwestecke der beiden Museumszeilen müßte eigentlich Museum für die technische und industrielle Entwicklung der USA heißen. Das *National Museum of Natural History* (11) ist kein schlechtes Naturkundemuseum, kann aber mit vergleichbaren Museen in Denver oder Chicago nicht konkurrieren. Gegenüber befinden sich die *Freer Gallery* (12), die *Sackler Gallery* und das *Museum of African Art,* letztere großenteils unterirdisch miteinander verbunden. Der Hauptakzent in diesen Museen liegt auf der phantastischen Präsentation asiatischer und afrikanischer Kunst.

Das *Arts and Industries Building* (13) beherbergt ein Sammelsurium von Stücken, die auf der Weltausstellung 1876 präsentiert wurden. Das *Hirshhorn Museum* (14) daneben mit dazugehörigem Sculpture Garden zeigt Skulpturen und Gemälde des 19. und 20. Jh. vorwiegend von amerikanischen Künstlern sowie wechselnde Ausstellungen in einem lichtdurchfluteten, außen bunkerartigen Rundbau.

Das *National Air and Space Museum* (15), ein Leckerbissen für Technikinteressierte, thematisiert die Geschichte der Luftfahrt. Die Objekte reichen von der Flugmaschine der Wright-Brüder über Lindberghs »Spirit of St. Louis« bis zu heutigen Jets, Satelliten und Raumkapseln.

Die *National Gallery of Art* (16) mit einer Sammlung von rund 40 000 Gemälden und Skulpturen gehört zu den bedeutendsten Kunstmuseen der Welt. Allein schon der 1941 erbaute Marmorpalast von 240 m Länge zwischen Madison Dr. und Constitution Ave. und die Architektur des danebenliegenden modernen *East Building* (17) aus dem Jahre 1979 sind den Besuch wert.

Außerhalb der Mall gehören zahlreiche Regierungsgebäude zum Besuchsprogramm, wie etwa das *Old Executive Office Building* (18) und das *Treasury Department* (19) an der 17th bzw. 15th St. rechts und links des Weißen Hauses. Das sehenswerte *National Museum of American Art* (20), mit der National Portrait Gallery in einem Gebäudekomplex, liegt knapp 1 km abseits der Mall an der 7th St. (Metro: Gallery Place) und bereits am Rande verslumter Stadtbezirke. Was den Besuch dort für Europäer lohnend macht, ist die Ausschließlichkeit der Americana.

Das Tourmobile bezieht auch die klassizistische *Union Station* (21, 500 m nördlich des Kapitols) in den Rundkurs ein. Drinnen empfangen den Eintretenden modernst gestaltete, vollklimatisierte Einkaufsarkaden, Restaurants und ein Eincheckterminal à la Flughafen für die Bahnreisenden; im Untergeschoß ein Fast Food Circle mit großer Auswahl.

Ein ›Muß‹ für jeden patriotisch gesinnten amerikanischen Touristen ist ein Besuch des riesigen, parkartig angelegten Militärfriedhofs *Arlington* (über 200 000 Gräber) auf der anderen Seite des Potomac mit Blick auf die Mall und angrenzende Stadtbezirke. Populäre Zielpunkte sind die schlichten Gräber der Kennedys, das Arlington House des Südstaatengenerals Lee, das nach dem Bürgerkrieg konfisziert und samt Grund und Boden zur National Cemetery für die Gefallenen des Landes und – auf Wunsch – auch ihrer Angehörigen umgewandelt wurde, sowie das Amphitheater mit dem Grabmal des Unbekannten Soldaten.

Nördlich neben dem Arlington Friedhof befindet sich das Iwo Jima Memorial, eine Gedenkstätte für alle gefallenen Marines. Südlich des Heldenfriedhofs schließt sich das Verteidigungsministerium im Pentagon an, einem fünfeckigen Riesenbauwerk. Bei einem Jahresetat von ca. 270 Mrd. Dollar, fast 20 000 Angestellten allein in Washington und zahllosen Lobbyisten ist es kaum verwunderlich, daß sich rund um das Ministerium die sogenannte Pentagon City als Stadt in der Stadt entwickelt hat.

Zurück zum Nordufer: Unweit des Westendes der Mall liegt das *John F. Kennedy Memorial Center* (22) eingezwängt zwischen Potomac River und einem verwirrenden Netz von Abfahrten und Zubrin-

Im Frühling erfüllt der Duft tausender, zartrosablühender Kirschbäume die Stadt Washington gern der Theodore Roosevelt Bridge. Das Kennedy Center aus weißem Carrara-Marmor wurde zum Gedenken an den 1963 ermordeten Präsidenten errichtet. Die Opern, Konzerte und Ballettabende im Center genießen einen hervorragenden Ruf, doch sind – abgesehen vom kleinen Avantgarde-Kino des American Film Institute – Karten für eine Veranstaltung kurzfristig kaum erhältlich. Eine Besichtigung des Komplexes einschließlich der Dachterrasse mit großartiger Aussicht auf Washington ist dagegen tagsüber jederzeit möglich. Neben dem Kennedy Center befinden sich die markanten Bürobauten der *Watergate-Anlage* (23), die durch die Abhöraffäre Nixons bekannt wurden.

Das scheinbar westliche Flußufer gegenüber dem Kennedy Center gehört tatsächlich zur Theodore Roosevelt Island, einer naturbelassenen, großen Insel im Potomac, mit Spazierwegen durch dichte Vegetation und ein artenreiches Sumpfareal. Die Fußgängerbrücke zur Insel ist nur über den Washington Memorial Parkway auf der Westseite des Flusses erreichbar.

Nach **Georgetown**, dem Nobelviertel von Washington zwischen Rock Creek und Glover Archbold Park, sind es vom Kennedy Center nur noch einige hundert Meter. Die M St. und die Wisconsin Ave. markieren den Kernbereich. Hier findet man zahlreiche gute, aber teure Restaurants und Boutiquen. Ehemalige Fabrik- und Lagergebäude am C & O Canal wurden zu eleganten Wohnanlagen und Einkaufszentren umfunktioniert. Ansprechend ist das Georgetown Park Center (M St.) im Stil der Jahrhundertwende. Schön am Fluß sitzt es sich in den Cafés des Washington Harbor etwas abseits des Treibens.

Interessanter als der Schick der neuen Zeit erscheint das Georgetown der begrünten Alleen und alten Straßen, die zum Teil noch Kopfsteinpflasterung zeigen, etwa im Gebiet zwischen M St. und Montrose Park (R St.). Hervorragend restaurierte Stadthäuser und romantische alte Villen auf riesigen Grundstücken deuten an, daß deren Bewohner nicht am Hungertuch nagen. Ein Bummel durch die Nebenstraßen läßt sich gut mit dem

Im noblen Stadtteil Georgetown

Besuch der Dumbarton Gardens (Eintritt) an der R St. abschließen.

Der nordwestliche Abschnitt der Massachusetts Ave., zwischen Sheridan Circle und dem Gelände des Naval Observatory, trägt auch den Beinamen Embassy Row. Über 100 Botschaften residieren dort in teilweise bemerkenswerten Anwesen.

Information: Washington Convention & Visitors Association, 1212 New York Ave., Suite 600, Washington DC 20005, ✆ 202-789-70 00 (nur telefonische Auskunft und Versand von Informationsmaterial, darunter der offizielle ›Washington DC Guide‹). Ein International Visitors Service erteilt unter ✆ 202-939-55 66 Auskünfte in 40 Sprachen (tgl. 6–23 Uhr).

Unterkunft: Mehrere Reservierungsbüros helfen bei der Quartiersuche: DC Accomodation, ✆ 1-800-554-22 20 oder 202-289-22 20; Capital Reservation, ✆ 1-800-VISIT DC oder 202-452-12 70; DC Hotel Reservations, ✆ 1-800-700-Hotel (auch Deutsch). Im Zentrumsbereich sind einigermaßen erschwinglich das Days Inn, 1201 K St. NW, ✆ 202-842-10 20, und das Best Western, 2118 Wyoming Ave., ✆ 202-483-13 50. Kostengünstiger sind sog. *guest houses* vor allem im Bereich Adams Morgan und Dupont Circle, z.B. Guesthouse Connecticut Woodley, 2647 Woodley Rd., ✆ 202-667-0128. Etwas teurer: Bed & Breakfast, zu buchen z.B bei B & B League Reservierungsservice, ✆ 202-363-7767. Außerdem: Kettenmotels entlang der Ringautobahn Capital Beltway I-95 und I-495 sowie rund um den National Airport.

Camping: Citynahste Plätze sind Cherry Hill Park im Bereich des Capital Beltway/I-95 im Norden und KOA unweit der #1 in Millersville.

Ausflüge

Ein Kurzausflug führt aus der Hauptstadt heraus nach **Mount Vernon**, dem einstigen Anwesen von George Washington über dem Potomac. Die rund 17 Meilen lange Fahrt auf dem Washington Memorial Highway verläuft durch schöne Parkanlagen am Fluß entlang. Etwa auf halbem Wege liegt **Alexandria**, einst wichtige Hafenstadt und vorgeschobene Bastion der Konföderierten im Bürgerkrieg, heute noch voller restaurierter alter Häuser in der King St. sowie den

Nebenstraßen und dem Uferbereich mit Läden, Restaurants und guten Kneipen. Attraktiv ist das Art Center in einer früheren Torpedofabrik am Wasser. Eine Alternative zu Auto oder Bus sind die Ausflugsboote der Washington Boat Lines, die im Sommer zweimal täglich vom Pier 4 an der Water St. ablegen. Eine Fahrt dauert mit Aufenthalt in Mount Vernon etwa fünf Stunden.

200 Meilen weiter südlich liegt mit dem **Colonial National Historical Park** und dessen Hauptattraktion **Williamsburg** ein besonders lohnendes Ziel. Colonial Williamsburg ist das größte und beste ›lebende‹ Museum der USA. Spazierengehen und Photographieren in diesem amerikanischen Bilderbuch-Städtchen des 19. Jh. kostet keinen Eintritt. Lediglich für die Innenbesichtigung der bedeutendsten Gebäude und meisten Werkstätten (Erläuterung und Demonstration der jeweiligen Fertigkeiten) benötigt man einen Tagespaß, den man im kleinen Büro des Park Service im Ort oder im Besucherzentrum an der Ortsumgehung erhält; Zeitbedarf ohne Anfahrt und allzu intensive Besuchspläne, aber mit Abstechern nach **Jamestown** (Landeplatz der ersten Siedler am James River) und **Yorktown** (Schlachtfeld des Unabhängigkeitskrieges gegen die Briten) am Colonial Parkway mindestens ein voller Tag.

Ein schöner Ausflug läßt sich entlang des Chesapeake and Ohio Canal zum Great Falls Tavern Visitor Center unternehmen. Der Kanal, ein alter, schon lange nicht mehr kommerziell genutzter Wasserweg mit vielen handbetriebenen Schleusen, der den gefährlichen Potomac umgeht, wurde zum National Historical Park deklariert. Man folgt von Georgetown der M St. Richtung Norden und biegt etwa 1 km hinter der Francis Scott Bridge links auf die Canal Rd. ab. Bis zum Great Falls Park sind es etwa 17 Meilen. Anziehungspunkte: die alte Schleuse, Kanaltouren per Boot, Reiten, Wanderwege, Wasserfälle und Stromschnellen des Potomac; an Wochenenden kann es allerdings sehr voll werden.

Bereits in Pennsylvania, rund 80 Meilen nördlich von Washington, liegt **Gettysburg**, wo im Bürgerkrieg 1863 die Wende zugunsten der Unionstruppen erfochten wurde. Das ehemalige Schlachtfeld, auf dem fast 200 000 Soldaten kämpften und 40 000 in wenigen Tagen ihr Leben ließen, ist heute ein National Military Park. Schlachtordnung und -verlauf werden im Visitor Center und dem nahen Cyclorama nachgestellt.

Appalachen-Parks und Blue Ridge Parkway

Rund 60 Meilen westlich von Washington erreicht man die Appalachen, ein sich parallel zum Atlantik erstreckendes Gebirge, das von Neu-England bis nach Alabama verläuft. Der Washington nächste Höhenzug der Appalachen, die Blue Ridge Mountains, sind auf 80 Meilen länge beiderseits der Kammlinie als Nationalpark ausgewiesen. Der Skyline Drive durch den **Shenandoah National Park** verläuft auf oder nahe dem Gebirgskamm zwischen 700 und 1000 m Höhe von Front Royal am Nordende bis zur I-64 überwiegend durch noch jungen Wald. Zahlreiche Aussichtspunkte gewähren freien Blick auf das Tal des tief unten mäandernden Shenandoah River im Westen und auf die weiten Ebenen der Ostseite.

Entlang der Strecke findet man Picknick- und Campingplätze und Ausgangspunkte für Wanderungen. Lohnende Ziele sind die Wasserfälle des Parks: die Dark Hollow Falls unweit der Straße, ca. 2,5 km hin und zurück, Ausgangspunkt etwa bei Meilenstein 51, die South River Falls, vom Picknickplatz in Straßennähe etwa 4 km hin und zurück, bei Meilenstein 63 und die White Oak Falls, erreichbar über den gleichnamigen Pfad beim Meilenstein 42, etwa 8 km hin und zurück, sechs Wasserfälle. Aus dieser Wanderung kann man einen ausgedehnten Tagesausflug bis zum eigenartigen Old Rag Felsen machen. Einen Stopp wert ist das Big Meadows Visitor Center mit kleinem Museum.

Alle empfohlenen Wanderwege befinden sich im mittleren Bereich der ›Himmelslinie‹, die zwischen Thornton Gap und Loft Mountain ihre reizvollsten Abschnitte aufweist. So ist es sinnvoll, die Fahrt durch den Park erst am Thornton Gap-Eingang zu beginnen.

Der Skyline Drive durch den Shenandoah-Park ist das erste Teilstück des offiziell am Rockfish Gap (Tourist Information Center) beginnenden **Blue Ridge Parkway**. Der ›Parkweg‹ verläuft über 469 Meilen durch Virginia und North Carolina und verbindet den Shenandoah mit dem Great Smoky Mountains National Park.

Bevor man eine Fahrt über den Blue Ridge Parkway plant, muß man folgendes bedenken: Es gilt ein Tempolimit von 45 mph (70 km/h) auf der kurvenreichen, im Sommer stark befahrenen Strecke kommt man jedoch noch viel langsamer voran. Am Parkway gibt es kaum Einrichtungen zur Versorgung der Urlauber – nur einige mäßig sortierte und teure Läden in Verbindung mit einer Handvoll Tankstellen und Lodges decken den dringendsten Bedarf.

Entlang der Strecke befinden sich insgesamt neun durchweg sehr schöne Campingplätze, die nach *first-come-first-served*-Prinzip vergeben werden. Elf Besucherzentren des National Park Service versorgen die Touristen mit Informationsmaterial, darunter der Milepost Guide, in dem alle Sehenswürdigkeiten etc. verzeichnet sind.

Für eine Fahrt über die ganze Länge des Blue Ridge Parkway benötigt man mindestens drei Tage. Wer nicht soviel Zeit hat, sollte

Blick auf die herbstliche Berglandschaft des Shenandoah National Park

die I-81 bis zur I-77 nehmen und von dort über die Straße 421 – es verbleiben dann noch rund 200 Meilen – auf den Parkway stoßen. Die letzten 150 Meilen von Linville Falls bis Oconaluftee sind zugleich die schönsten. Etwas schneller geht es auf der Kombination 091-81, I-77 und I-40 bis Asheville, wenn man sich zur Not mit den letzten 85 Meilen zufriedengeben mag.

Der hübsche Touristenort Blowing Rock ist eines der wenigen Städtchen in unmittelbarer Nähe des Parkway. Die Tweetsie Railroad, ein in der Wald- und Hügellandschaft errichteter Vergnügungspark, liegt westlich des Parkway zwischen Blowing Rock und Boone. Origineller als die üblichen Fahrgeschäfte sind Goldwäscherei und nostalgische Kleinbahn. Auf einem 5-km-Kurs umrundet die Tweetsie Railroad das Gelände – Banditen- und Indianerüberfall im Fahrpreis eingeschlossen – eher etwas für Kinder.

Die Linville Falls erreicht man über eine Stichstraße. Vom Parkplatz geht es zu Fuß zu den Upper und den pittoresken Lower Falls (Wanderung rund 3 km hin und zurück). Der Mount Mitchell (Anfahrt auf steiler Strecke) ist mit rund 2000 m der höchste Berg diesseits des Mississippi; vom Parkplatz führt ein kurzer Fußweg über Treppen zum Aussichtsturm.

Das Folk Art Center bietet mit ›Appalachian Folk-Art‹-Artikeln stilistisch und handwerklich Qualitätsware zu allerdings recht hohen Preisen. Im architektonisch interessanten Holzbau befindet sich auch ein kleines Museum und Visitor Center des Park Service. Das Biltmore House and Estate in Asheville (vom Parkway Abfahrt Straße Nr. 25 in die Stadt hinein) findet man nach einigen Meilen links. Der Öl- und Finanzmagnat Vanderbilt ließ hier Ende des 19. Jh. einen Palast im Stil eines Loire-Schlosses bauen. Der phänomenale Komplex kann gegen hohen Eintritt besichtigt werden. Eine Rundfahrt durch das herrschaftliche Villenviertel Biltmore Forest unweit des Parkway westlich der Straße Nr. 25 hingegen kostet nichts. Manches Anwesen stellt hier die gepriesenen Antebellum-Häuser des tiefen Südens in den Schatten.

Ein kurzer Abstecher vom Ende des Parkway könnte Cherokee gelten, dem Zentralort des gleichnamigen, stark touristisch geprägten Indianerreservats. Unter den zahlreichen Sehenswürdigkeiten verdienen das schöne Mountainside Freilichttheater mit allabendlicher Vorstellung im Sommer zur Cherokesen-Vertreibung und das Oconaluftee Indian Village (Verkauf von indianischem Kunsthandwerk) Erwähnung.

Der Blue Ridge Parkway endet mit der Straße Nr. 441 an der südlichen Einfahrt zum **Great Smoky Mountains National Park**. Faktisch schließt sich unter der Bezeichnung Newfound Gap Road (Straße Nr. 441) nahtlos eine Fortsetzung an. Die letzten Meilen durch das ›Gebirge des großen Rauchs‹ – die Bezeichnung geht auf Nebel- und Wolkenschwaden zurück, die bei den reichlichen Niederschlägen von den Tälern in die Gipfelregionen aufsteigen – bieten als Höhepunkt die Überquerung der Kammlinie und Wasserscheide (Newfound Gap, 1540 m). Von der Paßhöhe hat man wunderbare Ausblicke über das Gebirge. Das Sugarlands Visitor Center im Kreu-

Der Blue Ridge Parkway

zungsbereich Newfound Gap und Little River Road fungiert als zentraler Anlauf- und Informationspunkt. Spätestens dort erkennt man, daß die Smoky Mountains so recht interessant eher für den Naturfreund sind, der sich Wanderwege vornimmt, wie etwa Teilstücke des Appalachian Trail, eines Pfads von Maine bis Georgia. Mehr als andere ist dieser Nationalpark Ziel für Tagesausflügler, die sich mit den Sehenswürdigkeiten an der Hauptstraße und Spaziergängen auf Kurzpfaden begnügen.

Bevorzugtes Ziel zahlreicher Amerikaner ist denn auch das Städtchen Gatlinburg in unmittelbarer Parknähe, ein Ferienort, der seinesgleichen im Einzugsgebiet von Nationalparks sonst nicht findet. Die größte Seilbahn der Welt führt hinauf in den All Seasons Amusement Park Obergatlingburg, in ein Dorf, das im Sommer Bayern spielt und im Winter Skipisten bietet.

Den Smoky Mountains Park sollte man – statt über Gatlingburg – über die Little River Road verlassen. Die landschaftlich schönste Straße des Parks führt am gleichnamigen Fluß entlang, der mit seinen sanften Stromschnellen das richtige Revier für *inner tubing*-Enthusiasten ist, die sich in aufgeblasenen Autoschläuchen im Wasser treiben lassen. In den Pools des mäandernden Flusses kann man herrlich schwimmen. Diverse Ausgangspunkte für Wanderungen liegen am Wege; eine bequeme einstündige Wanderung führt zu den Laurel Falls. Vom Great Smoky Mountains National Park geht es auf der Straße Nr. 73 über Townsend und Maryville zu den Interstate Highways Nr. 75 und Nr. 40.

Information: Visitor Information Center in Cherokee an der Main Street, ✆ 800-438-16 01. Tourist Information Center in Gatlinburg, 520 Parkway, ✆ 615-436-41 78.

Camping/Hotels: Im Smoky Mountains N.P. selbst gibt es nur Campingplätze auf *first-come-first-served*-Basis. (Ketten-)Hotels und Motels säumen in Gatlinburg und Cherokee die Durchgangsstraßen.

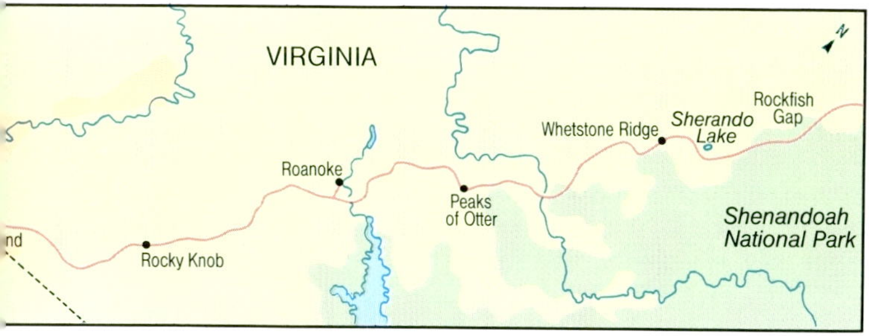

Durch Tennessee und Kentucky nach St. Louis

Nächstes Ziel dieser Route ist Nashville. Von der I-75 sind es noch rund 160 Meilen bis zur Hauptstadt der Country Music. Einen Abstecher wert ist das American Museum of Science & Energy in **Oak Ridge**, ein Wissenschaftsmuseum mit zahlreichen Experimenten zum Mitmachen (von der I-40 ca. 15 Meilen). Zusätzliche 80 Meilen Fahrt kostet ein Umweg über Chattanooga; lohnend in erster Linie bei starkem Interesse an den Schlachten des amerikanischen Bürgerkriegs. Am Wege, in der Nähe der Stadt **Sweetwater** (Straße Nr. 2) befindet sich eine Höhle mit dem größten unterirdischen See der Erde.

Ähnlich wie bei Gettysburg (vgl. S. 103) wurde das Chickamauga Battlefield etwa 10 Meilen südlich von Chattanooga zu einer Heldengedenklandschaft umgestaltet. Ein 7 Meilen langer Rundkurs führt durch das bewaldete Gelände voller Denkmäler, Bronzetafeln, Statuen und alter Geschütze. Das Visitor Center an der Nordeinfahrt in diesen National Military Park informiert mit einer Multi-Media-Show über das Schlachtgeschehen von 1863. Bemerkenswert ist die dort ausgestellte Waffensammlung.

Ein weiterer Schauplatz der Kämpfe war der Lookout Mountain über dem Tennessee River. Heute befindet sich am äußersten Punkt des Hochplateaus der Fort Point Park mit Aussichtsterrassen. Einen besonders schönen Blick hat man vom etwas tiefer gelegenen Ochs Museum, etwa 300 m vom Eingangsportal entfernt. Die Zufahrt auf den Lookout Mountain erfolgt über die Straße Nr. 17, weiter auf der Nr. 58. Im Umfeld haben sich diverse kommerzielle Attraktionen angesiedelt: Das Confederama zeigt die Schlachten um Chattanooga *en miniature* mit Pulverdampf und Blitzlicht; Ruby Falls, ein eindrucksvoller Wasserfall in einer Tropfsteinhöhle, ist kitschig ausgeleuchtet; die Incline Railway, eine Zahnradbahn, fährt auf den Lookout Mountain; Rock City mit Fairyland Caverns ist ein um einen Ausguckfelsen angelegter Park für einkaufsfreudige Touristen.

Am Rande des Zentrums von **Chattanooga** steht das größte und technisch aufwendigste Süßwasseraquarium der Welt. Eine weitere Besucherattraktion ist der Chattanooga Choo Choo, die bunt restaurierte Lok der einst berühmten Eisenbahn von Chattanooga nach Cincinatti. Man kann sie in der ausrangierten Bahnstation an der Market St. bewundern. Nichts mit dem nostalgischen Choo Choo gemeinsam hat das Tennessee Valley Railroad Museum, am besten erreichbar über die östliche Stadtumgehung Nr. 153 (ausgeschildert). Von dort fährt eine Dampfeisenbahn der 30er Jahre mehrfach täglich von Juni bis Labour Day zum East Chattanooga Depot in Stadtnähe und wieder zurück. Wartezeiten lassen sich mit einer Besichtigung ausrangierter Lokomotiven und Waggons überbrücken.

Nashville

Ob direkt von den Great Smoky Mountains über die I-40 oder aus Richtung Chattanooga über die I-24, man erreicht automatisch den Ring der I-65 östlich um das City Center. Von dort könnte man direkt über die Straße Nr. 70 auf kürzestem Weg ins Zentrum gelangen, sinnvoll erscheint jedoch der kleine Umweg über die Ausfahrt Nr. 85 zum James Robertson Parkway und Büro der Visitor Information (s. S. 111).

Jenseits des Cumberland River befindet man sich in der kompakten Innenstadt. Lohnende Anlaufpunkte sind der Uferbereich des Flusses und das Umfeld des State Capitol. Dem ansehnlichen, etwas erhöht liegenden Regierungspalast an der Charlotte Ave. gegenüber liegen das monumentale War Memorial Building, mit ihm über eine Plaza verbunden das Center of Performing Arts und das Tennessee State Museum (Geschichte, Land und Leute). Die in den letzten Jahren aufgewertete Riverfront (1st Ave.) beherbergt den gleichnamigen kleinen Park mit einer Anlegestelle für Boote (u. a. Touren auf dem Mississippi-Dampfer »General Jackson« zum Opryland) und

Auftritt des Country-Musikers Timmy Probst in ›Tootsie's Orchid Lounge‹

das rekonstruierte historische Fort Nashborough.

Im Kreuzungsbereich der 16th St./Demonbreun und Division St. befindet sich die Music Row Area. Wer sich auskennt in der Country & Western-Szene, mag vielleicht in der Country Music Hall of Fame auf seine Kosten kommen.

Über die 16th St. geht es zur Westend Ave., auf der man den naturgetreuen Nachbau des Athener Parthenon im Centennial Park passiert. Die Westend Ave. führt weiter außerhalb, speziell nach dem Überqueren der I-40, durch ausgedehnte Villenviertel und wird zur Harding Rd. An ihr, den vielen kleinen Querstraßen und im Belle Meade Blvd.-Bereich liegen zahlreiche phantastische Anwesen. Einige stehen zur Besichtigung offen, etwa das Belle Meade Mansion an der Harding Rd.

Höhepunkte der Fahrt (ca. 9 Meilen vom Zentrum) sind das sehenswerte Kunstmuseum und der Botanische Garten Cheekwood. Das Cheekwood Mansion, in dem das Tennessee Fine Arts Center untergebracht ist, liegt inmitten einer hügeligen Parklandschaft. Anfahrt auf dem Belle Mead Blvd. bis unmittelbar vor das Tor zum Warner Park, dort nach rechts die Page Rd. hinauf, dann Forest Park Dr. (ausgeschildert).

Country Music findet heutzutage in Nashville im wesentlichen in Radio und Fernsehen statt. Spezialisierte Sender bedienen landesweit die offenbar große Fan-Gemeinde. Sehr populär ist die tägliche Aufzeichnung der »Nashville Now-Show«, deren Live-Publikum sich zum größten Teil aus Touristen rekrutiert. Zu mehr Leben erwacht der Nashville Sound am Wochenende, wenn die »Mother Church of Country Music«, die Grand Ole Opry, ihre Pforten öffnet. Diese allen Country- und Folk-Enthusiasten bekannte Showbühne aus den 20er Jahren, 1976 aus der Innenstadt in den Amusement Park Opryland verlegt, bietet freitags und samstags eine große Show (in der Sommersaison verbilligte Matinees).

Für originale Nashville Country und Bluegrass Music an anderen Wochentagen muß man sich in eine der Musikkneipen begeben, etwa Tootsie's Orchid Lounge (422 Broadway) oder Nashville Palace am Music Valley Dr. Letzterer – kein Palast, sondern ein Flachbau im Western-Look – steht etwas abseits des Briley Parkway unweit des Opryland USA, einem der traditionsreichsten Amusement Parks der Vereinigten Staaten. Eingebettet in eine hübsche Parkanlage am Cumberland River, zieht er zusammen mit der Grand Ole Opry zahlreiche Besucher an.

Nur für ausgebuffte Fans sind die zahlreichen Anwesen der Country-Prominenz von Interesse. Einige wurden zu kommerziellen Wallfahrtsstätten mit Läden, Museum, alten Tourbussen und Autos der Stars wie etwa die Twitty City und das Jim Reeves Museum. Die genauen Adressen und Besichtigungszeiten liegen bei der Visitor Information und in jeder Hotelrezeption aus.

Information: Visitor Information Center, James Robertson Parkway (I-65, Exit #85), ✆ 615-259-47 47. Nashville Area Chamber of Commerce, 161 4th Ave. North, ✆ 615-259-39 00.

Einmal in Nashville, sollte man auf dem Weg nach Westen den Umweg zum **Mammoth Cave National Park** nicht scheuen. Auf der I-65 sind es 77 Meilen bis zur touristischen Drehscheibe Cave City an der Interstate, von dort noch einmal rund 10 Meilen bis zum Visitor Center über der Mammuthöhle. Hohlräume, die sich in Jahrmillionen im relativ weichen Kalkstein gebildet haben, und unterirdische Wasserläufe wurden durch eine mehrfache Faltung der Erdkruste angehoben und quasi ›trockengelegt‹. Heute gehört Mammoth Cave zu den meistbesuchten Nationalparks der Vereinigten Staaten. Schöne Spaziergänge führen u. a. zum eindrucksvollen Historic Cave Entrance (hinter dem Besucherzentrum) und ein Stück in die Höhle hinein, zur Dixon Cave, zum Overlook über den Green River und hinunter zur Fähre über den Fluß. Höhlenerkundungen sind nur unter Führung möglich.

Höhlenbesichtigung: Die Touren eines Tages können bis zu acht Wochen im voraus über die Agentur Mistix, ✆ 1-8 00 -9 67-22 83, reserviert werden (im Sommer ratsam!). Vor Ort im Besucherzentrum hat man bis zum Nachmittag vor dem Besuch noch die Möglichkeit zu buchen, muß sich dann aber mit dem begnügen, was gerade noch frei ist. Alle Touren führen nur durch Teilbereiche des Höhlensystems.

Für die Weiterfahrt vom Mammoth Cave National Park Richtung St. Louis bieten sich die Straße Nr. 70 über Brownsville und dann bis Evansville die gebührenpflichtigen Autobahnen Green River und Audubon Parkway an. Von Evansville sind es nur noch wenige Meilen bis zur I-64, die auf direktem Wege nach St. Louis führt. Die Strecke entspricht mit rund 300 Meilen einer guten Tagesetappe. An deren Ende könnte bei zeitigem Aufbruch noch ein Besuch der Cahokia Mounds stehen (vgl. S. 116).

St. Louis – Tor zum Westen

Von einer 1000-Seelen-Siedlung unterhalb des Zusammenflusses von Missouri und Mississippi am Westufer des großen Stroms hat sich St. Louis seit 1800 zu einer Metropole mit rund 2,5 Mio. Einwohnern und damit zur größten Stadt von Missouri entwickelt. Die für amerikanische Verhältnisse lange Geschichte verdankt St. Louis dem Franzosen Pierre Laclède, der bereits 1764 im Bereich des heutigen Zentrums einen Handelsposten errichtete. Mit dem *Louisiana Purchase* von 1803 (vgl. S. 21) ge-

Gateway Arch und Old Courthouse

riet auch St. Louis unter amerikanischen Einfluß und wurde zum wichtigsten Ausgangspunkt der westwärts drängenden Siedler. Den ersten Weg nach Westen hatte die legendäre Lewis & Clark-Expedition geebnet, die 1803 in Washington aufgebrochen war und auf ihrem Rückweg vom Pazifik über den Missouri River im Herbst 1806 in St. Louis eintraf.

St. Louis setzte seiner Funktion als ›Tor zum Westen‹ durch den Gateway Arch ein Denkmal, das nach einer Bauzeit von 30 Monaten 1965 fertiggestellt wurde. Das 190 m hohe, aus gleißendem rostfreien Stahl gefertigte Wahrzeichen der Stadt ist weithin sichtbar. Bei Anfahrt über die I-65 aus östlicher Richtung (Poplar St. Bridge) ragt der Riesenbogen vor der Skyline des St. Louis City Center empor.

Nach Überquerung des Mississippi verläßt man die I-65 über den Memorial Dr. zwischen Gateway Park und Geschäftszentrum und wird automatisch zu den Besucherparkplätzen geleitet. Im Mittelpunkt des Jefferson National Expansion Memorial steht die Stahlkonstruktion des Finnen Saarinen inmitten eines Parkgeländes unmittelbar am Mississippi. Auch aus der Nähe betrachtet, scheint die Geometrie des Bogens mit dem Dreiecksprofil allen physikalischen Gesetzmäßigkeiten zu widersprechen.

Im Visitor Center unter dem Bogen starten raffiniert konstruierte Tramways zur schmalen Aussichtsebene in der Spitze des Bogens. Wer hinauf möchte, muß sich auf Wartezeiten gefaßt machen, obwohl die Trams bei Andrang im 5-Minutentakt verkehren. Auf jeden Fall ist es sinnvoll, sich die Tickets gleich bei der Ankunft zu besorgen. Die Wartezeit läßt sich im angeschlossenen Westward Expansion Museum – das eigentlich Lewis & Clark-Museum heißen müßte und zum Besten gehört, was es zu dieser Thematik in den USA gibt – überbrücken. Auch nicht versäumen sollte man die Filmdokumentation zur Errichtung des Gateway Arch »Monument of the Dream«, die mehrmals täglich wiederholt wird.

Zum Memorial gehört das Old Courthouse hinter dem Bogen. Das Gerichtsgebäude im Stil eines Capitol Building beherbergt heute ein interessantes Museum zur Geschichte von St. Louis. Zwischen Chestnut und Market St. befinden sich die neugestaltete Kiener Plaza und das May Amphitheater. Beide bieten gute Standorte zum Blick auf Courthouse und Bogen am späten Nachmittag, wenn die tiefstehende Sonne vom blanken Stahl reflektiert wird.

Der zentrale Bereich von St. Louis läßt sich auch gut zu Fuß erkunden. Hochhausarchitektur (Metropolitan Square/St. Louis Centre) und Einkaufsmöglichkeiten findet man zwischen dem Memorial Dr. und der 7th St. nördlich der Chestnut St. Auf den alleeartigen Doppelstraßen Market und Chestnut Richtung Westen zur Union Station passiert man linker Hand mit der City Hall (Rathaus nach Pariser Vorbild), dem Municipal Courts Building, dem Federal Building und dem mächtigen Post Office zahlreiche städtebauliche Denkmäler. Auch das Soldiers Memorial gegenüber und die Public Library hinter dem kleinen Park sind sehenswerte Gebäude.

Wuchtig wirkt die ehemalige Union Station an der Ecke 18th St., die im Hauptgebäude zum Hyatt-Hotel und im Bereich der ehemaligen Bahnsteige zu einem Boutiquen-, Restaurant- und Entertainment-Zentrum umfunktioniert wurde. Auf dem Gelände der frü-

Westward Ho

Eng verbunden mit der Eroberung des amerikanischen Westens sind die Namen Meriwether Lewis und William Clark, deren 1803 begonnene Expedition jedem Schulkind in den USA ein Begriff ist. Die meisten Touristen aus Europa dagegen hören von Lewis und Clark erstmals, wenn sie auf einen der zahlreichen *Historical Marker* entlang des L & C National Historic Trail stoßen, der von St. Louis bis zur Mündung des Columbia River den Spuren der bedeutendsten Erkunder des nordamerikanischen Halbkontinents folgt.

Während der Präsidentschaft Thomas Jeffersons kam es Anfang 1803 zum überraschenden Kauf der *Louisiana Territories* für 15 Mio. Dollar von den Franzosen. Die Erweiterung des US-Staatsgebietes um über 2 Mio. km^2, die – weitgehend unbekannt und unerforscht – im Westen bis in die Nähe des von den USA beanspruchten *Oregon Country* reichten, rückte den Gedanken einer direkten Ost-West-Verbindung auf dem Landweg weiter in den Vordergrund. Bis dahin existierte offiziell nur der Seeweg über Kap Horn, da zwischen den damaligen USA und der Westküste außer den französischen Territorien auch die spanischen Besitzungen und die aus amerikanischer Sicht umstrittenen *Northwest-Territories* der Briten lagen.

Nachdem der Kongreß die Mittel bewilligt hatte, fiel die Expeditionsleitung an einen jungen Armeeoffizier namens Lewis, der einige Jahre Oregon-Erfahrung mitbrachte und im Stab von Jefferson als Berater in West-Angelegenheiten diente. Lewis verpflichtete William Clark, einen Freund und ehemaligen Vorgesetzten aus Armeetagen, als gleichberechtigten Mitstreiter. Im Juli 1803 ging es zunächst mit einer elfköpfigen Mannschaft von Washington über Pittsburgh den Ohio River hinunter. Am Mississippi bei St. Louis wurde das Winterquartier aufgeschlagen. Von dort startete die Expedition im Frühjahr des Jahres

heren Gleisanlagen findet man ausreichend Parkraum (Zufahrt: 18th St.). Nach Büroschluß, zur *happy hour*, füllen sich die Kneipen am künstlichen See unter dem Bahnhofsdach mit den Yuppies der Stadt. Hier und in der Baretage des Hyatt Regency ist meist mehr los

1804 dann mit 45 Mann auf drei Segelbooten den Missouri flußaufwärts.

Wie beschwerlich die Expedition gewesen sein muß, zeigt die Lage des Winterlagers Fort Mandan, das im November 1804 nördlich des heutigen Bismarck (North Dakota) bei Washburn errichtet wurde: Lewis und Clark benötigten ein halbes Jahr für eine heute auf der Straße etwa 1500 km messende, im Auto in drei Tagen zurückzulegende Strecke. Im Frühjahr 1805 setzte die Expedition ihren Weg auf dem Missouri fort, im August erreichte sie die Bitterroot Range der Rocky Mountains im heutigen Grenzgebiet von Montana und Idaho. Dank indianischer Hilfe gelang die Überquerung der Wasserscheide noch vor Einbruch des Winters. Über den Clearwater, Snake und Columbia River per Kanu flußabwärts, ging es in wenigen Wochen zum Pazifik. Als Winterquartiere wurden die heutigen State Parks Fort Canby (Washington) und Fort Clatsop (Oregon) errichtet. Nachdem der Versuch, in Sichtweite segelnde Handelsschiffe auf sich aufmerksam zu machen, erfolglos geblieben war, trat man 1806 auf gleichem Weg den Rückmarsch an. Zwar trennten sich Lewis und Clark vorübergehend zur Erkundung nördlicher Bereiche der Rocky Mountains bzw. des Yellowstone River, erreichten jedoch gemeinsam im September 1806 St. Louis. In fast zweieinhalb Jahren hatten die Männer über 12 000 km zurückgelegt. Mit ihren Aufzeichnungen öffneten sie den Weg nach Westen für den bald darauf einsetzenden Strom der Siedler.

Seit 1978 wird der Lewis and Clark Trail ausgebaut, der heute Teilstücke des damaligen Wegs und zahlreiche Erinnerungsstätten, wie das Museum unter dem Gateway Arch oder etwa die Winterlager der Expedition umfaßt. Entlang der Flüsse existieren gekennzeichnete, wegen der inzwischen errichteten Staudämme leicht zu bewältigende Kanurouten. Wo Autostraßen in etwa dem Weg der beiden Entdecker folgen – vor allem in Montana und Washington – findet man in regelmäßigen Abständen kleine Monumente und Hinweisschilder zur Bedeutung der jeweiligen Plätze. Reizvoll sind die relativ kurzen Wanderwege am Missouri und an der Westküste, vor allem aber der Lolo Trail über die Bitterroot Mountains, der als schwierigster Abschnitt der Expedition gilt.

als im stark beworbenen, herausgeputzten Lagerhausviertel Laclede's Landing unmittelbar nördlich des Gateway Arch Park zwischen und unter Eads und Kings Bridge. Eine weitere Sehenswürdigkeit ist die Anheuser-Busch-Brauerei (13th St./ Pestalozzi St. südlich des Zentrums) mit ihren alten Kupferkesseln (nach der Führung Freibier).

Ein Shuttle-Bug genannter Busservice verbindet das Zentrum mit dem Forest Park. St. Louis besitzt mit diesem zur Weltausstellung 1904 angelegten Park nördlich der Stadtautobahn Nr. 40/I-64 eine der größten städtischen Anlagen der USA. Dort befinden sich ein großer Zoo, das Science Center mit naturwissenschaftlichen Experimenten zum Ausprobieren und Anfassen sowie Planetarium, das History Museum der Missouri Historical Society (Akzent auf dem Flug Charles Lindberghs mit der »Spirit of St. Louis« über den Atlantik) sowie das hervorragende St. Louis Art Museum in einem Musentempel, der ebenfalls auf die Weltausstellung zurückgeht. Westlich des Forest Park erstreckt sich der Campus der Washington University an der Ecke Forsyth Blvd./Skinker Ave. mit der universitätseigenen Gallery of Art.

Für Gartenfreunde gehört ein Besuch im Missouri Botanical Garden, dem ältesten botanischen Garten der USA, unbedingt ins Programm. Die große, sehr gepflegte Anlage mit verschiedensten Sonderbereichen liegt südwestlich der City unweit der I-44, Abfahrt Tower Grove Ave. Der schöne Tower Grove Park schließt an den Botanical Garden an.

Folgt man der I-44 in westlicher Richtung bis fast zur Umgehungsautobahn I-270, gelangt man über den Lindbergh Blvd. zum Laumeier Sculpture Park an der Rott Rd. (vom Blvd. rechts ab). Für Leute mit Sinn für die Kombination von Kunst und Landschaft *der* Geheimtip für St. Louis. Rund 60 abstrakte, in den 70er und 80er Jahren geschaffene Skulpturen wurden im hügeligen Gelände positioniert.

Unweit des städtischen Skulpturengartens (Big Bend Blvd. westlich der I-270, davon rechts ab in die Barrett Station Rd.) hat das National Museum of Transport seine Pforten geöffnet. Was auf den Abstellgleisen eines stillgelegten Bahnhofs an Lokomotiven und Waggons zusammengebracht wurde, übertrifft alle anderen Ausstellungen dieser Art.

Überaus sehenswert ist der **Cahokia Mounds State Historic Site** östlich von St. Louis in Illinois unweit der I-55/70 (Exit 6, ausgeschildert) zwischen Fairmont City und Collinsville. Die pyramidenähnlichen Erdhügel einer präkolumbischen Indianerkultur sind dort besser erhalten als an anderen ähnlichen Stätten. Das Visitor Center zeigt eine sehenswerte Ausstellung und filmische Dokumentation zu Herkunft, Leben und Verbleib des untergegangenen Volkes.

Information: St. Louis Convention & Visitors Bureau, 308 Washington Ave., St. Louis MO 63102, ✆ 314-241-17 64, sowie die Besucherinformation des National Park Service unter dem Gateway Arch.

Unterkunft: Besonders viele Häuser der unteren und mittleren Preiskategorie säumen die Ringauto-

Trucker – der rollende Arbeitsplatz ist oft auch ein Prestigeobjekt

bahn I-270/I-255. Im Citybereich empfehlenswert: Hampton Inn Union Station, 2211 Market St., ✆ 314-241-3200; Courtyard by Marriott, 2340 Market St., ✆ 314-241-91 11, und – wegen der Lage – Days Inn at the Arch, 333 Washington Ave., ✆ 314-621-79 00. Preiswertere Motels im Bereich Forest Park/Lindell Blvd. und Botanical Garden.

Camping: In Stadtnähe: Horseshoe Lake State Park auf der Illinois-Seite des Mississippi. In St. Charles: Sundermeier RV-Park.

Ein für Mark Twain-Fans vielleicht interessanter Abstecher führt nach **Hannibal**, 120 Meilen weiter nördlich. Bei Fortsetzung der Fahrt Richtung Westen auf der I-70 ergäbe sich ein Gesamtumweg von etwa 90 Meilen. In diesem Städtchen, in dem der Schriftsteller seine Kindheit verbrachte, spielen die Abenteuer seiner Helden Tom Sawyer und Huckleberry Finn. Hannibal läge nicht in Amerika, würde diese Tatsache nicht weidlich ausgeschlachtet: Sightseeing mit dem Twainland Express oder dem Mark Twain Clopper (Pferd und Wagen) durch den Historic District mit Twains Boyhood Home, Visitor Center und Museum, Tom & Huck Statue, Tom Sawyer Diorama etc. Verständlich, daß hier auch das Mississippi Riverboat »Tom Sawyer« heißt und das Molly Brown Dinner Theater vorzugsweise Szenen aus dem Leben des Autors inszeniert. Wer sich gut an die Geschichten von Tom Sawyer erinnert, wird in der Mark Twain Cave südlich der Stadt (Straße Nr. 79) noch am originellsten zurückversetzt in das abenteuerliche Leben des berühmtesten amerikanischen Jungen seiner Zeit.

Von St. Louis bis Denver sind es rund 900 Meilen. Nach anfänglich in Missouri noch abwechslungsreichem Verlauf des Interstate wird die Fahrt ab Kansas City (bis Topeka gebührenpflichtig) durch die Prärien von Kansas und des östlichen Colorado recht ermüdend.

Kansas City, das im wesentlichen in Missouri liegt, hat durchreisenden Touristen nicht viel zu bieten. Eine überraschend hübsche Stadt am Wege dagegen ist **Law-**

rence, Sitz der University of Kansas, auf halbem Wege zwischen Kansas City und der Hauptstadt **Topeka**. Die Kapitale bietet, wie überall, ein eindrucksvolles Kapitol und ein nettes historisches Museum (Memorial Building). Weiter westlich passiert die I-70 die ›Cowboy-Stadt‹ **Abilene**, bekannt aus zahlreichen Western und (etwas abseits, Exit 206, Straße 232, ca. 20 Meilen) **Lucas**, geographisches Zentrum der USA und Heimstatt eines biblischen ›Garden of Eden‹.

Der schnelle Weg durch Colorado

Denver liegt bereits in Sichtweite der Rocky Mountains. Je weiter westlich man fährt, um so jünger werden die Städte. Kaum zu glauben, daß Denver erst 1859 in der Colorado-Goldrauschzeit gegründet wurde. Heute ist die Stadt mit 1,8 Mio. Einwohnern die einzige Metropole zwischen Kansas und Salt Lake City, zwischen Calgary in Kanada und Albuquerque in New Mexico, mit einem Einzugsbereich von der Größe Westeuropas. Das anhaltende Wachstum sorgte vor allem für eine Prosperität der Vorstädte, die zentralen Stadtviertel verkamen. Erst seit einigen Jahren bemüht man sich um die Restaurierung erhaltenswerter Gebäude der ›Altstadt‹ – aus dem 19. Jh.

Auf der I-79 umgeht man zunächst das Zentrum von Denver und fährt via Nord-Süd-Autobahn I-25 bis zur Ausfahrt 210 (Colfax Ave./State Capitol). An der Colfax Ave. befindet sich schräg gegenüber dem Civic Center Park das Büro der Visitor Information. Von dort aus lassen sich alle Sehenswürdigkeiten in Denvers Innenstadt leicht zu Fuß erreichen.

Zentrale Achse von Downtown Denver ist die 2 km lange, Fußgängern vorbehaltene Einkaufszone, 16th Street Mall, zwischen Civic Center Plaza, dem Broadway und Larimer Square; lediglich Gratis-Pendelbusse verkehren hier in kurzen Abständen.

Einen Besuch abstatten sollte man dem innenarchitektonisch bemerkenswerten Tabor Center gleich hinter dem unübersehbaren D & F Tower, einer Nachbildung des Glockenturms von St. Markus in Venedig mit Wasserspielen, ausgefallenen Läden und einer Fast Food-Arkade. Gleich nebenan liegt der Larimer Square mit aufpolierten alten Fassaden, hinter denen teure Boutiquen und Restaurants auf Kundschaft warten. Diesen Bereich kann man auch ohne Shuttle Bus-Benutzung in zwei Stunden gründlich erkunden. Vorzugsweise vor 18 Uhr, denn kurz nach Büroschluß werden in der 16th Street Mall die meisten Läden geschlossen.

Der Komplex State Capitol, Civic Center, Colorado History Museum, Denver Art Museum und U. S. Mint befindet sich südlich des Geschäftszentrums jenseits der

Colfax Ave. Durch die Parkanlage mit der alles überragenden Goldkuppel des Kapitols gelangt man zum Kunstmuseum (gute Abteilungen für präkolumbische und indianische Kunst), dessen Äußeres einer abweisenden Burg ähnelt. Zum Museum für die Geschichte Colorados an der Ecke 13th Ave. gelangt man vom Kunstmuseum über den kleinen Park nebenan und den Broadway. Die Ausstellungen vermitteln ein anschauliches Bild der Ursprünge von Denver und der Pionierzeit in Colorado. Erwähnenswert sind die in Dioramen dargestellten historischen Szenen. Sie wurden in den 30er Jahren im Rahmen eines Beschäftigungsprogramms für arbeitslose Künstler geschaffen. Großer Popularität erfreut sich die U. S. Mint, eine der beiden großen Münzprägeanstalten des Landes, in der täglich 20 Mio. Münzen hergestellt werden.

Im City Park, rund 3 Meilen östlich des Zentrums (Colfax Ave./Colorado Blvd.), befinden sich der eher mittelmäßige Zoo und das sehr sehenswerte Museum of Natural History einschließlich Imax-Kino und Planetarium (abends Lasershow). City Park und Downtown werden durch den Cultural Connection Trolley miteinander verbunden, der im Halbstunden-Takt verkehrt.

Information: Denver Visitors Bureau, ✆ 303-892-15 05, 225 West Colfax Ave., Denver CO 80202.

Downtown Denver: Blick durch eine Parkanlage auf die Wolkenkratzer

Unterkunft: Hotels und Motels sind in und um Denver relativ preiswert (Wochenendtarife in Downtown oder im Bereich des Stapleton Airport, I-70 bzw. I-270). Preiswerte Motels an Ausfallstraßen, z.B. Arapahoe Rd. im Stadtsüden. Empfehlenswert in Downtown: Comfort Inn, 401 17th St., ✆ 303-296-04 00 (Mittelklasse); Radisson Hotel, 1550 Court Place, ✆ 303-893-33 33 (erstklassig, günstige Wochendtarife). Brown Palace Hotel, 321 17th St., ✆ 303-297-31 11 (Denvers Spitzenhotel, Eleganz der Jahrhundertwende kombiniert mit modernem Luxus, teuer). Preiswert: Franklin House Bed & Breakfast, 1620 Franklin St., ✆ 303-331-91 06.

Camping: Gute Plätze in der Cherry Creek Lake State Recreation Area (Anfahrt über die I-225, ausgeschildert) und in der Chatfield Lake Recreation Area (Straße Nr. 55)

Landschaftlich gibt es für die Weiterfahrt nach Westen keine Alternative zur I-70, über die man auch weitere Sehenswürdigkeiten erreicht. Ein vorübergehendes Verlassen der I-70 bei Exit 265 auf die Straße Nr. 58/44th Ave. W. führt zum Colorado Railroad Museum östlich von **Golden**. Die Coors Brauerei in Golden ist wegen der kostenlosen Führungen mit Freibier beliebt. Vom Lookout Mountain mit dem Grab von Buffalo Bill (vgl. S. 71), westlich von Golden, Straße Nr. 6, hat man einen großartigen Panoramablick. Das Red Rock Amphitheater, eine grandiose Open-Air-Bühne zwischen roten Felsformationen mit Denver im Blickfeld der Besucher, liegt an der Straße Nr. 26, wenige Meilen südlich der I-70 (Veranstaltungskalender bei der Visitor Information in Denver).

Statt von dort auf die Interstate zurückzukehren, kann man einen Umweg einplanen: zurück auf die Straße Nr. 6 durch den malerischen Canyon des Clear Creek und weiter über die Nr. 119 ins Goldgräbergebiet rund um die Doppelstadt **Central City/Black Hawk**. Hinter originellen Fassaden und Old West-Relikten findet man heute – nach der Freigabe des Glücksspiels in Colorado 1991 durch einen Volksentscheid – jede Menge Spielsalons voller *Slot Machines*, ein Klein-Las Vegas. Aus der Höhe führt die ›Oh my God Road‹, eine Schotterstraße, vorbei an noch in Betrieb befindlichen Goldminen, in Serpentinen durch den Virginia Canyon hinunter nach Idaho Springs (bei Regen und für Campmobile nicht zu empfehlen).

In nördlicher Richtung geht es auf der Straße Nr. 72 an den Osthängen der Rockies nach Estes Park, dem Tor zum **Rocky Mountains National Park**, einem der weniger aufregenden Landschaftsparks der USA.

Information: Noch vor dem Ortseingang von Estes Park passiert man die Visitor Information am Big Thompson Highway, ✆ 800-443-78 37.

Camping/Unterkunft: Im Rocky Mountains N.P. selbst gibt es nur Campingplätze. Über die meisten Quartiere verfügt Estes Park.

Hauptstraße des kleinen Städtchens Ouray im südlichen Colorado

Durch **Idaho Springs** hindurch gelangt man zur Straße Nr. 103, die in die Nr. 5 übergeht und als ›highest road in the USA‹ bis zum Gipfel des 4280 m hohen Mount Evans führt. Eine phänomenale Aussicht belohnt die Mühe der zusätzlichen 50 Meilen Umweg (hin und zurück). Der nun folgende Abschnitt der I-70 von Idaho Springs nach Glenwood Springs (ca. 130 Meilen) gehört zu den schönsten Autobahnstrecken der Vereinigten Staaten. Auf dem Wege liegt mit **Vail** der neben Aspen bekannteste Wintersportort des Staates. Bis zum westlichen ›Vorposten‹ des zentralen Colorado, **Grand Junction**, sind es von Glenwood Springs noch 85 Meilen. Das dortige Museum of Western Colorado mit Ausstellungen zu Geologie, Dinosaurierfunden und Indianerkultur der Region sollte man sich ansehen. Außerhalb der Stadt geraten die gelbroten Felswände des **Colorado National Monument** in der sonst ebenen Landschaft ins Blickfeld der Reisenden. Über die Straße Nr. 340 erreicht man den Rim Rock Drive-Rundkurs durch eine Canyon-Landschaft mit pittoresken Felsformationen.

Über das südliche Colorado zum Monument Valley

Statt von Grand Junction auf kürzestem Weg zu den Nationalparks in Utah zu fahren, läßt sich ein Abstecher zum Mesa Verde National Park einplanen. Von dort geht es dann direkt oder über das Monument Valley zum Arches National Park. Wer sich hierzu entschließt, sollte die I-70 bereits an der Ausfahrt Nr. 195 verlassen und über die Straßen Nr. 91/24/50 den Black Canyon of the Gunnison besuchen.

Ob von Osten oder über Grand Junction/Montrose kommend, zu dem **Black Canyon of the Gunnison**, der die Vernal Mesa bis zu 700 m tief einschneidet, geht es über die eintönige Stichstraße Nr. 347. Das National Monument schützt die letzten 14 Meilen einer einst 50 Meilen langen Schlucht des Gunnison River, deren östlicher Bereich von Stauseen teilweise überflutet wurde. Um Flora und Fauna der verbliebenen Canyon-Landschaft möglichst wenig zu beeinträchtigen, existiert, anders als beim Grand Canyon, kein offizieller Pfad hinunter zum Fluß. Lediglich eine steile Schotterstraße führt zum East Portal Damm. Besuchern bleibt daher nur die Fahrt zu den Aussichtspunkten über dem Rand der zerklüfteten, schwarzen Schlucht, die an ihren engsten Stellen nur wenige hundert Meter breit ist. Wer hinunter kraxeln möchte, muß sich vorher ein kostenloses *permit* im Visitor Center besorgen.

Auf der Straße Nr. 550 erreicht man eingangs des San Juan-Gebirges mit **Ouray** eines der hübschesten Städtchen von Colorado, das, umgeben von heißen Quellen, inmitten eines Talkessels liegt. An der nördlichen Stadteinfahrt findet man ein großes öffentliches Badebekken mit unterschiedlichen Wärmebereichen. Am Südende des Ortes passiert man die Wasserfälle des Uncompaghre River. Das Schauspiel des tosend durch eine Felsspalte brechenden Flusses ist das Eintrittsgeld wert.

Die Weiterführung der Nr. 550 über Silverton nach Durango gehört zu den schönsten Gebirgsstrecken des Staates. Interessant sind die Spuren früherer Schürfaktivitäten nach Gold und Silber; einige Minen sind noch in Betrieb. Die erst vor kurzem stillgelegte Bachelor-Syracuse Mine südlich von Ouray hält ihre Schächte für Touristen offen und führt sie tief in das Innere des Gesteins. **Silverton** partizipiert dank der Endstation eines historischen Schienenstrangs und einiger Old West-Fassaden am Tourismus. Die Passagiere der nostalgischen Durango-Silverton Railroad, einer der besten authentischen Eisenbahnen der USA, sorgen tagsüber oft für viel Betrieb in der ehemaligen *silver boomtown*.

Von Silverton geht es durch wunderschöne Landschaft bergab nach **Durango**. Zentrum der Stadt ist die Main St., an deren Südende sich auch die Station der Schmalspurbahn nach Silverton befindet, mit einem herausgeputzten Kneipen-, Restaurant- und Ladenviertel im Jahrhundertwende-Look. Im Diamond Circle Theatre (im Strater Hotel) finden während der Saison täglich Vorstellungen von Vaudeville-Revuen oder Melodramen statt. Wer tagsüber nicht in die Berge oder zum Mesa Verde-Park ausschwärmen will, kann an Wildwasserfahrten mit Schlauchbooten auf dem Animas oder Florida River teilnehmen.

Bis zur Einfahrt in den **Mesa Verde National Park** sind es von Durango rund 33 Meilen und weitere 16 Meilen hinauf zum Fair View Visitor Center auf der dicht bewachsenen, grünen Hochebene, die dem Park seinen Namen gab. Erst Ende des vergangenen Jahrhunderts entdeckte man in den Canyons der Mesa die *cliff dwellings*, unter höhlenartigen Felsüberhängen angelegte Behausungen, die von Stämmen der präkolumbischen Anasazi-Kultur gebaut und bereits lange vor der Entdeckung Amerikas wieder aufgegeben worden waren. Besichtigungen der zugänglichen *dwellings* (Spruce Tree und Balcony House, Cliff Palace) sind möglich, jedoch teilweise nur nach Anmeldung im Besucherzentrum. Ein Museum informiert über die Entstehung der Klippendörfer und die Kultur ihrer einstigen Bewohner. Vom Museum ist das Spruce Tree House zu Fuß erreichbar. Alle anderen Relikte der Chapin Mesa liegen an zwei Loop Roads, von denen die Route an Cliff Palace und Balcony House vorbei die interessantere ist. Eine dritte Straße führt zur Wetherhill Mesa mit dem

Der Cliff Palace, Relikt einer präkolumbischen Siedlung der Anasazi-Indianer

Mesa Verde

Die untergegangene Kultur der Anasazi

Die größeren *cliff dwellings* in den Canyons des Mesa Verde Park gehören zu den besterhaltenen Relikten einer präkolumbischen Indianerkultur, die Archäologen als Anasazi (Navajo-Wort für »die aus alter Zeit«) bezeichnen. Ähnliche Klippendörfer unter schützenden Halbhöhlen findet man in den Navajo und Canyon de Chelly Nationalmonumenten in der Navajo Reservation des nordöstlichen Arizona, als Tonto und Montezuma Castle National Monument (s. S. 205) im zentralen Arizona und in der Gila Wilderness (s. S. 124) des südwestlichen New Mexico.

Die Anasazi gelten als Nachfahren der sogenannten Basket Maker, ursprünglich nomadische Sammler und Jäger, die um die Zeitenwende im Bereich des heutigen Vierstaatenecks im Südwesten der USA seßhaft wurden, nachdem sie sich die Technik des Maisanbaus angeeignet hatten. Aus zunächst einfachen Unterkünften in Laubhütten und Höhlen entwickelte sich die Siedlungsform der *pithouses* (in den Boden versenkte Grubenhäuser) aus einfachen mit Lehm verputzten Holzgerüsten und -geflecht, deren Architektur bis heute in den *kivas,* kultisch genutzten, unterirdischen Gemeinschaftsräumen, erhalten blieb.

Der Übergang zu Oberflächenbehausungen mit vertikal stehenden (Adobe-)Wänden und von Balken getragenen Decken und Flachdächern erfolgte im 8. Jh. und leitete die Pueblo-Kultur ein. Der vom spanischen Dorf abgeleitete Begriff kennzeichnet die dicht aneinander, später auch übereinander angelegte Konstruktion der indianischen Siedlungen des Südwestens. Als Adobe bezeichnet man festgestampften Lehmmatsch, der an der Sonne härtet. Bei der heutigen Adobe-Zubereitung für den Hausbau mischt man unter den zäh ›angerührten‹ Lehm, quasi als stabilisierendes Element, kleingehäckseltes Stroh, bevor große Ziegel ausgeschnitten und getrocknet werden.

Während die Adobe-Bauweise in einigen Regionen (zum Beispiel bei den Pueblo-Indianern von New Mexico) bis heute Bestand hat, begannen die Anasazi im 11. Jh. mit der Errichtung von Steinhäusern und mehrstöckigen Dörfern, in denen bis zu mehrere hundert Personen unterkamen. Die besterhaltenen Ruinen derartiger Pueblos findet man im Chaco Culture National Historical Park sowie in den Aztec Ruins und Bandelier National Monument, alle im nördlichen New Mexico gelegen.

Zwischen 1000 und 1200 entstanden auch auf dem Hochplateau der Mesa Verde zahlreiche Pueblos. Man vermutet, daß einige tausend Menschen dort lebten. Ihre Kultur, vor allem dokumentiert durch aus Stein und Knochen gefertigte Werkzeuge, Tonkeramik und gewebte Materialien, erreichte in dieser Zeit ihren Höhepunkt. Gleichzeitig weisen die Reste eines verzweigten Bewässerungssystems, zu dem der noch heute vorhandene, vermutlich künstliche Mummy Lake gehörte, auf die intensiven agrarischen Aktivitäten der Mesa-Bewohner hin. Von den Dörfern verblieben wegen ihrer exponierten Lage auf der Hochebene indessen nur wenige Ruinen wie das Far View und Step House.

Aus noch nicht völlig geklärten Gründen verließen die Anasazi um 1200 ihre Pueblos und zogen sich in die Canyons zurück, wo sie unter Überhängen und in Halbhöhlen neue Dörfer und Hunderte von kleineren, schwer zugänglichen Anwesen anlegten. Einerseits lagen die *cliff dwellings* geschützter vor Witterungseinflüssen und Feinden, andererseits erschwerte ihre Lage die Bearbeitung der nun weiter entfernten Felder und die Versorgung erheblich. Manches spricht für den ›Umzug‹ aus psychologisch/religiös motivierten Gründen.

Ebenso ungewiß ist, warum die Anasazi ihre neuen Quartiere nach weniger als 100 Jahren für immer verließen. Weder Zerstörungen noch die umfangreichen Funde weisen auf Kampfhandlungen hin. Die gängige Theorie besagt, daß eine langanhaltende Dürreperiode von 1276 bis 1299 sie wahrscheinlich zur Aufgabe ihrer Dörfer zwang, zumal auch andere ähnliche Siedlungen wie Betatakin und Keet Seel (Navajo National Monument) ungefähr während dieser Zeit von ihren Bewohnern aufgegeben wurden. Eine andere Möglichkeit wäre, daß nach vielen Jahren intensiver agrarischer Nutzung die Böden der Hochebene erodiert oder wegen fehlenden Fruchtwechsels erschöpft, und – in Anbetracht einer stark vermehrten Bevölkerung – auch die Wälder der Mesa und ihrer Canyons leergejagt waren. Vermutlich zogen die Anasazi nach Süden; neuere Untersuchungen wollen eine Verwandtschaft zwischen den Pueblo-Indianern unserer Tage und denen ›aus alter Zeit‹ festgestellt haben.

Bemerkenswert bleibt, daß es über 500 Jahre dauerte, bis die *cliff dwellings* der Anasazi im Jahre 1888 wiederentdeckt wurden. Dank ihrer vor Wind und Wetter geschützten Lage in den Hängen haben sie die Jahrhunderte nahezu unbeschadet überstanden.

Long und dem Step House. Sie ist aber für den Individualverkehr gesperrt.

Information: Visitor Center der Durango Chamber of Commerce an der Straße nach Aztec etwas außerhalb von Durango, ✆ 303-247-03 12. In Cortez: Colorado Welcome Center, an der Hauptstraße durch die Stadt, ✆ 303-565-34 14.

Unterkunft: Far View Motor Lodge, ✆ 303-529-44 21 (einzige Unterkunft im N.P., teuer.) Im nahen Cortez gibt es zahlreiche Motels. Gut übernachten kann man auch in Durango (zahlreiche Hotels/Motels an den Ausfallstraßen).

Camping: Morfield Campground im Mesa Verde Park (große Kapazität), außerdem zahlreiche Plätze in Cortez und Durango (dort am besten gelegen der Lightner Creek Campground 2 Meilen westlich auf der Straße Nr. 160, dann Lightner Creek Rd.).

Über Cortez und die Straße Nr. 666 sind es zum Arches National Park auf kürzestem Weg rund 160 Meilen. Man kann aber auch auf der Straße Nr. 160 zunächst zum einzigen Vierstaateneck der USA (Colorado/New Mexico/Arizona/Utah) fahren. Eine Bronzeplatte markiert den ungewöhnlichen Punkt, Verkaufsstände für Navajo-Silberschmuck, Gewebtes, Keramik und allerhand Kitsch beleben die ansonsten öde Landschaft. Zum Monument Valley, der bekanntesten Wildwest-Landschaft der USA, geht es weiter über Kayenta und nördlich Richtung Utah auf der Straße Nr. 163.

Vom Mesa Verde Park benötigt man bis zum **Monument Valley** rund drei Stunden. Dort ragen die Reste einer Hochebene, die vor Jahrtausenden zusammenhing, aus der kargen Halbwüstenlandschaft. Man erreicht das Kerngebiet dieser spektakulären Monolithe auf einer gut ausgebauten Stichstraße, die am Visitor Center endet. Bevor man sich auf die etwas beschwerliche Sand- und Schotterstrecke hinunter ins Tal begibt, muß im ›Kassenhäuschen‹ oder im Besucherzentrum Eintritt entrichtet werden. Auf keinen Fall sollte man auf die Fahrt verzichten. Die Lichtverhältnisse am frühen Morgen und späten Nachmittag ermöglichen die reizvollsten Photos. Wer Sorge um sein Auto hat, kann Touren im offenen Touristen-Van buchen.

Vom Monument Valley folgt man entweder den Straßen Nr. 163/191 zum Arches National Park oder nimmt nördlich von Mexican Hat die Nr. 261 durch das Valley of the Gods zum Natural Bridges Monument und Lake Powell. Eine Alternative – bei Verzicht auf die Nationalparks in Utah – ist der direkte Weg zum Grand Canyon National Park (s. S. 135), der vom Monument Valley nur 200 Meilen entfernt ist.

Monument Valley – die mächtigen Monolithe sind Reste einer einst zusammenhängenden Hochebene

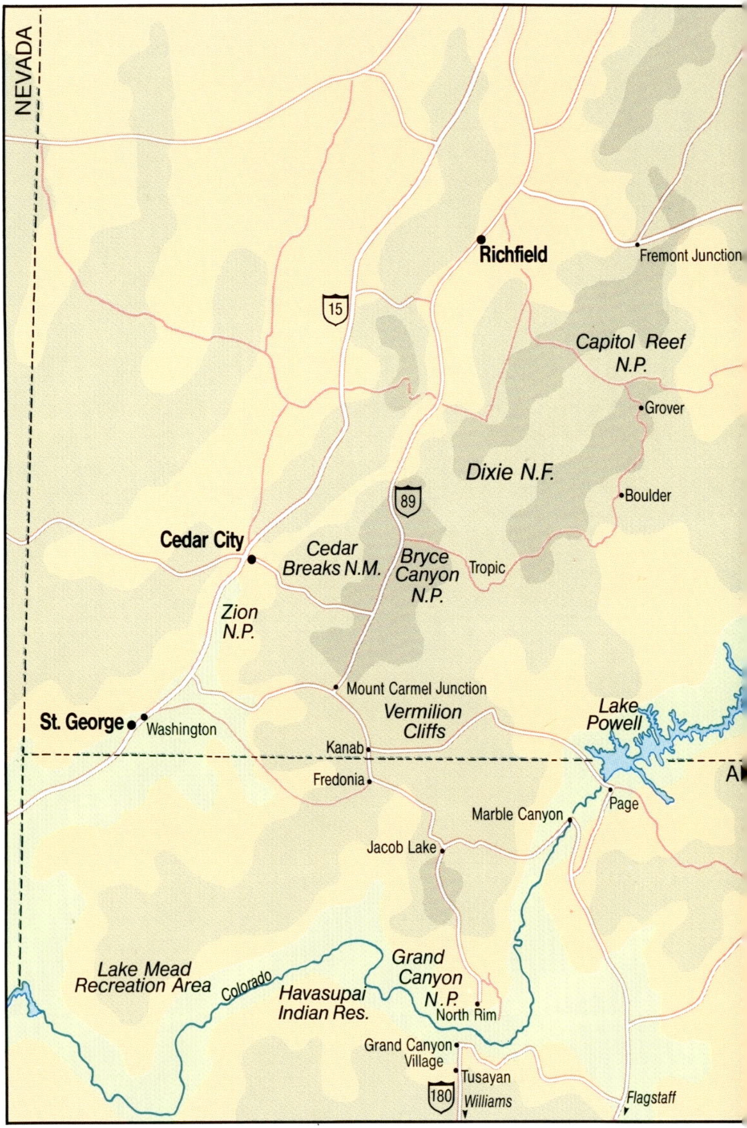
NEVADA
Richfield
Fremont Junction
15
Capitol Reef N.P.
Grover
Dixie N.F.
89
Boulder
Cedar City
Cedar Breaks N.M.
Bryce Canyon N.P.
Tropic
Zion N.P.
Mount Carmel Junction
St. George
Washington
Vermilion Cliffs
Lake Powell
Kanab
Fredonia
Page
Marble Canyon
Jacob Lake
Grand Canyon N.P.
Lake Mead Recreation Area
Colorado
Havasupai Indian Res.
North Rim
Grand Canyon Village
Tusayan
180
Williams
Flagstaff

Durch die Nationalparks des Großen Plateaus

Von Osten auf der I-70 kommend, erreicht man zunächst den **Arches National Park** mit phantastischen, durch Erosion entstandenen Felsbögen. Es empfiehlt sich, die Interstate bei der Ausfahrt 212 zu verlassen und die malerisch am Ufer des Colorado entlanggeführte Straße Nr. 128 zu nehmen. Hinter Moab stößt sie auf die Nr. 191, auf der es noch etwa 3 Meilen bis zur Einfahrt in den Park sind. Das Visitor Center befindet sich – weit unterhalb des hochgelegenen Parkgeländes – eingangs der etwa 20 Meilen langen Stichstraße zum Endpunkt Devils Garden. An der Straße liegen Ausgangspunkte für Wanderungen zu Bögen und Felswänden.

Auf jeden Fall sollte man die Windows Section und den Devils Garden, letzteren bis mindestens zum Navajo Arch, entlanglaufen. Nicht später als eine Stunde vor Sonnenuntergang heißt es, sich am Wolf Ranch Parkplatz einzufinden, um den Sonnenuntergang am Delicate Arch erleben zu können (2,5 km Weg bergauf).

Unterkunft: Im N.P. selbst gibt es außer einem Campingplatz keine Übernachtungsmöglichkeiten, jedoch

Im Arches National Park

ca. 60 Motels, Hotels und andere Quartiere im nahen Moab. Die meisten sind unabhängig, aber auch einige der großen Kettenmotels sind vertreten (Super 8, Ramada, Best Western, Days Inn). Besonders in der Zeit von Juni bis September sollte man einige Tage vor Ankunft reservieren. Wer nicht über eine 800-Nummer der Kettenmotels (s. S. 224) fündig wird, kann sich an die zentrale Reservierung wenden, ✆ 800-748-43 86 oder 801-259-51 25.

Camping: Am schönsten campt man auf dem Arches Park Campground, wo man oft aber schon morgens um 7 Uhr auf freiwerdende Plätze warten muß. In Moab gibt es mehrere

Plätze, günstig gelegen ist der Slickrock Campground am nördlichen Ortsende, ✆ 801-259-76 60.

Sechs Meilen nördlich des Eingangs zum Arches National Park zweigt links die Straße Nr. 313 in Richtung Island in the Sky District des **Canyonlands National Park** ab. Zunächst führt die Straße jedoch zum **Dead Horse Point State Park**, von dessen Steilhängen der Blick tief hinunter auf den Colorado River fällt. Auf einer gut ausgebauten Stichstraße geht es weiter zu Aussichtspunkten über die zerklüftete Landschaft der Canyonlands hoch über dem Zusammenfluß von Green und Colorado River, am besten zum Grand View Overlook. Nicht auslassen sollte man den Umweg zum Upheaval Dome.

Der schnellste Weg von Moab zum Capitol Reef National Park führt über die I-70/Green River und die Straße Nr. 24/Hanksville. Wer, von Moab/Arches National Park kommend, zum Monument Valley fahren möchte, muß statt der etwa 100 Meilen bis Hanksville rund 300 Meilen einkalkulieren. Im Gegensatz zur relativ öden nördlichen Variante, bietet dieser Umweg neben den Felsmonumenten im Navajo-Land, dem Natural Bridges National Monument und der Überquerung des Lake Powell eine abwechslungsreiche Fahrt. Bei Verzicht auf den Besuch des Monument Valley und dennoch südlicher Weiterreise lassen sich 100 Meilen bzw., da auch dessen Besichtigung entfällt, ein ganzer Tag einsparen. Die sonst umgangene schöne Strecke von Blanding zu den Natural Bridges (Straße Nr. 95) entschädigt dafür teilweise.

Nach der zunächst eintönigen Fahrt bis Hanksville läuft die Straße zum **Capitol Reef National Park** am Fremont River entlang durch eine bemerkenswerte Erosionslandschaft. Nach dem Besuch der grandiosen Dia-Show im Visitor Center sollte man den Scenic Drive abfahren, eine 10 Meilen lange Asphaltstraße, die am Ende in eine Schotterstraße übergeht. Etwa auf halbem Weg liegt links der Grand Wash, ein Canyon, durch den man zu Fuß in etwa einer Stunde die Straße Nr. 24 erreichen kann. Etwas anstrengender ist der schöne Pfad hinauf zum Cassidy Arch (vom Grand Wash-Parkplatz hin und zurück ca. zwei Stunden). Die Straße endet eingangs der Capitol Gorge, einer tiefen, sich bis auf wenige Meter verengenden Schlucht. Eine gute Stunde genügt, um im meistens trockenen Flußbett bis zu den Water Pockets oder Tanks auf der anderen Seite des Canyon und zurück zu gelangen.

Für eine Fahrt in das Cathedral Valley im Nordareal des Parks braucht man etwas Zeit und Mut. Bei niedrigem Wasserstand des Fremont River (Furtdurchquerung! Es geht auch ohne, aber die Alternativen bedingen einen erheblichen Umweg) und gutem Wetter läßt diese sich mit einem Pkw bewältigen (vorher im Visitor Center erkunden). Entlang der abschnittsweise schlechten Schotterstraße sieht man überwältigende Felswände und Monolithe.

Vielleicht die schönste aller ausgebauten Straßen in Utah ist die Verbindung zwischen Capitol Reef und Bryce Canyon National Park. Die Straße Nr. 12 führt durch den hochgelegenen **Dixie National Forest** mit großartigen Aussichtspunkten und durch traumhafte Landschaft. Bei Annäherung an den **Bryce Canyon National Park**, einen der spektakulärsten Parks der USA, vermitteln bereits erste Teilpanoramen einen Eindruck vom bevorstehenden Erlebnis. Die Bezeichnung Canyon erscheint jedoch irreführend. Die Attraktion ist die östliche Abbruchkante des Paunsaugunt Plateaus, das sich mehrere hundert Meter über das Tropic Valley und die anschließenden Tallandschaften erhebt. Zwischen dem Rand der bewaldeten Hochebene und dem Tal erstreckt sich auf 25 Meilen ein Gebiet bizarrer Formationen erodierten Sandsteins. Säulen, Türme und Skulpturen aus gelb-rot-rostbraunem Gestein liefern ein mit der Tageszeit und den unterschiedlichen Lichtverhältnissen wechselndes, immer wieder faszinierendes Schauspiel.

Um diese Wunderwelt wirklich zu erleben, sollte man sich nicht auf den Blick von den diversen Overlooks beschränken, sondern hinunterwandern. Der kürzeste, wenn auch recht steile Weg ist der 2,5 km

Bryce Canyon National Park

Utah – Staat der Mormonen

Die göttliche Erleuchtung für die Gründung der Kirche Jesu Christi der Heiligen der Letzten Tage (Church of Jesus Christ of the Latter Day Saints) kam Joseph Smith, einem Farmerssohn aus Vermont, in Form goldener Schrifttafeln, die ihm ein Engel im Jahre 1827 präsentierte. Der 1830 als »Buch Mormon« veröffentlichte Text wies zwar erhebliche Parallelen zu einem biblischen Roman keineswegs himmlischen Ursprungs auf, die Sektengründung behinderte dies jedoch nicht. Eine wichtige Erkenntnis der neuen Lehre war, daß das Reich Zion auf amerikanischem Boden errichtet werden müsse und zwar durch die vom ›Propheten‹ Smith inspirierten Mormonen.

Da sich die Anhängerschaft – nicht zuletzt wegen ihres Beharrens auf der Mehrehe – im Osten der USA großen Anfeindungen ausgesetzt sah, die 1844 sogar zur Ermordung von Smith führten, beschloß sein Nachfolger Brigham Young, Zion im fernen Westen zu suchen. Als er im Juli 1847 nach eineinhalb Jahren mit der Vorhut von 143 Männern, drei Frauen und zwei Kindern samt 72 Wagen die Ebene westlich der Wasatch Mountains erreichte, schien er den geeigneten Platz für das amerikanische Reich Zion gefunden zu haben. Sein denkwürdiger Ausspruch »This is the place« gehört zu der in allen Broschüren der Mormonen bis heute verbreiteten Überlieferung zur Geschichte ihres Staates.

Nach Ankunft einiger tausend weiterer Mormonen entstand in der trockenen Wüste zwischen den Bergen und dem Großen Salzsee Salt Lake City. Wie das Alte Testament es verheißen hatte, brachten die neuen Siedler »die Wüste zum Blühen« und proklamierten den Kirche und Staat vereinigenden ›State of Deseret‹, der die heutigen Staaten Utah, Nevada sowie große Teile von Arizona, Kalifornien, Colorado, Oregon und New Mexico umfassen sollte. Als Young 1877 starb – er hinterließ 27 Ehefrauen und 56 Nachkommen –, existierten neben Salt Lake City bereits 358 Mormonensiedlungen mit 140 000 Einwohnern.

Anträge der Mormonen, sich in der vorgesehenen Gebietsausdehnung und mit einer eigenen Regierungsform der amerikanischen Union anschließen zu dürfen, scheiterten mehrfach im Kongreß. Nach territorialen und gesetzgeberischen Zugeständnissen – unter anderem Aufgabe der Polygamie 1890 – wurde der Mormonenstaat 1896 in seinen heutigen Grenzen unter der Bezeichnung Utah Mitglied der Union. Der gleichzeitig erfolgten offiziellen Trennung von Staat und Kirche steht bis heute die völlige Durchdringung des politischen und wirtschaftlichen Lebens mit Mitgliedern der Mormonenkirche entgegen.

Für kaum ein höheres Staatsamt, geschweige denn Positionen wie die des Gouverneurs oder der Repräsentanten und Senatoren im Kongreß, besitzen Nicht-Mormonen auch nur den Hauch einer Chance. Die Kirche ist Eigentümerin eines Wirtschaftsimperiums, dessen Einfluß weit über die Staatsgrenzen hinausgeht. Tatsächlich gilt die Church of Jesus Christ of the Latter Day Saints, bezogen auf die Mitgliederzahl von rund 3 Mio. in den USA sowie 2 Mio. weltweit, als die reichste Kirche der Welt. Unterstrichen wird dies durch prachtvolle Mormonentempel in fast allen wichtigen Städten der USA und ein Tempelbauprogramm für die großen Metropolen aller Erdteile.

Rund Dreiviertel der Bevölkerung von Utah gehören der inoffiziellen Staatskirche an. Die Lebensweise der Mormonen unterscheidet sich erheblich von der anderer Amerikaner, äußerlich dokumentiert durch ein patriarchalisch geprägtes Familienleben sowie die Ablehnung von Genußmitteln wie Kaffee, Tee, Tabak und Alkohol. Das Verbot der Empfängnisverhütung sorgt für die höchste Geburtenrate der USA. Es ist nicht verwunderlich, daß Utah unter diesen Umständen als der konservative Staat schlechthin gilt. Mit der Renaissance des Konservativismus in den 80er Jahren verloren die Mormonen den Ruch des ›Suspekten‹. Heute werden sie von vielen als ›Super-Amerikaner‹ betrachtet, die es fertigbrachten, an alten Werten festzuhalten und gesellschaftliche wie ökonomische Probleme weitgehend ›vor der Tür zu halten‹.

lange Navajo Loop Trail, der am Sunset Point beginnt. Wer mehr als nur eine Stunde erübrigen kann, dem sei ab Sunrise Point die Kombination Queens Garden Trail mit dem großartigen Peekaboo Loop Trail und der Rückweg zum Sunset Point über den Navajo Trail empfohlen (etwa drei bis vier Stunden).

Eine schöne Möglichkeit, in das ›Amphitheater der stehenden Felsen‹ von unten hineinzuwandern bzw. es nach unten hin zu verlassen und so den anstrengenden Wiederaufstieg zu vermeiden, bietet die ca. 3 Meilen lange Zufahrt über das östlich gelegene Tropic, sofern der Rücktransport arrangiert werden kann. Vom Parkplatz am Rande des Bryce Canyon bis zum Sunset Point sind es rund 4 km. Ein besonderes Erlebnis ist es, am Fuße der erodierten Felsen zu übernachten. Aus diesem Grunde wurden in bequemen Abständen kleine Zeltplätze am Under-the-Rim-Trail zwischen Bryce Point und Rainbow Point eingerichtet.

Unterkunft/Camping: National Park Lodge, Reservierung durch TW Services, ✆ 801-586-76 86 (einzige Unterkunft im Bryce Canyon N.P.). Vor den Toren des N.P.: Best Western Motel Ruby's Inn, ✆ 801-834-53 41 (komfortabler Campingplatz angeschlossen). Weitere Motels entlang der Straße Nr. 12, z.B. Bryce Canyon Pines, ✆ 801-834-54 41, und in dem Dorf Tropic östlich des Parks. Zwei Campgrounds liegen im Park.

Auf der Weiterfahrt Richtung Grand Canyon durchquert man unweit westlich von Bryce den Red Canyon bevor die Straße Nr. 89 erreicht wird. Die Zufahrt zum **Zion National Park** (Straße Nr. 9 ab Mount Carmel Junction, ca. 25 Meilen) wird innerhalb des Parkareals zur Straße der landschaftlichen Superlative. Kurz vor dem Tunnel sollte man unbedingt einen Stopp einlegen, um zum Great Arch zu laufen (ca. 500 m). Hinter dem Tunnel geht es über Serpentinen hinab in den Zion Canyon (Tunneldurchfahrt für Campmobile ab 21 Fuß Länge nur im Konvoi nach Wartezeit möglich – außerdem gegen Zahlung einer Mautgebühr). Am Südeingang befindet sich das Visitor Center.

Eine 10 km lange Stichstraße folgt dem Virgin River in ein sich verengendes grünes Tal zwischen hochaufragenden Massiven. Vom Endpunkt der Straße führt ein Fußweg zum Ausgang einer Wanderung im Fluß zu den sogenannten Narrows, wo der Abstand zwischen den 400 m hohen Felswänden bis auf wenige Meter zusammengeschrumpft ist (einfacher Weg ca. 2 km). Kurze, sehr schöne Wanderungen kann man zu den Emerald Pools, zum Weeping Rock und – etwas weiter – zum Hidden Canyon unternehmen. Sagenhafte Aussichten über den Zion Canyon belohnen den anstrengenden Aufstieg zum Observation Point oder zur Angels Landing.

Unterkunft/Camping: Zion Park Lodge, Reservierung durch TW Services, ✆ 801-586-76 86 (Blockhaus-Look, einziges Hotel im N.P.). Außerhalb des Parks Unterkünfte in Springdale, gleich westlich der Einfahrt, z.B. im stilvollen Bed & Breakfast O'Tooles, Zion Park Blvd., ✆ 801-772-34 57. Im Zion Park gibt es zwei Campingplätze, weitere in Springdale und an der Ostausfahrt in Richtung Bryce Canyon.

Vom Zion zum Nordrand des **Grand Canyon National Park** sind es 125 Meilen, wobei die letzten 45 Meilen ab Jacob Lake hin und zurück zu fahren sind. Wer auf der Straße Nr. 89A unterwegs ist, sollte die Mühe aber auf sich nehmen, zumal die Strecke durch eine Waldlandschaft führt, die sich im späten Frühjahr (hier bis Ende Juni) und Ende September besonders schön präsentiert. Ab Oktober ist

Blick über den Grand Canyon ▷

die North Rim Road oft schon wegen des ersten Schneefalls gesperrt. Sie verläuft vom Point Imperial bis zum Cape Royal in Nord-Süd-Richtung. Von den meisten Aussichtspunkten überblickt man einen ganz anderen, alles in allem weniger ›spektakulären‹ Teil des Grand Canyon als vom Südrand aus. Die brillanteste Aussicht bietet der Bright Angel Point, den man über einen schmalen Gratweg erreicht, der am Parkplatz vor der Grand Canyon Lodge beginnt.

Vom Nordrand bis zum Grand Canyon Village auf der anderen Seite sind es 220 Meilen, was einschließlich der Stopps am Wege einer ganzen Tagesetappe entspricht. Photomotive gibt es entlang der Strecke durch die malerische Felslandschaft der Vermilion Cliffs viele. Spätestens die Eisenbrücke über den Colorado River hinter Marble Canyon fordert eine Pause. Ein kurzer Abstecher führt hinunter zu Lee's Ferry, einer grünen Oase am Ufer des Colorado und Ausgangspunkt der Schlauchbootfahrten durch den Grand Canyon. Am Parkplatz über dem Marble Canyon stehen die ersten Verkaufsstände der Navajo, die bis zur Einfahrt in den Grand Canyon National Park/South Rim in regelmäßigen Abständen die Straße säumen. Indianische Handarbeiten kauft man hier erheblich günstiger als in Geschäften.

Auf der Straße Nr. 64 von Osten kommend, erreicht man den Südrand des Grand Canyon am Desert Viewpoint. Den besten Rundumblick bietet die Turmterrasse des Watchtower (Eintritt). Unabhängig davon, von wo man in die Tiefe dieser gewaltigen Schlucht blickt, immer wieder zeigt sich der Grand Canyon anders, vielfältig in Farben und Formen. Zentrum des Grand Canyon ist das Village mit kompletter Infrastruktur für die enormen Besuchermengen. Im Sommer wird die Straße westlich des Village (West Rim Road) für den Verkehr gesperrt; freie Shuttle-Busse sorgen dann für den Transport zu den verschiedenen Aussichtspunkten.

Das eindrucksvollste Grand Canyon-Erlebnis besteht im Marsch hinunter zum Colorado River, immerhin 1350 m tiefer. Während der Abstieg noch relativ leicht zu bewältigen ist, wird der Aufstieg spätestens im letzten Drittel extrem anstrengend. Erhebliche Temperaturunterschiede zwischen Canyon-Kante und Flußhöhe erschweren die Bedingungen. Zwei Pfade führen in die Tiefe: der Bright Angel Trail und der South Kaibab Trail, wobei letzterer kürzer und steiler ist und daher von den meisten für den Abstieg vorgezogen wird. Man rechnet für den Marsch hinunter zweieinhalb bis vier Stunden, hinauf fünf bis sieben Stunden, je nach Kondition und Ausdauer. Es wird davon abgeraten, Abstieg und Aufstieg innerhalb eines Tages zu absolvieren. Leute mit sehr guter Kondition schaffen es aber, sofern sie früh am Morgen aufbrechen.

Eine teure Alternative zur Wanderung sind Muli-Touren. Der Ausflug dauert zwei Tage und schließt die Übernachtung unten sowie alle Mahlzeiten ein. Mit Glück kann man auch in letzter Minute noch einen Muli-Ritt buchen. Eine – schaut man auf die Unfallstatistik – nicht ganz ungefährliche Angelegenheit sind die Flüge über den Canyon per Sightseeing-Flugzeug. Helikopter bieten etwas mehr fürs Geld, da man in ihnen besser sieht und sie tiefer fliegen.

Unterkunft: Alle Unterkünfte im Grand Canyon Village des N.P. lassen sich über ✆ 602-638-24 01 buchen. Zwischen Mai und Oktober unbedingt frühzeitig reservieren! Direkt am Rand der Schlucht: Kachina und Thunderbird Lodge sowie El Tovar (teuerstes Hotel im Park, Zimmer mit Blick über den Canyon). In dem Hotel- und Restaurantdorf Tusayan vor den Toren des N.P.: Moqui Lodge, ✆ 602-638-24 24, Fax 602-638-28 95; teurer und komfortabler ist das Quality Inn Grand Canyon, ✆ 602-638-26 73. Außerdem gibt es zahlreiche Motels und einige Campgrounds an der Durchsgangsstraße von Williams, darunter Kettenmotels (z.B. Ramada Limited, Holiday Inn Express) mit noch akzeptablem Preisniveau. Günstigere Unterkünfte als in Tusayan oder Williams findet man in Flagstaff, dem größten Touristenzentrum im Umfeld des N.P. Die preiswerteren Motels annoncieren ihre Angebote an der Straße, vor allem entlang der #89/#66. In der Mittelklasse empfehlenswert: Econo Lodge East und Hampton Inn am nördlichen sowie Fairfield Inn am südlichen Ortsausgang.

Camping: Die Groß-Campgrounds beim Grand Canyon Village sind von Mai bis Oktober immer voll belegt. Reservierungen fürs Trailer Village unter ✆ 602-638-26 31, schriftlich an: Grand Canyon National Park Lodges, Box 695, Grand Canyon, AZ 86023. Private Plätze gibt es in Tusayan, Williams und Flagstaff sowie an den Zufahrtsstraßen zum Park.

Vom Grand Canyon sind es bis zur Spielerstadt Las Vegas fast 300 Meilen auf immer wieder von interessanten Landschaftsbildern unterbrochenem Straßenverlauf. Von Kingman geht es auf der Straße Nr. 93 über den Hoover-Damm nach Nevada. Nordöstlich davon erstreckt sich der Lake Mead, der vom Colorado River gespeiste größte Stausee der USA (11 300 km^2). Inmitten des heißen Wüstenklimas ist er ein ideales Wassersportrevier. Der in den 30er Jahren angelegte Staudamm gilt bis heute als technische Meisterleistung.

Von Las Vegas nach San Francisco

Ob man nun besondere Lust verspürt, sich dem ›Laster‹ des Glücksspiels hinzugeben, oder nicht: **Las Vegas** mit seinen Kasinos und einer Glitzerwelt muß man erlebt haben. Zwei Bereiche sind in dieser Stadt zu unterscheiden: das Zentrum mit seinen dicht an dicht gereihten Kasinos und der Las Vegas Blvd., bekannter als ›Strip‹. Zum Kennenlernen empfiehlt sich ein Bummel zwischen Sahara Ave. und Flamin-

und die Pyramide des neuen Luxor. Auch die »Seeschlacht« vor dem Treasure Island Casino darf man sich nicht entgehen lassen (mehrmals täglich, frei).

Zu Las Vegas und seinen Spielhöllen gehört das Showbusiness. Für Entertainment der großen Namen wie Donna Summer, Andy Williams oder Siegfried & Roy muß man auch in Las Vegas etwas tiefer in die Tasche greifen, wenngleich das Preisniveau im allgemeinen nicht besonders hoch ist. Man unterscheidet die nachmittägliche Cocktail-Show zu herabgesetzten Preisen und die Dinner-Show, die das Abendessen einschließt.

go Rd. sowie im Bereich der Tropicana Ave.

Einmal in den Kasinos, wird man feststellen, daß sie sich nur wenig voneinander unterscheiden. Die tausendfach variierten, aber im Prinzip immer gleichen einarmigen Banditen dominieren in jedem Spielsaal. Auch Roulette, Black Jack und Craps, das schwer durchschaubare Würfelspiel, findet man überall. Lediglich die Anordnung der Pokertische und Stuhlreihen für Keno (Zahlenlotto mit kontinuierlichen Ziehungen) und Bingo differiert. Unbedingt von innen gesehen haben sollte man die Kasinos Caesar's Palace, das märchenhafte Excalibur, das Mirage, Heimstatt des deutschen Entertainer-Duos Siegfried & Roy, mit einem immer wieder ausbrechenden Mini-Vulkan im hauseigenen Park am Strip

Leuchtreklamen – nützliche Wegweiser im Spielerparadies Las Vegas

Information: Las Vegas Convention and Visitors Authority, 3150 South Paradise Rd., Las Vegas NV 89109, ✆ 7 02-8 92-07 11

Unterkunft: Las Vegas ist mit Hotels und Motels aller Kategorien reich gesegnet. Die Konkurrenz und das Bestreben der Kasinos, Gäste in ihre Hotels zu ziehen, sorgen zumindest So bis Do für ein moderates Preisniveau. Mit großen Kasinos, wie Circus Circus, Hacienda oder Stardust, sind riesige Komfort-Campingplätze verbunden.

Weiter geht es zum **Death Valley National Monument.** Obwohl alternative Zufahrten kilometermäßig etwas günstiger erscheinen, lohnt sich der Umweg über die I-15 und, ab Baker, die Straße Nr. 127 nach Shoshone. Von dort geht es auf der Nr. 178 durch das von befestigten Straßen erschlossene Gebiet im Tal des Todes. Kurz vor Furnace Creek, einer Oase in der Wüste, zweigt rechts der Artists Drive ab, dem man folgen sollte, und etwas weiter die Zufahrt zum Golden Canyon. Eine kurze Wanderung in die goldene Schlucht sollte man nicht auslassen, auch wenn die Hitze noch so groß ist.

Das Death Valley ist der Boden eines ausgetrockneten Salzsees, dessen tiefster Punkt 84 m unter dem Meeresspiegel liegt. Die bis zu 3300 m hohen Gebirgszüge zwischen dieser Senke und dem Pazifik halten Niederschläge fast völlig fern. Im Sommer wird es glühend heiß (weshalb viele Mietwagenverleiher die Fahrt ins Death Valley von Mai bis September untersagen). Angenehmere Temperaturen – im Dezember/Januar bis unter 20 °C – herrschen von Oktober bis April. Wegen der extremen Trockenheit lassen sich dort aber auch hohe Hitzegrade noch relativ gut ertragen.

Unterkunft/Camping: Reservierung der – außer in der Hochsommerhitze – sehr teuren Unterkünfte der Furnace Creek Ranch in der Oase des Death Valley sowie der Camping-Stellplätze (Strom/Klimaanlage) über ✆ 800-528-63 67 und ✆ 619-786-23 45. Preiswerter: Motels in Shoshone und Pahrump oder Quartiere in Las Vegas. Zwischen November und April stehen auf dem Gelände des N.P. in der Wüste über 1000 Camping-Stellplätze (einfachste Ausstattung) zur Verfügung.

Von Furnace Creek (Visitor Center) sind es nur wenige Meilen (Straße Nr. 190 Ost) zum populärsten Aussichtspunkt des Wüstenmonuments, dem Zabriskie Point. Gleich dahinter beginnt der Twenty Mule Team Canyon, ein (Schotter-)Rundkurs durch prächtige Sandsteinformationen. Eine landschaftlich bemerkenswerte Strecke ist weiter nördlich auch die Titus Canyon Road. Wer von Furnace Creek in westlicher Richtung unterwegs ist, muß dafür einen Umweg von rund 65 Meilen einkalkulieren. Noch weiter nördlich, am Nordausgang des Death Valley, steht Scotty's Castle, ein schloßartiges Anwesen in mexikanischem Stil, das ein Cowboy, der lange Zeit in der Buffalo Bill-Show (s. S. 71) mitgewirkt hatte, Ende der 20er Jahre errichten ließ.

Nach Durchquerung des Death Valley folgt eine recht trostlose Fahrt bis Lone Pine (Straßen Nr. 190/136). Etwas abseits der Durchgangsstrecke liegt auf halbem Wege zwischen Bishop und dem Yosemite National Park mit **Mammoth Lakes** ein beliebter Sommerfrische- und Wintersportort am Fuße der Sierra Nevada. Ganz in der Nähe befindet sich in wunderschöner Umgebung das kleine **Devils Postpile National Monument**. Des Teufels Scheiterhaufen besteht aus vieleckigen ›Bündeln‹ und Anhäufungen von Säulenbasalt am glasklaren San Joaquin River. Der Fußweg vom Parkplatz (im Sommer dorthin nur Shuttle-Busverkehr ab Mammoth Lakes) und zurück zum felsigen Aufschluß dauert rund eine Stunde.

Mit **Lee Vining**, einem Dorf am **Mono Lake**, an dessen flachen Ufern bei niedrigem Wasserstand eigenartig geformte Salzskulpturen stehen, erreicht man die östliche Zufahrt (Straße Nr. 120) zum **Yosemite National Park**. Über den Tioga-Paß in 3000 m Höhe (bis Anfang Juni und ab Ende September kann die Paßhöhe zugeschneit sein; Auskunft: ✆ 1-8 00-4 27-76 23) geht es auf das 2500 m hoch gelegene, faszinierende Plateau der Sierra Nevada – Ausgangspunkt zahlreicher Wanderrouten in das *back country* und voller Felsen

Im mexikanischen Stil erbaut: Scotty's Castle im Death Valley

aller Schwierigkeitsstufen für das beliebte *rock climbing*. Entlang der Tioga Road und der sich in Richtung Yosemite Valley anschließenden Big Oak Flat Road passiert man mehrere Haltepunkte mit phänomenaler Aussicht.

Da der Yosemite National Park (sprich: Jo-sé-mi-ti) unweit der Bevölkerungszentren um San Francisco und Los Angeles liegt, kommt es an Sommerwochenenden häufig zu einem derartigen Besucheransturm, daß der National Park Service die Zufahrt zum Tal sperrt (die Durchfahrt zu anderen Bereichen bleibt davon unberührt). Auch an ›normalen‹ Besuchstagen geht es im Tal des Merced River oft genug enger zu als man es sonst von amerikanischen Nationalparks gewohnt ist.

Das Yosemite Valley ist von atemberaubender Schönheit: am Talboden der mäandernde Merced River mit lichten Hainen, Wiesen und Badestränden, links und rechts hoch aufragend bis zu 1500 m hohe Wände – besonders eindrucksvoll El Capitan – und pittoreske Wasserfälle. Über dem Tal bietet der Glacier Point (ein absolutes ›Muß‹, Zufahrt über separate Stichstraße) einen phantastischen Blick auf die gegenüberliegenden Vernal und Nevada Falls und die Massive der Sierra Nevada, vor allem auf die mächtige Felskuppel des Half Dome.

Den Park erkundet man am besten durch Wanderungen. Bei nur kurzem Aufenthalt sollte man zu-

Yosemite Park: Mammutbäume im Mariposa Grove

mindest zu den Vernal Falls hinauflaufen. Vom Happy Island Nature Center, dem nur per Shuttle Bus (gratis) oder zu Fuß erreichbaren Ausgangspunkt des Trail, geht eine erste Etappe mit noch relativ gut ausgebautem Weg bis zur Brücke über den Merced River und danach ein steiniger Pfad immer steiler bergauf. Auch wenn man sich an bestimmten Tagen im unteren Bereich wie im Gänsemarsch vorkommen wird, ist diese Strecke eindrucksvoll. Oberhalb der Vernal Falls stößt man auf den Emerald Pool und eine dahinterliegende Felsfläche, über die sich das Wasser in breitem Strom ergießt. Min-

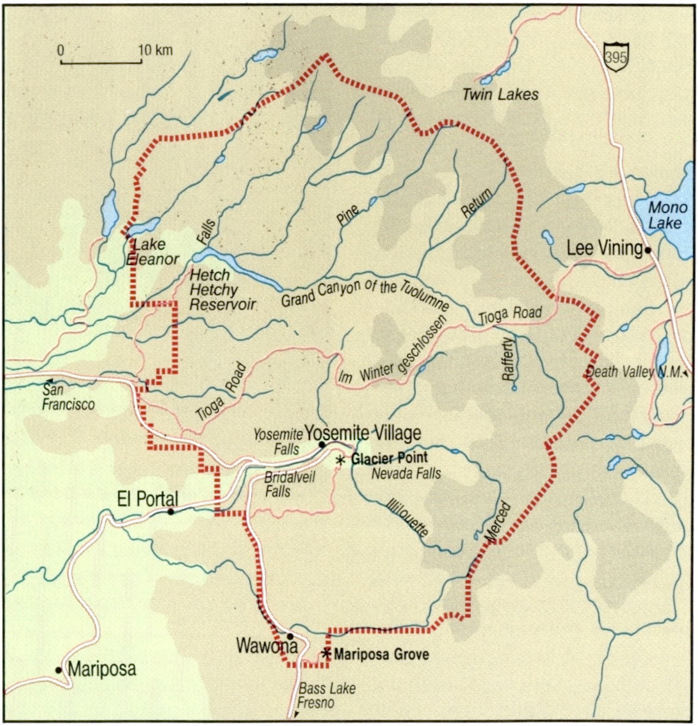

Der Yosemite National Park

destens zwei, besser drei Stunden muß man mit Pausen für diesen Ausflug einkalkulieren.

Eine gute Stunde mehr braucht man für die Fortsetzung des Trails bis zu den Nevada Falls und zurück. Ein Fußmarsch für Wanderer mit erstklassiger Kondition über die Nevada Falls hinaus ist der Trail zum Half Dome, den man am Ende auf einer Steige im nackten Fels bezwingen muß. Gesamter Zeitbedarf ohne größere Pausen vom Tal: zehn bis zwölf Stunden (13 km einfacher Weg plus Aufstieg zum Half Dome). Eine kürzere Wanderung ohne Steigungen führt von den Stables (hier Miete von Reitpferden und geführte Touren hoch zu Roß) zum langsam austrocknenden Mirror Lake unterhalb des Half Dome Panoramas.

Zwar sind die Mammutbäume im Yosemite nicht gar so mächtig

wie im Sequoia National Park, aber auch hier höchst eindrucksvoll. Wer keine Gelegenheit zum Besuch des Nachbarparks hat, sollte sich unbedingt den Mariposa Grove in der Nähe des südlichen Eingangs ansehen. Vom Parkplatz befördert ein Shuttle Service die Besucher mit kurzen Stopps zu den Baumgruppen.

Unterkunft: Reservierung für alle Arten von Quartieren im N.P.: Yosemite Park & Curry Company, Yosemite Park, CA 95389, ✆ 209-252-48 48. Direktreservierung für das teure, aber sehr schöne Ahwahnee Hotel: ✆ 209-456-05 42. Unterkünfte außerdem in Mariposa (ca. 40 Meilen vom Yosemite Valley entfernt auf der #140), in Oakhurst (an der #41 im Süden des Parks) und unmittelbar nördlich des N.P. in Fish Camp; dort u.a. Chief Mountain Lodge, ✆ 209-683-54 44 (moderate Preise) und Marriotts Tenaya Lodge, ✆ 209-683-65 55 (Luxusherberge).

Camping: Reservierung der Plätze im Yosemite Valley: Mistix, ✆ 800-436-72 75 (nur mit Kreditkarte). Reservierungsbüros im Park am Curry Village und an der Tioga Road/Tuolumne Meadows. Außerhalb des Parks – besonders zwischen Tioga Pass und Mono Lake – gibt es viele schön gelegene National Forest Campgrounds.

Vom Yosemite National Park nach San Francisco geht es zunächst auf der Straße Nr. 120. Nach Verlassen der Sierra Nevada und der Waldgebiete des Stanislaus National Forest beginnt die staubige und heiße Ebene des San Joaquin Valley, dank ausgedehnter Bewässerung eines der Hauptanbaugebiete der USA für Obst und Gemüse. San Francisco erreicht man am besten über die Interstate-Kombination Nr. 580/880 Richtung Oakland und über die Oakland Bay Bridge (I-80).

San Francisco

Die an der Bucht gelegene Metropole gehört zu den ältesten Städten der USA. Ursprünglich als Mission Dolores 1776 von spanischen Mönchen gegründet, fiel die später Yerba Buena genannte Stadt 1846 im mexikanisch-amerikanischen Krieg an die USA. Ein Jahr später erhielt sie ihren heutigen Namen. Dank des Goldrausches von 1848 bis 1851 ging es mit San Francisco steil bergauf, bereits 1870 zählte es 150 000 Einwohner. Ein schweres Erdbeben und die dadurch verursachte Feuersbrunst zerstörten 1906 zwar 80 % aller Gebäude, aber die Entwicklung von San Francisco und der Bay Area zur Metropole mit über 5 Mio. Einwohnern wurde lediglich kurzfristig unterbrochen. Die latente Erdbebengefährdung der Region zeigte sich drastisch 1989, als ein Kurzbeben der Stärke 7,1 u. a. Teile der doppelstöckigen I-800 und der Oakland Bay Bridge einstürzen ließ (s. S. 150).

Das etwa 730 000 Einwohner zählende San Francisco liegt am Ende einer breiten Landzunge zwischen Pazifik und San Francisco Bay. Als die Halbinsel dicht besie-

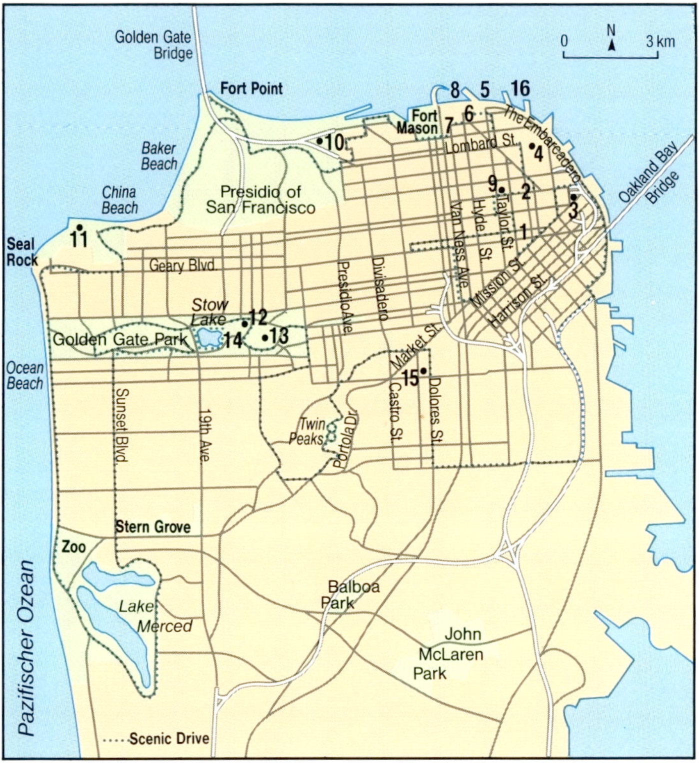

San Francisco 1 Union Square 2 Chinatown 3 Embarcadero Center 4 Coit Tower 5 Fisherman's Wharf 6 Cannery 7 Ghirardelli Square 8 Maritime Museum 9 Cable Car Barn 10 Palace of Fine Arts 11 California Place of the Legion of Honor 12 Asian Art Museum und M. H. de Young Memorial Museum 13 California Academy of Science 14 Japanese Tea Garden 15 Mission Dolores 16 Pier 39

delt war, konnte sich die Stadt nur noch in südliche Richtung und jenseits der Bucht ausdehnen. Beim Straßenbau berücksichtigten die Planer die Eigenheiten des Terrains nur dort, wo ein Schachbrettmuster der Straßenführung nicht durchzuhalten war. Zahlreiche schnurgerade Straßen laufen daher achterbahnähnlich auf und ab. Von den höhergelegenen Punkten hat man herrliche Ausblicke auf die Bucht und den Pazifik, es sei denn, der berüchtigte Nebel liegt über der Stadt. Oft bleibt der Dunst in Höhe der Golden Gate Bridge und der Twin Peaks hängen. Im Zentrum scheint dann die Sonne, während die westlichen Vororte unter Feuchtigkeit und Kälte leiden.

Die Stadt an der Bucht, deren Bewohner seit je toleranter waren als Amerikaner in anderen Landstrichen, gilt seit den 70er Jahren als Hauptstadt der Schwulen in den USA. Zwar hat Aids dem unbekümmerten Treiben in den zahlreichen Bars und ›Lustsaunen‹ ein Ende bereitet, doch macht die *gay community* immer noch ca. 20 % der wahlberechtigten Bürger aus. Hochburg der Schwulen ist ein Viertel unterhalb der Hügel zwischen Twin Peaks und Buena Vista Park mit Zentrum in der Castro St.

Bei Anfahrt nach San Francisco über die I-80 sollte man zunächst der Ausschilderung Highway 101/Van Ness Ave. folgen. Die Van Ness Ave. und die sich anschließende Lombard St. sind wichtige Verkehrsachsen, an denen sich zahlreiche Hotels und Motels befinden. Alle Ziele im zentralen Bereich lassen sich von dort mühelos erreichen.

Von der Visitor Information (s. S. 153) am Fuße der Powell St. erreicht man nach zwei Blocks den *Union Square* (1), eine Grünanlage, um die sich das Geschäftszentrum gruppiert. Unweit nördlich liegt *Chinatown* (2) zwischen den Straßen Stockton/Kearney und Washington/California, die größte chinesische Gemeinde außerhalb Asiens. Bei einem Bummel vorbei an den farbenprächtigen Auslagen der Geschäfte laden die Wohlgerüche der zahlreichen Restaurants zu einer Pause ein. Die 280 m hohe Transamericana Pyramide Washington St./Ecke Montgomery, nur wenige Blocks nördlich des Bankenviertels, gehört dank ihrer eigenwilligen Bauweise zu den Wahrzeichen der Stadt. Zwei Blocks weiter nördlich stößt man auf das Golden Gateway Center, das über

Architektonische Gegensätze – um die Jahrhundertwende entstanden, sind die viktorianischen Holzhäuser heute begehrte und teure Immobilienobjekte

Brücken mit dem attraktiven *Embarcadero Center* (3), einer Büro-, Einkaufs- und Restaurantanlage verbunden ist. Zu den architektonischen Glanzstücken zählt das Hyatt Regency Hotel mit einem achtzehn Stockwerke hohen Atrium. Im gläsernen Fahrstuhl geht es hinauf zur Equinox Lounge, wo beim Cocktail der Blick über die Bucht und die Skyline von San Francisco schweift.

Etwa 2 km sind es vom Embarcadero Center zum 1934 zu Ehren der örtlichen Feuerwehr errichteten *Coit Tower* (4) auf dem Telegraph Hill, den man mit dem Auto am besten über die Grant Ave./ Lombard St. erreicht. Sehenswert sind die Wandmalereien im Innern des Turms, die das kalifornische Alltagsleben in den 30er Jahren darstellen. Von der Aussichtsgalerie schaut man über Teile der Stadt, die Bucht und zur Golden Gate Bridge. Einen besseren Ausgangspunkt zur Fahrt entlang des Scenic Drive, an dem fast alle Sehenswürdigkeiten von San Francisco liegen, gibt es kaum.

Erstes Zwischenziel auf dieser Rundstrecke ist der Besuchermagnet *Fisherman's Wharf* (5). Die Fischerboote und Werften sind verschwunden, heute liegen Jachten und Charterboote fürs Hochseeangeln an den Stegen. Dort starten auch Bay-Rundfahrten, Touren zur Zuchthausinsel Alcatraz und Linienboote nach Tiburon und Angel Island. An Land beherrschen unzählige Souvenirläden, Boutiquen, Bars, Fast Food und Sea Food Restaurants das Bild. Vorführungen von Artisten und Zauberkünstlern sorgen für Zuschauerbelustigung auf den Straßen und am beliebten *Pier 39* (16), neben dem eine Seelöwenkolonie von den Abfällen der Restaurants lebt. Die *Cannery* (6) und der *Ghiradelli Square* (7), ehemalige Fabriken und Lagerhallen, wurden zu schicken Einkaufs- und Restaurantzentren umgestaltet. Gegenüber dem Ghiradelli Square befindet sich das *Maritime Museum* (8), zu dem eine wachsende Zahl von nostalgischen Schiffen gehört, wie etwa der Cap Horn-Segler Balclutha aus dem Jahre 1895.

Da Parken an der Fisherman's Wharf schwierig und teuer ist, sollte man den Wagen in größerer Distanz stehenlassen und den Rest des Wegs mit dem Cable Car zurücklegen. An den Endstationen Powell/ Market St., Hyde St. und Bay St. wird man wegen der langen Schlangen auf eine Geduldsprobe gestellt. An den Haltestellen dazwischen kann man leichter aufs Trittbrett springen. In der *Cable Car Barn* (9, Ecke Washington/Mason St.) ist die einmalige Antriebsmaschinerie der Kabelbahn untergebracht.

Von Fisherman's Wharf führt der Scenic Drive durch schöne Wohnviertel im Bereich des Marina Blvd. Dort stehen viele viktorianische Holzhäuser. Die meisten dieser mit Erkern, Türmchen, Säulen und Simsen ausgestatteten Gebäude entstanden um die Jahrhundertwende. Wer sich für die *victorians*

Der Umstieg auf öffentliche Verkehrsmittel fällt in San Francisco besonders leicht

interessiert, findet weitere liebevoll restaurierte Exemplare im Haight-Ashbury-Bereich (Alamo Square, Haight St.) und im Mission/Castro-Viertel (Dolores St., Liberty St., Capp St.) sowie in der 24th St. in Noe Valley.

Weiter dem Scenic Drive folgend, passiert man auf der Baker St. den 1915 im antiken Stil errichteten *Palace of Fine Arts* (10). Das hinter dem Palast befindliche Gebäude beherbergt das Exploratorium, ein Wissenschaftsmuseum zum Mitmachen. Weiter läuft der Scenic Drive durch El Presidio, einen Park, welcher der 6. US-Armee bis vor kurzem als Hauptquartier diente, aber nun zur Golden Gate National Recreation Area gehört. Den Abstecher zur alten Befestigungsanlage Fort Point unterhalb der Auffahrt zur Golden Gate Bridge sollte man nicht übersehen. Der Blick aus der ungewöhnlichen Perspektive am Fuße der gewaltigen Konstruktion ist ebenso eindrucksvoll wie das Panorama von den gegenüberliegenden Aussichtspunkten auf das Wahrzeichen von San Francisco. Um die Brücke zu überqueren, muß man vom Scenic Drive rechtzeitig abbiegen bzw. hinter der Unterführung der Nr. 101 den Weg zurück zur Brückenrampe nehmen (ausgeschildert). Auf der anderen Seite der Bucht liegen mit Sausalito, Tiburon und Angel Island Ziele für einen ausgedehnteren San Francisco-Besuch. Bei etwas mehr Zeit, sind auch die Mammutbäume des Muir Woods Natio-

»The Big One« kommt bestimmt

Erdbebenzone Kalifornien

Die Bilder des eingebrochenen Oberdecks der Oakland Bay Bridge und eines Segments des doppelstöckigen Nimitz Freeway, das auf die darunterliegende Gegenspur gestürzt war und zahlreiche Fahrzeuge samt Insassen zerdrückt hatte, gingen im Oktober 1989 durch die Weltpresse. Sie waren die spektakulärsten Folgen eines Erdbebens, das mit einer Stärke von 7,1 auf der Richter-Skala ganze 15 Sekunden gedauert hatte. Während in Santa Cruz nahe dem Epizentrum südlich der Bay schwere Verwüstungen entstanden, waren die Schäden im weiter entfernten San Francisco zwar immer noch erheblich, aber eher punktueller Natur. Sie deckten die Schwächen der ›Bebenvorsorge‹ auf, zeigten aber auch, daß dank der strengen Auflagen für Hochhausbauten, für Gas- und Wasserleitungen Schlimmeres verhindert werden konnte. Zumindest für ein Beben der Stärke 7,1.

Inwieweit die bisherigen Vorsorgemaßnahmen ausreichen, um auch bei stärkeren Erschütterungen Katastrophen zu verhindern, steht dahin. Und die werden kommen, sagen die Seismologen, die 15 Monate vor dem 89er-Beben genau dies für die nächsten Jahre vorhergesagt und auch das vermutliche Epizentrum korrekt lokalisiert hatten. Denn die geologische Spannung im San Andreas-Graben, der die Bruchstelle zwischen pazifischer und nordamerikanischer Kontinentalplatte markiert und vertikal durch die San Francisco-Halbinsel läuft, wurde durch das letzte Erdbeben lediglich innerhalb einer 50-km-Zone vermindert, für den Bereich nördlich von Santa Cruz jedoch verstärkt. Beben in der San Andreas-Region resultierten aus der plötzlichen Auflösung einer über Jahre aufgebauten Spannung. Sie entsteht aus einer Blockade – etwa durch ineinander ›verhakte‹ Gesteinschichten – der gegenläufigen Bewegung der beiden Erdkrustenplatten von etwa 5–6 cm pro Jahr. Wenn also, wie geschehen, ein Beben zu einer Erdverschiebung von 1–2 m entlang eines begrenzten Abschnitts führt, wird an anderer Stelle der rund 1200 km langen ›Erdspalte‹ weiter oben und unten zusätzlicher Druck aufgebaut; die Gefahr einer ›Entspannung‹ in einiger Entfernung steigt.

Das bislang schwerste registrierte Erdbeben der Region, das 1906 die weitgehende Zerstörung von San Francisco zur Folge hatte und auf einen Wert von 8,3 der damals noch nicht existierenden Richter-Skala

zurückgerechnet wurde, brachte Verschiebungen von bis zu 6 m auf einer Länge von 450 km mit sich. Damit war der bestehende Druck zunächst abgebaut, und eine eher inaktive Periode von etwa 70 Jahren folgte, in der sich langsam wieder Spannung entlang der aneinanderreibenden Platten entwickelte. Seit 1979 nun beunruhigt die Seismologen der San Francisco-Region eine relativ dichte, stärker werdende Folge von Beben in einer Größenordnung von 5 bis 7,1. (Auf der logarithmisch aufgebauten Richter-Skala indiziert ein Punkt Abstand jeweils eine Verzehnfachung der Intensität. Anders ausgedrückt: Das um etwa 1,2 Punkte stärkere Beben von 1906 war gegenüber dem 1989er Ereignis 25- bis 30mal intensiver.) Das erscheint insofern bedenklich, als auch die Jahrzehnte vor dem 1906-Ereignis durch zahlreiche Beben mittlerer Stärke gekennzeichnet waren.

Da sich seismologische Abläufe erfahrungsgemäß in ihren Grundmustern wiederholen, müssen sich die Kalifornier darauf einstellen, daß der Tag für ›The Big One‹ – wie man das befürchtete Starkbeben zwischen 7,5 und 8,5 nennt – möglicherweise nicht mehr fern ist. Es kann schon morgen soweit sein, aber ebensogut erst in 30 Jahren. Genausowenig, wie sich der Zeitpunkt vorhersagen läßt, weiß man, an welcher Stelle sich der Druck entladen wird. Neben der San Francisco-Region sind Zonen etwas nördlich von Los Angeles und vor allem östlich der Stadt im Bereich des Joshua Tree Monument seismologische ›Dollpunkte‹, wie Beben in den Jahren 1992 (6,1) und 1994 (6,3) bei Palm Springs bzw. Los Angeles zeigten.

Wahrzeichen der Stadt San Francisco und spektakuläre Kulisse zahlreicher Filme – die Golden Gate Bridge

nal Monument, Stinson Beach, das ›Aussteigerdorf‹ Bolinas und die Point Reyes National Seashore einen Abstecher wert.

Diesseits der Bucht geht es hinter dem Fort Point durch exquisite Wohngebiete an der Pazifikküste entlang bis zum Golden Gate Park. Am Wege liegen mehrere Parks mit Sandstränden. Vorbei am *California Palace of the Legion of Honor* (11), einem Kunstmuseum, gelangt man zum Seal Rock (Robbenfelsen) und dem Cliff House, einem Restaurant hoch über dem Meer. Dahinter erstrecken sich ein schmaler Dünengürtel sowie der langgestreckte Strand der Ocean Beach. Südlich schließt sich der Zoo an. Umkehrpunkt des Scenic Drive ist der Fort Funston Park, an dessen Steilhängen über dem Strand sich ein Absprung- und Übungsgelände für Drachenflieger befindet.

Der rund 5 km lange, aber nur 800 m breite Golden Gate Park gilt als eine der großen Sehenswürdigkeiten der Stadt. Das *Asian Art Museum* (12) ist hervorragend, das *M. H. de Young Memorial Museum* muß man nicht besucht haben. Das kombinierte Naturkunde Museum/Aquarium der *California Academy of Science* (13) besitzt ein ausgezeichnetes Hai- und Pinguinbecken. Ein Planetarium mit Lasershows gehört ebenfalls zur Anlage.

Im nahen *Japanese Tea Garden* (14) oder am Stow Lake kann man sich von den Anstrengungen des

Tages erholen. Vom Golden Gate Park geht es über die Twin Peaks, der höchsten Erhebung von San Francisco mit großartiger Aussicht, zurück in Richtung City Center.Die am Wege liegende *Mission Dolores* (15), ein schlichter Bau im Latino-Viertel Mission, war die Keimzelle von San Francisco. Im Mission District findet man zahlreiche Wandmalereien. Die Kunst der *murals* kam Anfang der 20er Jahre aus Mexiko in die USA und erlebte bereits vor dem Zweiten Weltkrieg dank öffentlicher Förderung eine bis heute auch in San Francisco anhaltende Blüte.

Information: San Francisco Visitor Information, an der Hallidie Plaza in der Innenstadt, ✆ 415-391-20 00. Postanschrift: 900 Market St., San Francisco CA 94102 (kostenloser ›San Francisco Lodging Guide‹).

Unterkunft: Häuser aller Kategorien ballen sich in Innenstadtnähe westlich und nördlich des Union Square und entlang der Straße #101 (Lombard und Van Ness). Vor allem teure Hotels liegen an und nahe der Fishermans Wharf. Empfehlenswert: Holiday Inn Civic Center, Sir Francis Drake, The Handlery, Holiday Inn Chinatown/Financial District, Parc 55 und Marriott. Während sich die preiswerteren Häuser im Zentrum meist in Straßen befinden, die man nach Einbruch der Dunkelheit nicht mehr allein betreten sollte, sind Van Ness, Lombard und Nebenstraßen relativ unproblematisch. Preiswert sind: Pacific Bay Inn, 520 Jones St., ✆ 415-885-04 06 oder 800-445-263; Hotel Verona, 317 Leavenworth St., ✆ 415-771-42 42; Allison Hotel, 417 Stockton St., ✆ 415-986-87 37. Zentrale Hotelreservierung unter ✆ 415-861-89 96.

Camping: Bester Platz in Citynähe: Candlestick Park Campground, ✆ 415-822-22 99 (Shuttlebus in die City). Nur für Wohnmobile: San Francisco RV-Park, 250 King St., ✆ 415-986-87 30 (südöstlich der I-80, mehrere Blocks von der Market St. entfernt).

Außerhalb von San Francisco liegen die Täler von Sonoma und Napa, Hauptanbaugebiete für den mittlerweile sehr geschätzten kalifornischen Wein. In der Umgebung von **Sonoma** und **St. Helena** findet man die bekanntesten Weingüter; Weinproben finden in den meisten Vineries täglich von 10 bis 16 Uhr statt. Acht Meilen nordwestlich von St. Helena liegt Calistoga mit mehreren heißen Quellen und einem regelmäßig ausbrechenden Geysir. Nur wenige Meilen südlich von **Napa**, an der San Pablo Bay bei Vallejo (Straße Nr. 37/I-80), befindet sich der Vergnügungs- und Aquapark Marine World USA.

Wiederum einige Meilen südlich liegt **Berkeley**, Sitz einer der bekanntesten Universitäten des Landes. Die Hochschule mit mehr als 30 000 Studenten verfügt über einen sehenswerten Campus. Ähnlich gilt das auch für die hochgeschätzte Stanford University bei Palo Alto. Der riesige Campus befindet sich dort abseits der Stadt an der Straße Nr. 82. Sehenswert sind u. a. die Plaza des Geländes mit der Kirche und umliegenden Gebäuden im Adobe-Stil.

Alli oli

Die Südroute

Von der Missionsstation zur Metropole: Miami

Vergnügen ohne Ende: Disneyworld, Sea World, Cypress Gardens...

New Orleans, die ›Wiege des Jazz‹

Houston – schwarzes Gold und Wolkenkratzer

Durch Sand- und Kakteenlandschaften ins einstige ›Pueblo de los Angeles‹

Art Deco-Haus am Ocean Boulevard in Miami Beach

Die Südroute: Von Miami nach Los Angeles

Die Route führt von Miami über die Welthauptstadt der Vergnügungsparks, Orlando, an die Golfküste und die schönsten Strände Amerikas entlang bis nach New Orleans. Quer durch Texas mit so unterschiedlichen Cities wie Houston und San Antonio geht es durch rauhe Landstriche an den Rio Grande, den Grenzfluß zu Mexiko, und weiter in den Südwesten. Riesige Höhlen, weiße Gipswüsten, Kakteenparks und ein kräftiger Schuß Wildwest erwarten dort den Reisenden, bevor er in Los Angeles die Pazifikküste erreicht.

Süd-Florida

St. Augustine im Norden von Florida mit dem offiziellen Gründungsjahr 1565 gilt als die älteste amerikanische Stadt. Auf eine fast ebensolange Geschichte blickt aber auch Miami zurück. Eine Missionsstation am Miami River hatten die Spanier bereits 1567 angelegt, für das sumpfige, moskitoverseuchte Umland jedoch kaum Interesse gezeigt. So waren denn auch die Beziehungen zu den Indianern bzw. der sich später als Seminolen bezeichnenden Bevölkerung – Ureinwohner und indianisch-spanische Mischlinge – während der Missionsperiode relativ freundlich. Das änderte sich mit amerikanischen Besiedlungsversuchen schon vor der formellen Übernahme von Florida durch die USA 1819. Es kam zu den Seminolen-Kriegen, die sich bis 1842 hinzogen und ohne vollständige Unterwerfung der Indianer beendet wurden. Dennoch mußte der größere Teil der Seminolen mit anderen Stämmen des Ostens in Reservate nach Oklahoma ziehen. Den verbliebenen Gruppen gelang es, sich in den heimischen Sumpfarealen zu halten und sich dort Reservationen zu sichern.

Wegen der exponierten Lage spielte Süd-Florida während der Entwicklung der USA lange Zeit nur eine periphere Rolle. Um die Jahrhundertwende zählte Miami noch keine 5000 Seelen, erst um 1930 wurde die 100 000-Marke erreicht. Gegenwärtig leben im Großraum Miami über 2 Mio. Menschen der unterschiedlichsten Herkunft. Die größte Gruppe bilden die Latinos, darunter mehrere hunderttausend Exil-Kubaner.

Miami

Die Innenstadt von Miami ist durch ein fast quadratisches Gebiet zwischen I-95/Biscayne Bay und der 5th St. NE/Miami River definiert. Das noch weiter eingegrenzte Quadrat des geschäftlichen Stadtkerns wird in etwa von der hochgelegten Trasse des futuristischen Metro- oder People Mover erfaßt, einer Magnetbahn rund um das Zentrum mit Haltepunkten an den wichtigsten Parkmöglichkeiten. Ortsfremde finden am besten einen Parkplatz beiderseits des Biscayne Blvd. oder am Bayside Marketplace.

Tagsüber wirkt die Innenstadt dank des Latino-Einflusses – man hört hier mehr Spanisch als Englisch – vergleichsweise bunt und lebhaft. Nach Ladenschluß allerdings wird es rasch sehr ruhig. Lediglich die Flagler St., die wichtigste Ost-West-Achse des Geschäftslebens, zeigt auch am Abend noch etwas Betrieb, im wesentlichen wegen der Veranstaltungen im Metro Dade Cultural Center (101, Flagler/westlich der Miami Ave.). Ein Schaufensterbummel zu Fuß empfiehlt sich bei Dunkelheit aber nicht einmal mehr in der hellen Hauptstraße.

Blick auf Miami

Das Zentrum liegt unweit der Bay mit dem Bayfront Park – mit schönem Amphitheater und dem Bayside Marketplace, einem Einkaufs- und Restaurantzentrum um den Jachthafen Miamarina – direkt am Wasser. Dort findet man auch die Ausflugsboote, die Fahrten entlang der Skyline von Miami und den Villen der zahlreichen Millionäre unternehmen. Über den Port Blvd., der die Miamarina nach Norden begrenzt, geht es zu den Abfertigungshallen des Port of Miami für die Bahamas- und Karibik-Kreuzfahrer.

Einen guten Blick auf dort festmachende Luxusliner hat man vom MacArthur Causeway, der stadtnächsten Verbindung nach Miami Beach. Nördlich dieser Straße fallen Palm, Hibiscus und Star Island ins Auge, Wohninseln der oberen Zehntausend mit Grundstücken am Wasser und eigenen Jachtanlegern.

Mit Millionenaufwand wurde in Miami Beach der Art deco-Distrikt wieder aufgefrischt. Entlang der Collins Ave. (Straße Nr. A1A) und rund um den Lummus Park erstrahlen nun zahlreiche restaurierte Fassaden aus den 20er und 30er Jahren in zarten Pastelltönen. Nur wenige Schritte von den herausgeputzten Hotels und Restaurantterrassen entfernt beginnen aber slumartige, spätestens bei Dunkelheit gefährliche Straßenzüge.

Die aufgeschütteten Strände im südlichen Bereich von Miami Beach sind zwar breit, aber wenig einladend. Die Beachfront Prome-

Café in Miami Beach

nade von der 21. bis zur 46. Straße ist bei Joggern und Bikern beliebt.

Als Alternative zur sterilen Konsumkultur wird gerne das Kubanerviertel *Little Havanna* genannt, das hinter dem Miami River beginnt. Als Abgrenzung gelten die Flagler/8th St. (Calle Ocho) und die 12th/27th Ave. Kuba-Cafés, einfache Restaurants mit würzigem Fast Food und Tonnengrill-Stände bieten Abwechslung von Donuts und Hamburgern.

Über die Brickell Ave. (Straße Nr. 1), eine begrünte Allee voller Bank- und bemerkenswerter Privatpaläste, und den Rickenbacher Causeway geht es zu den schönsten Stränden von Miami auf der Insel Key Biscayne: Im Crandon Park und Bill Baggs Cape Florida State Park ist der Sand heller und das Wasser klarer als am Miami Beach. Anstelle von Beton säumen dort Palmen den Strand.

Am Causeway, noch auf dem Brückenpfeiler Virginia Key, befindet sich der Aqua-Marinepark Seaquarium (Killerwal- und Delphin-Show). Zwischen dem Highway Nr. 1 und dem Bayshore Dr. gelegen, profitiert das Museum of Science mit Planetarium von der Nachbarschaft der populären, 1916 im italienischen Renaissancestil erbauten Villa Vizcaya.

Einige Meilen südwestlich des Zentrums liegt der Stadtteil *Coral Gables:* Wasserläufe, Parks, Brunnen, Gärten und Gebäude sind dort nach mediterranen Vorbildern gestaltet. Sehenswert ist der Venetian Pool, 2701 DeSoto Blvd., ein zum nationalen Baudenkmal erklärtes Schwimmbad, außerdem das Biltmore Hotel, 1200 Anastasia Ave., und die City Hall, 405 Biltmore Way. Am Coral Way zwischen 37. und 42. Ave. findet man exklusive Shops und Kunstgalerien.

Folgt man dem Bayshore Dr. weiter in südliche Richtung, erreicht man nach rund zwei Meilen den zentralen Bereich des Villenviertels Coconut Grove am Main Highway zwischen Virginia St. und Commodore Plaza. Straßencafés und Restaurantterrassen, schick und teuer, vermitteln südländische Atmosphäre, die man anderswo trotz Sonne und Hitze nur selten findet. Ein exklusives Einkaufszentrum im Stil einer arabischen Villa ist das Mayfair in the Grove mit einem von Wasserspielen durchzogenen Atrium; gleich nebenan (Ecke Grand/Virginia) findet man die neue Coco Walk Shopping Plaza.

Für eine weitere Erkundung der örtlichen Wohnverhältnisse leistet eine Fahrt entlang des Grand Highway, der auf die Douglas Rd. mündet, gute Dienste. Über diese, den Ingraham Highway und die Old Cutler Rd., erreicht man nach dem Matheson Hammock Park (Picknick, Mangroven-Dickicht, dahinter Marina und schöne kleine Strände mit Blick auf die entfernte Skyline) das versteckte Kleinod von Miami, den Fairchild Botanical Garden. Der 34 ha große, leicht hügelige und von raffiniert angelegten Teichen durchzogene Park ist einer der attraktivsten Botanischen Gärten der USA. Dennoch schenken Reisende dem kommerziell betriebenen Parrot Jungle in der Nähe (57th Ave./111th St., Parkplatz) erheblich mehr Aufmerksamkeit. Im hübsch angelegten, subtropischen Garten sind Papageien die Attraktion.

Weit außerhalb der Stadt, westlich des Florida Turnpike (Nr. 821) am Coral Reef Dr./152nd St., liegt der Miami Metrozoo, der größte Tierpark der USA.

Information: Greater Miami Convention & Visitors Bureau, 701 Brickell Ave., Miami FL 33131, ✆ 305-539-30 00. Visitor Information in Downtown (Biscayne Blvd./Bayside Market) und in Miami Beach (555 17th Street).

Unterkunft: Miami verfügt über zahllose Hotels/Motels aller Preisklassen und hat auch in der Hochsaison noch freie Kapazitäten. Speziell im Airport-Umfeld und in Miami Beach ist die Auswahl groß. In der Nebensaion gibt es akzeptable Zimmer schon ab 30 $. In Citynähe empfehlenswert: Hampton Inn, 2500 Brickell Ave., ✆ 305-854-20 70; Holiday Inn Downtown, 200 SE 2nd Ave., ✆ 305-354-30 00; Doubletree Coconut Grove, 2649 S Bayshore Dr., ✆ 305-858-25 00 (teuer, aber sehr schön). Preiswert: The Tropics Hotel, 1550 Collins Ave., ✆ 305-531-03 61; Tudor Hotel, 1111 Collins Ave., ✆ 305-534-29 34 (einfaches Art Deco-Hotel).

Camping: Die Campingplätze liegen recht cityfern, z.B. KOA Miami South, SW 162 Ave., und KOA Miami North, 14705 Biscayne Blvd.

Die Umgebung von Miami

Zwei lohnende Ziele liegen südlich von Miami: die Florida Keys samt Key West und die Sümpfe der Everglades. Von Homestead, das man auf der Straße Nr. 1 oder über den Florida Turnpike erreicht, geht es zum **Everglades National Park** weiter auf der Straße Nr. 27. Zusammen mit der angrenzenden **Big Cypress National Preserve** schützt der Nationalpark den größten Teil der nach Trockenlegungen und Aufschüttungen verbliebenen Sumpflandschaft, die einst über ein Drittel der Fläche von Florida bedeckte. Vom Visitor Center (Information über Flora und Fauna) ist es nicht weit bis zu den Naturlehrpfaden Anhinga und Gumbo Limbo Trail. An ersterem, der zum großen Teil auf Stegen übers Wasser führt, hat man gute Chancen, freilebende Alligatoren zu sehen. Der zweite läuft durch eine üppige Sumpfvegetation. Neben den in Süd-Florida allgegenwärtigen Mangroven gehören Palmen, Zypressen und Gumbo-Limbo-Bäume zur typischen Vegetation der Everglades.

Von der Parkstraße zum Endpunkt Flamingo mit großer Marina, Hotels und Campingplatz zweigen weitere Zufahrten zu Wanderwegen und Aussichtspunkten ab. Neben geführten Bootstouren kann man auch Kanu- und Motorboot-

Atlantischer Ozean
John F. Kennedy Space Center
Space Port USA
Orlando
Disneyworld
Sea World
Kissimmee
95
4
Tarpon Springs
Tampa
Clearwater
St. Petersburg
Winter Haven
Waverly
Cypress Gardens
Bok Tower Gardens
Melbourne
95
Fort Pierce
Sarasota
75
Port Charlotte
Lake Okeechobee
West Palm Beach
Fort Myers
Boca Raton
Fort Lauderdale
75
Naples
Big Cypress N.P.
41
Miami
Key Biscayne
Everglades N.P.
Homestead
Florida City
Biscayne N.P.
Golf von Mexiko
Key Largo
Flamingo
Florida Bay
Florida Keys
N
0
50 km
Bahia Honda
Key West

fahrten auf eigene Faust unternehmen. Dank gekennzeichneter ›Pfade‹ und sehr ruhigen Wassers haben auch Anfänger damit keine Schwierigkeiten. Der ›Clou‹ der Everglades ist sein Wilderness Waterway von Flamingo nach Everglades City durch 160 km sumpfige Wildnis. Am Weg befinden sich kleine, einfache Zeltplätze weitab der Zivilisation. Mit dem Kanu muß man mindestens fünf Tage für den Ausflug rechnen, mit starkem Motor geht es auch an einem Tag.

Die **Florida Keys,** eine Kette von Koralleninseln, die sich in einem langen, geschwungenen Bogen von Miami Beach bis Key West erstreckt, wirken auf der Landkarte wie karibische Inseln. Aber auf den rund 100 Meilen von Key Largo bis Key West lassen einladende Badebuchten auf sich warten. Erst am Westende der Lower Matecumbe Key stößt man auf hellen Sandstrand und so klares Wasser, wie man es an den Küsten Süd-Floridas sonst nicht findet. Rundum makellos zeigt sich nur der **Sandspur Beach** im **Bahia Honda State Park** – Palmen, weißer Strand, türkisfarbenes Wasser und tauchende Pelikane verleihen dem mit Abstand besten Strand der gesamten Kette einen Hauch von Karibik.

Kaum auf Key Largo, noch vor dem gleichnamigen Ort, passiert man linker Hand die unauffällige Einfahrt zum oft sehr belebten **John Pennekamp Coral Reef State Park**. Dessen Basis auf Key Largo besteht aus einem wunderbar angelegten Mangrovensumpf-Gelände mit Campingplatz, Marina, Stränden sowie Segelboot- und Kanuverleih. Die Attraktion des Parks aber sind Unterwasser-Korallenriffe und rund einen Kilometer vor der Küste Schnorchelparadiese, Ziel ungezählter Glasbodenboot-Passagiere.

Eine Alternative zum State Park mit ähnlichem Programm bietet der im allgemeinen weniger frequentierte, weiter nördlich gelegene **Key Biscayne National Park**, der Korallenriffe und die nicht mit dem Auto zugänglichen Keys umfaßt. Ein Visitor Center liegt an der Straße Nr. 1 südlich von Homestead, eine Landstation mit Anlegestelle für Glasboden- und Tauchtouren rund 10 Meilen östlich (alle Zufahrten sind ausgeschildert). Gleich daneben liegt der **Homestead County Park** mit Picknickpark und einem künstlichen Badestrand.

Am Ende der langen Fahrt über die Keys und 43 Brücken ist **Key West** erreicht. Bestand vor einigen Jahren noch der Eindruck, daß diese Stadt ihre besten Zeiten hinter sich habe, so spülte seither der Tourismus genügend Geld in den südwestlichen Außenposten der USA, um die abblätternden Fassaden neu zu tünchen. Das hat dem einst ›vergammelten‹ Charme von Key West nicht in jeder Hinsicht gutgetan. Dennoch bieten Duval St. und Mallory Square, belebte und teure Brennpunkte des Tourismus, immer noch ein gewisses Karibik-Flair. Berühmt sind die Sonnenuntergänge, zu denen sich

Atlantikküste bei West Palm Beach – Strände und Meer, so weit das Auge reicht

allabendlich viel Publikum am Hafen einfindet.

Die früher allgegenwärtige Siesta-Stimmung entdeckt man noch am ehesten im südlichen Bereich der Whitehead und Duval St. und deren östlichen Querstraßen. Ganz intensiv auch im Besuchsmagneten Nr. 1, dem Hemingway House, Whitehead St./Ecke Olivia St. Hier weiß man in klingende Münze umzusetzen, daß ›Papa‹ Hemingway drei Jahrzehnte seines Lebens in Key West verbrachte und soff – vorzugsweise in Sloppy Joe's Bar in der Duval St.

Key West ist ein Paradies für Windsurfer, Taucher und Hochseeangler, auch für Homosexuelle, die nur in San Francisco und New York eine vergleichbare Toleranz genießen. Interessant sind das Aquarium, Mel Fisher's Maritime Heritage Society Museum mit Schätzen aus der gesunkenen spanischen Goldgaleone »Atocha« und eventuell der Conch Train (sprich ›konk‹), ein Rundfahrtbähnchen, mit dessen Hilfe Orientierung und Sightseeing im schwülen Klima der Insel leichter fallen (Startpunkt: Mallory Square). Die Strände von Key West (Südseite) vermögen weniger zu begeistern; die Nordhälfte der Stadt wird von einer Marine-Basis dominiert.

Von Miami nach New Orleans

Von Miami nach Orlando geht es auf kürzestem Weg über die Schnellstraße Nr. 27 am Binnensee Lake Okeechobee vorbei, rascher, obwohl einige Meilen weiter, auf dem Florida Turnpike (Maut). Eine gute Alternative ist die gebührenfreie I-95, vor allem, wenn man Cape Canaveral einen Besuch abstatten möchte. Die Wahl der Küstenstraße Nr. A1A bedeutet: dank ampelgeregelten städtischen Verkehrs nur langsames Vorankommen bis über West Palm Beach hinaus. Zum Ausgleich bietet diese Strecke ab Jupiter Island jedoch nur noch eine mäßige Besiedlung und schöne Abschnitte – besonders zwischen Fort Pierce und Vero Beach – in unmittelbarer Meeresnähe.

Rund um Orlando

Ob man die Anfahrt über die I-95, von der A1A oder über den Beeline Expressway von Orlando wählt, zum Visitor Center des **Spaceport USA**, wie sich Raketenpark und Weltraummuseum des **John F. Kennedy Space Center** am **Cape Canaveral** nennen, geht es auf den NASA Causeway. Insbesondere der Rocket Garden, in dem ein Teil der seit 1958 verwendeten Raketen zu bewundern ist, lohnt den Besuch. Eindrucksvoll ist auch die Space Gallery mit Raumkapseln, originalen Ausrüstungsgegenständen und Details zur Geschichte der amerikanischen Raumfahrt. Nur für die sehenswerten Weltraumfilme »A Dream is Alive« und »Blue Planet« muß Eintritt entrichtet werden.

Die Mehrzahl der Besucher bucht eine der beiden Touren (Blue und Red) durch das NASA-Gelände. Aufschlußreicher ist die Red Tour, die eine Besichtigung der Mondlandefähre und – aus sicherer Distanz – der Montagehallen und Abschußrampen einschließt. Um längeres Warten zu vermeiden, ist es sinnvoll, nach Ankunft im Spaceport zunächst die gewünschte Tour zu buchen und die Zeit bis zur zugeteilten Abfahrt mit Besichtigungen zu überbrücken.

Ebenfalls am NASA Causeway, ein wenig westlich des Spaceport USA, befindet sich die Astronaut Hall of Fame, die neueste Gedenkstätte für die amerikanischen Weltraumhelden. Dazu gehört das Space Camp, wo Kindern und Jugendlichen die Raumfahrt nahegebracht wird.

Das rund 40 Meilen landeinwärts gelegene **Orlando**, ›The World's Vacation Center‹, wird zu Recht weitgehend mit Disneyworld und dem sonstigen Amüsement der Region identifiziert. Die Stadt selbst kann da nicht mithalten, obwohl deren zentraler Bereich ganz ansehnlich ist und hübsche Parks das Bild auflockern. So verbleibt Orlando vor allem eine Servicefunktion für die wachsende Zahl der Besucher der überwiegend südlich der Stadt angesiedelten Vergnügungsstätten.

Information: In Orlando gibt es in Verbindung mit dem Mercado Shopping Center, 8445 International Drive, eine sehr hilfreiche Besucherinformation, die verbilligte Tickets zu vielen Amusementparks verkauft und über die jeweils geltenden Sondertarife der Hotellerie verfügt. Postanschrift: Tourist Information Center, 7208 Sand Lake Rd., Suite 300, Orlando FL 32804.

Trotz aller Konkurrenz bleibt **Disneyworld** unangefochtenes Zugpferd der amerikanischen Unterhaltungsindustrie. Das riesige Areal (111 km²) an der I-4, etwa 15 Meilen südlich von Orlando, wurde seit 1966 zu einem perfekt funktionierenden Ferienzentrum ausgebaut. Keimzelle der Entwicklung war das 1971 fertiggestellte Magic Kingdom, die Kopie des kalifornischen Disneyland – heute immer noch der wichtigste der drei Disneyworld-Parks. Hinzu kamen 1982 das EPCOT Center und 1989 die Disney MGM Studios. Die Anfahrt zu den Parks ist ausgeschildert.

Vor dem Einlaß in das Magic Kingdom, das magische Königreich von Mickey Mouse und seinen Freunden, steht die Fahrt vom Parkplatz mit Monorail-Bahn oder Raddampfer über die Lagune der sieben Meere zum Eingang. Sieben

Im Magic Kingdom

unterschiedliche, miteinander verbundene Bereiche warten mit zahlreichen *attractions* und *rides*. Wegen oft langer Wartezeiten kann man auch bei früher Ankunft nur selten alle Attraktionen innerhalb eines Tages wahrnehmen. Bester *ride* des Parks sind Pirates of the Caribbean. Einstellen sollte man sich auf die halbstündige Disney Character Hit Parade jeden Nachmittag um 15 Uhr durch die Main St. zum Frontierland, auf den Lichterumzug »Spectromagic« abends gegen 21 Uhr und das Feuerwerk »Fantasy in the Sky« am späten Abend, das allerdings nur in den Sommermonaten von Mitte Juni bis Labor Day und an Feiertagen (genaue Zeiten am Eingang) stattfindet.

Die Bezeichnung Experimental Prototype Community of Tomorrow erscheint recht anspruchsvoll. Tatsächlich ist das **EPCOT Center** eine Mischung aus hochtechnisiertem Vergnügungspark (Futureworld) und der Manifestierung amerikanischer Klischeevorstellungen von anderen Völkern (World Showcase). In der Futureworld präsentieren weltumspannende Konzerne unterhaltende Ausstellungen und Zeitrafferfahrten durch die Entwicklungsgeschichte der Energie, des Transports, der Kommunikation, der landwirtschaftlichen Nutzung der Erde etc. Die *rides* sind durchweg gut gemacht, interessant und manchmal sogar spannend, doch fehlt der Charme des Magic Kingdom.

Rund um einen künstlichen See errichtete man im World Showcase

Disneyworld

Happiness für harte Dollars

Disneyworld erfreut sich in den USA – anders als seine europäische Variante bei Paris – trotz der besonders im Großraum Orlando wachsenden Konkurrenz, trotz hoher Eintrittspreise und Nebenkosten immer noch steigender Beliebtheit. Selbst das nun schon fast 40 Jahre alte Disneyland in Anaheim bei Los Angeles, Vorläufer des Florida-Komplexes, zeigt bislang keine Spur von Altersschwäche. Kleine Verjüngungsoperationen zur Anpassung an den technischen Fortschritt genügen offenbar, um für jung und alt weiterhin attraktiv zu bleiben.

Die Perfektion der Disney-Parks sowie mehr Freizeit, höhere Einkommen und die Vorliebe fürs konfektionierte, berechenbare Vergnügen erklären nur teilweise den Erfolg des Magic Kingdom und seiner Mitbewerber um die Publikumsgunst, EPCOT und MGM Studios. Was Disneyworld vor allen anderen auszeichnet, ist die heute brillanter denn je vermarktete Idee des garantierten ›Glücks für alle‹, und sei es nur für einen Tag. Sie trifft den Nerv des Durchschnittsamerikaners, der von Kindesbeinen an lernt, daß die Verwirklichung des *American Dream* – Glück und Wohlstand für jedermann – in *God's own country* in Reichweite liegt. Sogar die Verfassung der USA verbrieft dem Bürger ein Recht auf sein Bestreben, glücklich zu sein.

Die heile »Welt voller Freundlichkeit« (Walt Disney) indessen, welche dem Vater von Mickey Mouse und seinen Freunden vorschwebte, wurde genaugenommen nur in Disneyland und seinem Pendant, dem Magic Kingdom, verwirklicht. Nur dort gelingt – vielleicht – die Flucht

– neben dem amerikanischen – zwölf mehr oder weniger pittoreske, überwiegend auf europäische Länder bezogene Pavillons. Im Mittelpunkt steht überall das Angebot landestypischer Produkte. Eindrucksvoll sind die Filme im chinesischen, kanadischen (beide Circle Vision) und französischen Bereich, sehenswert der Rio del Tiempo (Fluß der Zeit) durch Aztekenpyramiden im Mexico Showcase. Nach Einbruch der Dunkelheit findet über der Lagune das große Feuerwerk samt Lasershow statt.

Die **Disney MGM Studios** sind eine modifizierte Kopie der Universal Studios von Los Angeles, die 1991 ihre ›Orlando-Filiale‹ gleich ›um die Ecke‹ eröffneten. Die Besucher erfahren auf der Backstage Studio Tour sowie in den Bereichen Hollywood Boulevard, Lakeside Circle und Backlot Annex alles

aus der Realität in eine Ersatzwelt voller spielerischer, bisweilen nervenkitzelnder, aber nie gefährlicher Abenteuer und fröhlicher Komik. Kindheitsträume und -erinnerungen, vermischt mit Figuren und Gestalten aus Disney-Comics, Märchen und der amerikanischen Geschichte werden wach – »visit your childhood favorites«! Aus der hochtechnisierten Welt des EPCOT-Center und mehr noch aus den MGM-Studios dagegen hat sich die Glücksphilosophie längst auf leisen Sohlen davongeschlichen. Der Charme des Magic Kingdom wurde durch High-Tech und perfektionierte Show ersetzt, die sympathischen Disney-Charaktere durch Produkt- und Firmenwerbung. Gastronomie- und Souvenirumsätze rückten in den Vordergrund, verbrämt zwar durch ein reibungslos funktionierendes, umweltfreundlich und attraktiv gestaltetes Ambiente ohne Verkehrschaos und Luftverschmutzung, dank elektrischer Aggregate, Monorail und wasserstoffbetriebener Fahrzeuge –, aber dafür durchkalkuliert bis zum letzten Cent.

Der hinter den drei *Theme Parks* in Orlando stehende riesige Apparat mit rund 25 000 Angestellten, einem Investitionsvolumen von mittlerweile über 4 Mrd. Dollar und fast 30 Mio. Besuchern pro Jahr bedeutet *big business*, in dem für die eher schwärmerischen Vorstellungen des Urvaters der Walt Disney World Corporation kein Platz mehr ist. *Happiness* findet nur noch, wer zahlungsfähig ist und Frustrationen über happige Preise und Warteschlangen willig dem Wunsch nach konfliktfreiem Vergnügen unterordnen mag, wer *rides*, Entertainment, Effekte, Impressionen und Action ohne kritische Reflexion genießen kann. Beides sind – wenigstens zum Glück für die Disney Corporation – Fähigkeiten, über die Amerikaner offensichtlich in hohem Maße verfügen.

über Filme, Filmemachen und Filmstars. Mehr noch als EPCOT fehlen den Studios aber Ausstrahlung und Originalität. Sogar Amerikanern verdirbt soviel Werbung und Schlangestehen den Spaß.

Zu Disneyworld gehört außerdem noch die Typhoon Lagoon, ein Planschpark der Extraklasse mit meterhohen Wellen am künstlichen Strand, *waterslides* durch Felslandschaft und Wasserspaß in subtropisch bepflanzter Umgebung. Das alte River Country am Bay Lake hinter dem Campingplatz (groß, gut, teuer) kann zwar mit der Neuerung nicht mithalten, erscheint aber für Kinder besser geeignet.

Wer sein Tagesprogramm gut hinter sich gebracht hat und noch Energien für den Abend besitzt, wird in Disneyworld nicht sich selbst überlassen. Disney Village Marketplace und Pleasure Island samt Movie Theatre an der Buena Vista Lagune sorgen – schick und attraktiv – für ein Abendprogramm mit Läden, Restaurants, Showplaces und Discos.

Bei so viel Disneyworld bleibt kaum noch etwas übrig für die Konkurrenz, könnte man meinen, aber das Gegenteil scheint der Fall zu sein: Unter den über 25 Mio. jährlichen Besuchern lassen sich offenbar genügend Interessenten finden, um auch die Kassen weiterer Anlagen fürs konfektionierte Publikumsvergnügen zu füllen, wie etwa **Sea World** (zwischen I-4 und Beeline Expressway, ausgeschildert), einer der besten Vergnügungsparks dieses Typs. Der **Gatorland Zoo** (nördlich von Kissimmee an der Straße Nr. 17/92) ist eine Farm mit über 5000 Alligatoren, um die herum ein Zoo mit passender tropischer ›Tierbesetzung‹ eingerichtet wurde.

Die **Universal Studios of Florida** befinden sich am Universal Drive (I-4, Exit 30B). Auch wer das Original in Los Angeles kennt, wird in Orlando noch Neues entdecken, wiewohl die Hauptshows und Rides weitgehend übereinstimmen. Zu erleben sind u. a. ein simuliertes Erdbeben der Stärke 8,3 (The Big One) und die spektakuläre Reise »Back to the Future«. Für Action-Liebhaber gibt es Stunt Shows, am spektakulärsten die Verfolgungsjagd auf dem zentralen See, wo nach und nach alles in die Luft fliegt. Auch in den Universal Studios sind die extrem langen Wartezeiten vor den Rides an Tagen mit gutem Besuch ein Problem.

Cypress Gardens (Straße Nr. 27 Richtung Miami, bei Waverly auf die Nr. 540, ausgeschildert; oder über Winter Haven) ist ein kommerzieller Botanischer Garten mit einem hervorragenden Wasserski-Zirkus. Sehr empfehlenswert als Kontrastprogramm zur aktionsgeladenen Unterhaltung im Umfeld sind die **Bok Tower Gardens** (südlich der Cypress Gardens, erreichbar am besten über die Straße Nr. 27A), ein attraktiv gestalteter Park und ein Vogelparadies.

Von **Winter Haven** (Cypress Gardens/Bok Tower) ist es sinnvoll, zur Fortsetzung der Reise Richtung Norden zunächst bis Tampa zu fahren und von dort die I-275/75 zu nehmen.

Das Bild der ›Dreifach-Stadt‹ Tampa – St. Petersburg – Clearwater wird durch die Lage am Golf von Mexiko geprägt. Entlang unendlicher Uferlinien, an großen und kleinen Buchten, künstlichen Seen und Kanälen drängen sich Ferienanlagen, Hotelpaläste und zahllose Privatvillen mit Jachthäfen. Eine langgestreckte Inselgruppe von Egmont Key im Süden bis Honeymoon Island ist diesem Ballungsgebiet des allgemeinen Wohlstands vorgelagert und mit ihm durch Brücken verbunden. Soweit die Inseln nicht isoliert liegen oder dank öffentlicher Parks von der Bodenspekulation ausgenommen wurden, sind auch sie dicht bebaut. Die Strände erscheinen dort aber weniger einladend als weiter südlich bei Longboat Key oder Sarasota und nördlich bei Apalachicola und Pensacola. Am besten sind der Pass-A-Grille Beach am Südende des St. Petersburg Beach und die Strände auf Treasure Island.

In **St. Petersburg**, einer Stadt mit aufgelockertem Zentrum an der Tampa Bay, wurde 1982 die wichtigste kulturelle Attraktion der Dreierstadt, das Salvador Dalí Museum, 3rd St./Bayboro Harbor, eröffnet. Schräg gegenüber liegt das Science Center Great Explorations, ein Naturwissenschaftsmuseum,

Das Pink Elephant Hotel in St. Petersburg gehört zu den luxuriösesten Hotels Floridas

das vor allem für Jugendliche und Kinder interessant ist.

Die St. Petersburg Pier ist eine in die Bucht hineingebaute Verlängerung der 2nd Ave. mit Park, Jachtmarina und einer auf den Kopf gestellten Pyramide am Ende mit Einkaufs- und Restaurantzentrum. Gleich eingangs des Piers befindet sich am Bayshore Dr. im Straub Park das Museum of Fine Arts, ein Tempelbau mit ionischen Säulen. Einen überraschenden Kontrast mitten in der Großstadt bietet der Boyd Hill Nature Trail, ein Naturpark am Westufer des Maggiore Lake (Country Club Way). Die kommerziellen Sunken Gardens, 4th St. nördlich von Downtown St. Petersburg, reklamieren für sich den ›World's Largest Gift Shop‹. Der immense Souvenirladen und der kurvenreiche Weg zum Einlaß in den Park sind bemerkenswerter als dieser selbst.

Tampa sucht in Ybor City sein spanisches Erbe zu bewahren, einem wieder aufpolierten Viertel im Bereich der ehemaligen Zigarrenfabrik eines Herrn Ybor (heute Ybor Square mit Läden, Restaurants etc.). Ybor City besteht aus einem Teilstück der 7th Ave. östlich von Downtown Tampa zwischen dem Crosstown Expressway (Nr. 618) und der I-4.

Die Busch Gardens, the Dark Continent, den vielseitigsten Amusement Park der USA, erreicht man über die I-275 (von dort Wegweiser). Die Mischung aus Jahrmarkt, Show, Zoo und Zirkus rund um die Brauerei Anheuser-Busch übertrifft kühnste Phantasien. Im Timbuktu-Festhaus wird gejodelt und bei Bier aus dem Maßkrug »Oans, zwoa, gsuffa« gesungen.

Die Strecke von Tampa nach Norden und, ab Perry, weiter in westliche Richtung in den ›Florida-Pfannenstiel‹ verläuft zunächst durch recht eintönige Landschaft. Strände gibt es ab Tarpon Springs nicht mehr, bis Apalachicola ist die Meeresküste versumpft. Abwechslung bringen die **Weeki Wachee Springs**, 25 Meilen nördlich Tarpon Springs, aus denen über 100 000 l Süßwasser pro Minute sprudeln. Die Quelle befindet sich in Privathand und wird geschickt vermarktet: gepflegter Garten mit Zooelementen, Glasbodenbooten, künstlichem Sandstrand und Wasserrutschen. Um die noch ergiebigeren **Homossassa Springs** (über 400 000 l pro Minute), etwa 20 Meilen weiter nördlich, wurde ein schöner Wildlife Park mit Manatee- und Alligator-Vorführungen eingerichtet. Ein Abstecher nach **Cedar Key**, eine den Küstensümpfen vorgelagerte, über Brücken erreichbare Insel, führt in ein Vogelschutzgebiet mit Ministränden und kleinem Museum. Etwa 20 Meilen von der Durchgangsstraße entfernt. Zurück auf der Nr. 19/98, kann man den Weg über den schönen **Manatee Springs State Park** (Camping, Naturlehrpfad, Rangerprogramm) nehmen.

Die Quelle des **Wakulla Springs State Reserve** zwischen Newport und Tallahassee (Zufahrt ist von der Straße Nr. 363 ausgeschildert) ist die größte aller Süßwasserquellen des Staates mit über 2,5 Mio. l pro Minute. Eine Bootstour führt durch unberührten Dschungel, ein Paradies für exotische Vögel, Fische und Alligatoren. Ein Abstecher zur Hauptstadt von Florida, **Tallahassee**, liegt von Wakulla Springs aus nahe. Die sympathische Stadt beeindruckt durch schöne alte Wohnviertel entlang schattiger Alleen *(canopy roads)*.

Reizvoll ist die Küste der **St. Joseph Peninsula** mit feinem Sand und klarem Wasser. Eine Stichstraße führt zum State Park an der Spitze der Landzunge. Von dort an werden die Strände immer heller, je weiter man nach Norden kommt. Bei Panama City erreichen sie die unübertroffene Qualität, welche den ganzen Küstenstreifen von Nordwest-Florida und Alabama auszeichnet: blendend weißer Strand und klares, hellblau-türkisfarbenes Wasser.

Das Seebad **Panama City** gehört trotz des wunderbaren Strands zur Kategorie der gesichtslosen Urlaubsorte. Bis hinauf nach Laguna Beach ist – mit Ausnahme der St. Andrews State Recreation Area – die Küste mit Hotels, Motels, Apartmentblocks und Minigolfanlagen mehr oder weniger zugepflastert; danach wird es ruhiger. Neben den State Parks am Wege (Grayton und Henderson Beach mit herrlichen Arealen am Meer) bietet vor allem Santa Rosa Island Strand und Dünen, soweit das Auge reicht. Zwischen Navarre und Pensacola Beach wartet die hervorragende *Day Use Area* der **Gulf Islands National Seashore**, die Teile von Santa Rosa und vor allem die dem Mississippi vorgelagerten Inseln umfaßt. In der Fort Pickens-Region des Nationalparks stehen die Reste alter Befestigungen, die früher der Bewachung der Einfahrt zur Pensacola Bay dienten. Außerdem findet man herrliche Strände und einen schön gelegenen Campingplatz.

Von **Pensacola Beach** geht es über den Santa Rosa Sound und die Pensacola Bay (Mautbrücken) zur gleichnamigen Stadt, der größten amerikanischen Marinebasis am Golf von Mexiko. Bei dieser Anfahrt (Bayfront Parkway) kann man das kleine Stadtzentrum kaum verfehlen: gleich hinter dem Park an der Marina nach rechts. Dank einer zunächst spanischen, dann französischen Vergangenheit ist in **Pensacola** noch ein wenig alter Charme zu entdecken. Konserviert wurde er im winzigen Seville Quarter mit Kneipen und Restaurants unweit der Main Plaza, um die sich einige weitere Gebäude aus dem 19. Jh. gruppieren.

Die interessantere Sehenswürdigkeit liegt weit außerhalb: das Naval Air Museum, südwestlich von Pensacola, zu erreichen über Main St., Barrancas Ave. und Navy Blvd. (Straße Nr. 295). Gleich gegenüber steht das guterhaltene, 1834 errichtete Fort Barrancas, das

Das nordwestliche Florida

erheblich eindrucksvoller ist als Fort Pickens.

Die phantastischen Strände setzen sich bis nach Alabama fort. Über die Insel Perdido Key kann man ohne Umweg über Mobile der Küste folgen, von Fort Morgan nach Fort Gaines (Dauphin Island) die Fähre nehmen und über die Straße Nr. 188 – kurz vor der Grenze zu Mississippi – auf die I-10 Richtung New Orleans fahren.

Die Golfküste des Staates Mississippi ist ebensowenig wie die von Louisiana mit natürlichen Stränden gesegnet. Versumpfte Uferbereiche erstrecken sich vom westlichen Alabama bis nach Texas. Die breiten Sandstrände zwischen Biloxi und Bay St. Louis wurden aufgespült, die Sümpfe, wo nötig, trokkengelegt. Übermäßig ansehnlich

macht das die Küste von Mississippi nicht. Eine Fahrt über die parallel zur Interstate verlaufende Küstenstraße Nr. 90 ist jedoch reizvoll, da einige prächtige Grundstücke mit wunderschönen alten Südstaatenvillen unmittelbar an der Strecke liegen. Noch vor Biloxi passiert die Straße die Einfahrt zum **Davis Bayou** der **Gulf Islands National Seashore**, einem naturbelassenen Sumpfgebiet mit aufschlußreichen Lehrpfaden.

New Orleans

Wer sich alternativ zur I-10 für die Nr. 90 entscheidet, kann bis New Orleans auf dieser Straße bleiben. Sie führt nach Verlassen der Mississippi-Küste durch die für Louisiana typische *bayou*-Landschaft. Als *bayou* (Bá-juh) bezeichnet man die häufig sehr kurzen Flüsse, welche die Sümpfe am Golf von Mexiko entwässern – überaus beliebte Sportboot- und Angelreviere. Eng verbunden mit den *bayous* sind die *cajuns* (Käíhdschins), wie man früher die Bewohner der Sumpfregion nannte. Heute bezieht sich der Begriff auf Bürger des südlichen Louisiana mit kreolischer Abstammung, das heißt mit spanisch-französischem Blut in den Adern. Das Wort *cajun* geht auf eine Aussprache der Bezeichnung *acadians* für französischstämmige Siedler zurück, die nach der Einnahme der französischen Kolonie Acadia im heutigen Kanada durch die Briten 1755 in Louisiana eine neue Heimat fanden.

New Orleans, Wiege des Jazz und einzige US-amerikanische Stadt mit einer erhaltenen Altstadt französischen Ursprungs, liegt eingezwängt zwischen den Ausbuchtungen des mäandernden Mississippi River und dem Lake Pontchartrain. Die Gründung der Stadt im Jahre 1718 erfolgte durch die Franzosen, die sie zu Ehren ihres Königs, des Herzogs von Orleans, Nouvelle Orleans nannten. 1769 geriet New Orleans 31 Jahre lang an die Spanier, fiel aber im Jahre 1800 an Frankreich zurück, das kurz darauf seine nordamerikanischen Besitzungen im *Louisiana Purchase* an die USA veräußerte (vgl. S. 21). Nach dem Bürgerkrieg entwickelte sich New Orleans dank seiner Lage zu einem der wichtigsten Häfen des Landes. Gleichwohl gehört es mit ›nur‹ rund 1,3 Mio. Einwohnern zu den noch überschaubaren Städten der USA.

Wer nicht von Westen anreist, wird New Orleans als Stadt der Brücken erleben: Riesige Konstruktionen überspannen den Mississippi – die flach über den Lake Pontchartrain geführte Brückentrasse soll mit rund 40 km die längste der Welt sein – und die östlichen Zufahrten (I-10/Straße Nr. 90) überqueren zahlreiche *bayous* und Kanäle. Aus welcher Richtung auch immer man New Orleans erreicht: Ziel ist die Altstadt, das French Quarter. Von den durch die Innenstadt führenden Interstates und Expressways läßt sich das ausgeschilderte Zentrum nicht verfehlen; spätestens ab Canal St. oder Esplanade Ave. sollte man einen Parkplatz suchen.

Das Vieux Carré, wie das ›alte Viertel‹ in Französisch heißt, liegt zwischen Canal St. und Esplanade Ave. sowie dem Mississippi und der Rampart St. Obwohl das Viertel heute extrem vermarktet wird, haben sich die Straßenzüge mit den schmiedeeisern verzierten Arkaden und Balkonen ihren Charme weitgehend erhalten können. Die dortige Ballung von Souvenirshops, Boutiquen, Antiquitätenhandlungen, Hotels, Restaurants und Kneipen findet man in den USA nicht noch einmal. Bier wird im French Quarter sogar ›über die Straße‹ gereicht und ohne schützendes Packpapier genossen, anderswo undenkbar. Das ›ausschweifende‹ Leben und Treiben spielt sich in erster Linie rund um den Jackson Square, in der Bourbon St. (Fußgängerzo-

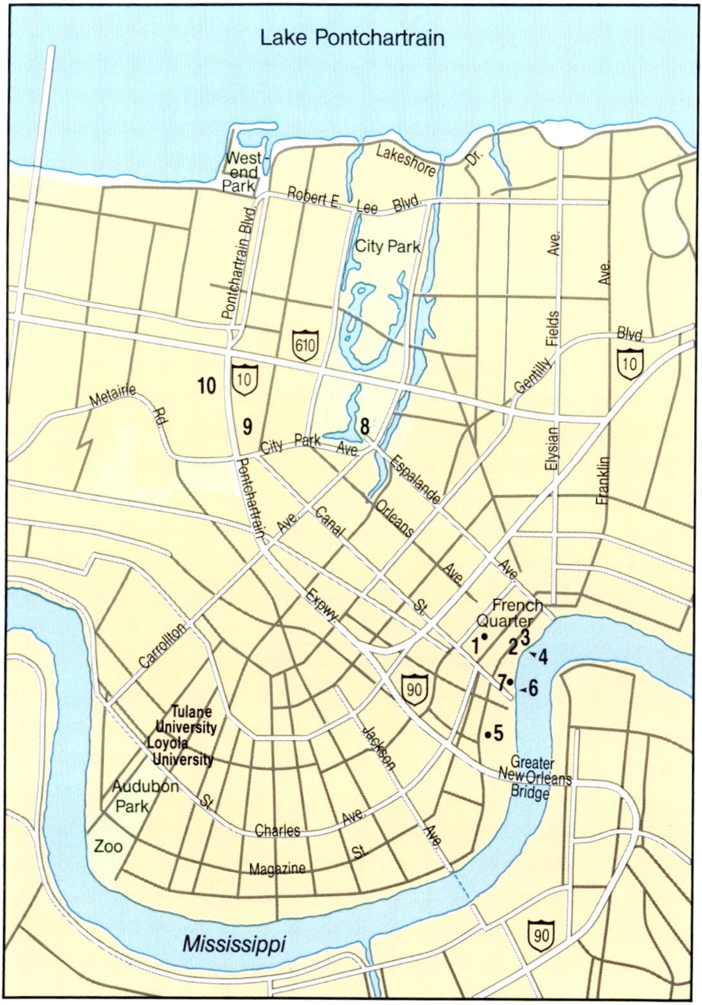

New Orleans 1 Preservation Hall 2 Jackson Square 3 French Market 4 Moonwalk 5 World Trade und Convention Center 6 Riverwalk 7 Aquarium of the Americas 8 New Orleans Museum of Art 9 Greenwood Cemetery 10 Metairie Cemetery ne) und zwischen diesen beiden Brennpunkten ab.

Der zeitweise nur noch in der berühmten *Preservation Hall* (1) zelebrierte Jazz hat sich mittlerweile wieder fest etabliert. Heute ist die Auswahl an guten Jazz-Lokalen groß.

! **Jazz-Lokale**: Preservation Hall (726, St. Peter St./fast Ecke Bourbon St.; geringe ›Spende‹, extrem einfache Ausstattung, mit Glück erstklassiger Jazz mit dem einen oder anderen Altstar ganz hautnah). Daneben empfehlenswert: Old Absinthe Bar, Old Absinthe House, Maison Bourbon (alle Bourbon St.), New Storyville Jazz Hall, House of Blues und Crescent City Brewhouse (alle in der Decatur St.) sowie Maxwell's Toulouse Cabaret (615 Toulouse St.; angeblich bester Jazz der Stadt!)

Rund um den *Jackson Square* (2) kann man Breakdancern, Zauberern und Schnellzeichnern bei der ›Arbeit‹ zusehen. Ein Bummel durch die Shopping- und Restaurantzentren des sog. *French Market* (3), der bei der Jax Brewery am Jackson Square beginnt und am Gebäude der Old US-Mint endet, darf nicht fehlen. Jeder der fünf Märkte dieses Bereichs bietet eigene Produkte und Köstlichkeiten. Vor allem bei Dunkelheit reizt der *Moonwalk* (4) auf dem Mississippi (vor dem Jackson Square/Washington Artillery Park) wegen des Blicks auf die illuminierte Autobahnbrükke über den Fluß.

Wer den Jazz liebt, kommt in New Orleans auf seine Kosten – Jazz-Musiker im Maison Bourbon

Unmittelbar westlich der Altstadt, am unteren Ende der Hauptgeschäftsstraße Canal St., befinden sich die zusammenhängenden Komplexe des *World Trade* und *Convention Center* (5), dahinter am Mississippi die Spanish Plaza mit open-air Lokalen und, daran anschließend, das Boutiquen- und Restaurantzentrum *Riverwalk* (6). Dort legen die Mississippi-Ausflugsdampfer, das Boot zum Zoo und das Kasinoschiff »Queen of New Orleans« an.

Das hervorragende *Aquarium of the Americas* (7) steht am Ende der Canal Street. Ein nach Vorbild der historischen Streetcars neu verlegtes Schienenstück verbindet diesen Bereich mit dem French Quarter. Parkraum ist überall rar. Am besten stellt man den Wagen etwas außerhalb ab, etwa auf den Großparkplätzen am Superdome, und benutzt die Trolley Busse und Streetcars.

Die offenen Streetcars der 150 Jahre alten St. Charles-Straßenbahnlinie zählen zu den größten Attraktionen der Stadt. Von der Canal St. geht es auf der St. Charles Ave. über die Carrollton Ave. zur Clairborn Ave. und zurück (Gesamtfahrzeit: 90 Min.). Die Streetcars wären trotz ihres nostalgischen Charakters kaum so populär, führte die Schienentrasse nicht durch die überaus sehenswerte St. Charles Ave., an der man zahlreiche palastartige Villen bewundern kann. Die Fahrt wird dadurch eine Sightseeing-Tour zum Niedrigtarif. Mit Erreichen des Audubon Park und den beiden Universitäten Tulane und Loyola hat man den besten Abschnitt der Strecke hinter sich.

Auch ohne einen Besuch im sehenswerten Zoo, der den südlichen Teil des Parks ausfüllt, könnte man eine Rückfahrt in das Stadtzentrum vom Zooanleger mit dem Riverboat erwägen (Abfahrten ab Audubon Landing). Eine preiswertere und schnellere Alternative bietet die Magazine (Trolley)-Linie, die durch Teile des Garden District führt (Abfahrt Magazine St. zwischen Audubon Park und Zoo). Neben dem Audubon Park verdient der ausgedehnte City Park zwischen City Park Ave. und dem Lee Blvd. Erwähnung, der das *New Orleans Museum of Art* (8) mit einer ansehnlichen Sammlung europäischer Impressionisten und Expressionisten beherbergt.

Nur wenige Blocks südwestlich des City Park liegen die größten Friedhöfe der Stadt, *Greenwood* (9) und *Metairie Cemetery* (10), Canal Blvd./City Park Ave./Metairie Rd. Wegen des sumpfigen Untergrunds werden die Verstorbenen hier in Mausoleen, nicht in Erdgräbern bestattet. Allein schon die Anzahl der unterschiedlichsten Grabmale ist unglaublich; nirgendwo sonst in den USA existiert Vergleichbares. Achtung: Aus Sicherheitsgründen sollte man die Friedhöfe in jedem Fall nur gemeinsam mit einer Gruppe betreten!

Von den Friedhöfen und dem City Park ist es zur Uferstraße am

Beliebte Ausflugsschiffe – die typischen Mississippi-Dampfer

Lake Pontchartrain nicht mehr weit. Der Lake Shore Dr. vom Inner Harbor Navigation Canal bis zum Westend Park führt durch Parkanlagen, unterbrochen von sehenswertem Privatbesitz. Da dieser Bereich etwas abseits der Touristenpfade liegt, werden die von einheimischen Gästen bevorzugten Seafood Restaurants am Westend Park manch einem besser gefallen als das überbordende Angebot an Lokalen im French Quarter.

Information: New Orleans Welcome Center, 529 St. Ann St. (am Jackson Square), ✆ 504-569-27 70. (Postanschrift: Greater New Orleans Tourist and Convention Commission, 1520 Sugar Bowl Drive, New Orleans LA 70112).

Unterkunft: Als touristische Hochburg verfügt New Orleans über zahllose Quartiere in allen Preislagen. Es gilt: je näher am French Quarter, umso teurer. In der Zeit des Mardi Gras, des Karnevals im Februar, sind Unterkünfte insgesamt teurer als sonst und zudem Mangelware. Empfehlenswert: The Saint Louis, 730 Rue Bienville, ✆ 504-581-73 00; Pontchartrain Hotel, 2031 St. Charles Ave., ✆ 504-524-05 81 (im Garden District). Günstiger als die Hotels und Motels im City-Bereich sind Quartiere auf der anderen Seite des Mississippi, der Westbank.

Camping: Im Umfeld von New Orleans gibt es keine bessere Wahl als die State Parks: St. Bernard, ca. 10 Meilen östlich von Chalmette; Fontainebleau und Fairview Riverside am Nordufer des Lake Pontchartrain.

Rund um New Orleans

Etwas zu abseits gelegen, um stark frequentiert zu werden, ist der **Chalmette National Historical Park.** Der Schauplatz der ›Battle of New Orleans‹ liegt östlich von New Orleans am Ufer des Mississippi am St. Bernard Highway im Stadtteil Arabi (Anfahrt aus der Innenstadt über Rampart St./St. Claude Ave., ca. 7 Meilen ab Canal St.). Außer einigen Kanonen und einem Monument gibt es allerdings nicht viel zu sehen. Ausgezeichnet ist aber der Film im kleinen Visitor Center.

Beliebter sind Fahrten zu den *plantations*, den alten Herrenhäusern der Baumwollpflanzer, die es vor dem Bürgerkrieg (daher *antebellum houses*) zu ungeahntem Wohlstand brachten. Zahlreiche Anwesen stehen heute (gegen Eintritt) zur Besichtigung offen, einige wurden zu sündhaft teuren Hotels umgestaltet. Zwischen New Orleans und Baton Rouge findet man die bekanntesten *plantations* beiderseits des Mississippi: am rechten Ufer entlang der Straßen 18/1 und links entlang der Straßen Nr. 942/44/48 (Einzelheiten bei der Visitor Information in New Orleans).

›Swamp Tours‹, Ausflüge in die wilde, romantische Welt der Mangroven, Alligatoren und zu den *cajuns*, gehören zum Angebot von Reiseunternehmen in New Orleans. Keinesfalls sollte man sich die Touren der Riverboats vom Riverwalk als ›Swamp Tours‹ verkaufen las-

Die Oak Alley Plantation westlich von New Orleans

sen. Fahrten in die Sümpfe gibt es am Bayou Segnette, etwa in Höhe des Zoos jenseits des Mississippi zwischen Westbank Expressway/ Lapalco Blvd. und Louisiana/Laroussini Canal. Entlang der Straße Nr. 90 (West) stößt man auf weitere ›Swamp Tour‹-Unternehmen.

Von New Orleans nach Houston

Der schnellste Weg von New Orleans Richtung Westen führt über die I-10. Die Hauptstadt von Louisiana, **Baton Rouge**, liegt am Wege; zu sehen gibt es dort nur wenig: unterhalb der Interstate-Brücke über den Mississippi ein kleines Marinemuseum mit Kriegsschiffmodellen und Details zum Atom-U-Boot USS Baton Rouge sowie den Weltkrieg-II Zerstörer USS-Kidd. Und, wie in jeder Staatshauptstadt der USA, ein ansehnliches Regierungsviertel mit hochaufragendem Capitol Building.

Abstecher von der Autobahn lohnen sich im weiteren Verlauf bis Texas nicht. Für einen Zwischenstopp an heißen Tagen eignet sich der **Lake Charles** im gleichnamigen Ort mit Stränden direkt an der Autobahn.

Von der Grenze zwischen Louisiana und Texas bis Houston, der mit fast 4 Mio. Einwohnern viertgrößten Metropole der USA, sind es noch knapp zwei Fahrstunden. Bereits 40 km vor Houston passiert man den Zubringer (Lynchburg Rd., Interstate Exit Nr. 787) zu einer Sehenswürdigkeit, die man sich auf keinen Fall entgehen lassen darf: den **San Jacinto Battleground State Historic Park**. Ein 174 m hohes Monument (Fahrstuhl zur Aussichtsplattform, Blick hinüber zur Skyline von Houston) erinnert an die dort 1836 von den Amerikanern gewonnene Schlacht gegen die Mexikaner, welche die endgültige Annexion des heutigen Texas zur Folge hatte. Das Museum of Texas History am Fuße des Turms informiert über den Verlauf der Schlacht. Die Gründung und Namensgebung der Stadt nach dem Sieger Sam Houston erfolgte noch im selben Jahr. Mit Ausrufung der Republik Texas wurde Houston Hauptstadt, der General ihr Präsident. Seine Funktion verlor es mit dem Anschluß von Texas an die USA 1845 an Austin. Obwohl im 19. Jh. Baumwollerzeugung, Rinderzucht, Eisenbahnbau und Hafenerweiterung der Stadt bereits eine wichtige Wirtschaftsfunktion zugewiesen hatten, begann erst mit den Ölfunden nach der Jahrhundertwende die eigentliche Expansion.

Ob vom San Jacinto Monument über den La Porte/Pasadena Freeway (Nr. 225) oder auf der I-10, automatisch gelangt man auf den City Loop Nr. 610, der die Stadt quadratisch umschließt. Für Downtown Houston als Ziel sind East Freeway (I-10) und Gulf Freeway (I-45) gleichermaßen geeignete Zubringer. Bereits aus der Distanz imponiert das Zentrum durch seine kompakte, größtenteils verglaste Wolkenkratzersilhouette. Die Innenstadt wird nicht nur von den Trassen der hochgelegten Freeways, sondern auch von sanierungsbedürftigen Industrie- und Wohngebieten umschlossen. Nach Einbruch der Dunkelheit sollte man Downtown allerdings meiden. Auch das klimatisierte Houston Tunnel-System, das alle wichtigen Gebäude der City miteinander verbindet, besitzt außerhalb der werktäglichen Betriebsamkeit problematische ›Ecken‹.

Zum Ausgangspunkt einer Besichtigung von **Houston** zu Fuß macht man am besten den Civic Center-Bereich am Houston Park nordwestlich der Smith St. Entlang dieser Straße und der Louisiana St. findet man die Mehrzahl der architektonisch eindrucksvollsten Bauten, z. B. One Shell Plaza, First Interstate Plaza, Euron Building, Pennzoil Building, Hyatt Regency Hotel und die Public Library. Gegenüber dem First Interstate-Hochhaus steht das verschnörkelte Gebäude der Bücherei in eigenartigem Gegensatz zu den glatten Fassaden der Nachbarn. Das Hyatt Regency an der Ecke Louisiana/Dallas eignet sich gut für einen Blick in das Tunnelsystem. Auch die ›Park Shops im Houston Center‹, McKinney/San Jacinto St., ein modernes Einkaufszentrum, erreicht man über die Tunnel.

Kunst zwischen Wolkenkratzern – Dubuffet-Skulptur in Downtown Houston

Farbiger und lebhafter geht es im mexikanisch angehauchten Mercado del Sol zu, etwas abseits, jedoch nicht weit von der Innenstadt inmitten obskurer Viertel gelegen: Ecke Navigation Blvd./Jensen Dr. Bereits zur Sehenswürdigkeit avanciert ist The Galleria, eines der größten Einkaufszentren der USA an der Westheimer Rd./I-610 Loop. Gleich neben dem Einkaufszentrum steht der Transco Tower, Houstons höchster Wolkenkratzer. Verschönt hat man ihn durch einen kleinen Park mit der riesigen ›Wasserwand‹ Wall of Water.

Ebenfalls an der I-610 (South Loop) findet man die eher durchschnittliche Astro-/Waterworld; Zugang über die Parkplätze des

Astrodome, eines der weltgrößten überdachten Stadien, von dort im Shuttle-Betrieb unter der Autobahn zum Eingang.

Das Museum of Fine Arts an der Bissonet St./Ecke Montrose Blvd., leicht erreichbar über den Southeast Freeway, verfügt über einen eigens geschaffenen Mies van der Rohe-Bau. Schräg gegenüber dem Fine Arts-Gebäude befindet sich sein moderner Ableger, das Contemporary Arts Museum. Nicht weit ist es von den Kunstmuseen zum hübschen Hermann Park, an dem das Houston Museum of Natural Science und das Baker Planetarium liegen.

Information: Das Visitors Bureau of Greater Houston residiert in der Nordwestecke von Downtown, 810 Congress St./Milam St., Houston TX 77002, ✆ 713-227-31 00.

Unterkunft: Houston ist mit Hotels und Motels gut bestückt, das generelle Preisniveau niedrig. Das gilt speziell für den Post Oak-Bereich und um die Airports herum an Wochenden. Billige Motels konzentrieren sich im Bereich des Astrodome und südlich davon in der South Main Street sowie entlang der Ost-West-Achse I-10. In Galvestone gibt es So–Do freie Zimmer sogar an der Strandpromenade zu moderaten Tarifen. Empfehlenswert: In Downtown das Hyatt Regency, 1200 Louisiana St. Luxus zum erträglichen Wochenendtarif gibt's auch im Four Seasons Hotel am Congress Center, ✆ 713-650-13 00. Im Post Oak-Bereich/Galleria u.a. Courtyard by Mariott, 2504 North Loop West, und La Quinta Inn Brook Hollow, 11002 Northwest Freeway.

Camping: Die beiden (privaten) Campingplätze in Houston sind so extrem weit von der City entfernt, daß man auch gleich zum State Park Galveston Island fahren kann, dessen Campground gleich hinter dem Strand liegt.

Nach dem San Jacinto Monument sollte der Besuch des **Lyndon Baines Johnson Space Center** höchste Priorität haben. In mancher Beziehung ist es aufschlußreicher als Cape Canaveral in Florida. Seit der Wiederaufnahme der Space Shuttle-Flüge erwachte das Houston Mission Control Center zu neuem Leben. Es befindet sich an einer mit NASA 1 bezeichneten Straße, die von der I-45/75 South (Gulf Freeway) auf etwa halbem Weg (Exit 25) nach Galveston abzweigt. Vom Parkplatz geht es zu Fuß zu den verschiedenen Gebäuden. Das Visitor Center mit interessanten Ausstellungsstücken befindet sich an der D Ave. Mission Control und die Trainingsstätten für Skylab und Space Shuttle können per Tramtour (im Eintrittspreis enthalten) besichtigt werden.

Einmal so weit nach Süden vorgedrungen, liegt ein Abstecher zur Insel **Galveston** vor Houston nahe. Das Seebad gleichen Namens präsentiert sich mit dem welken Charme alter Tage noch im Bereich des Broadway East und angrenzender Wohnstraßen. Auch eine nett restaurierte Kneipen- und Restaurantstraße (The Strand) existiert zwischen Rosenberg Ave. (25th St.) und 21st St. unweit des alten Fischereihafens an der Nordküste

(Galveston Channel). Am Ende des Strand hat man im ehemaligen Bahnhof ein Railroad Museum eingerichtet. Die maritime Bedeutung der Galveston Bay wird mit alten Booten am Hafen und im Seawolf Park/Pelican Island unterstrichen.

Entlang der Golfküste verläuft kilometerweit der Seawall Blvd. mit Hotels und Apartmentanlagen. Im Ortsbereich sind die Strände relativ schmal und weniger einladend, besser eignen sich die State und County Parks östlich (Stewart Beach Park) und westlich des Orts (Galveston Island Park).

Über San Antonio durch den Süden von Texas

Die rund 200 Meilen von Houston nach San Antonio lassen sich auf der I-10 rasch bewältigen. Bei der Kleinstadt **Luling** einst eine Öl-*boom town* und auch heute noch voller originell dekorierter Ölpumpen, bietet sich ein Abstecher nach **Austin** an, der attraktiven, überschaubaren Hauptstadt von Texas, 50 Meilen nördlich von Luling. Neben dem von Cowboy-Statuen umgebenen Palast des Gouverneurs, der das Kapitol in Washington noch um 2 m überragt, beeindruckt im zentralen Bereich vor allem die University of Texas mit einem ausgedehnten Campus zwischen Red River und Guadalupe St. nördlich des von der I-35 nicht zu verfehlenden Regierungsviertels. Integriert in das Universitätsgelände liegt die Lyndon Baines Johnson Library zwischen Red River St. und San Jacinto Blvd. Neben ihrer eigentlichen Funktion dient die aus weißem Marmor errichtete Bibliothek als Museum für Johnsons Wirken.

Besonders an heißen Tagen sollte man einen Besuch des Barton Springs-Schwimmbads (südlich des Colorado Flusses der Barton Springs Rd. folgen) nicht versäumen: sommers wie winters mit 20 °C sprudelndes, klarstes Quellwasser wird hier in einem natürlichen Felsbekken aufgefangen und bildet einen 300 m langen, großartigen Pool. Ringsum sorgt der Zilker Park für ein angenehmes Ambiente.

Wer Interesse daran hat, wie die Texaner ›ihren‹ ehemaligen Präsidenten feiern, fährt 50 Meilen westlich nach **Johnson City**. Die dortigen Gebäude (Boyhood Home, Vaters erste Blockhütte etc.) und das Gelände rund um die LBJ Ranch samt Grabstätte der Familie (noch einige Meilen weiter nach Westen auf der Straße Nr. 290) bilden den **Lyndon B. Johnson National Historical Park**. Johnson City liegt mitten im Texas Hill Country, einer hügeligen Landschaft voller Höhlen, Quellen, klarer Flüsse und Seen in felsigen Canyons. Eine Reihe von State Parks erschließt besonders reizvolle Bereiche, etwa Inks Lake, Pedernales Falls und – zum *inner tubing* und Planschen mit Kindern vorzüglich geeignet – Guadalupe River. Am Rande des Gebiets, an der I-35 etwa auf halber Strecke von Austin nach San Antonio, sind die Aquarena Springs bei San Marcos einen Stopp wert. Über 400 m^3 Wasser pro Minute treten dort durch Kalksandstein, der als Filter wirkt, glasklar an die Oberfläche. Florida-Vorbildern nachempfunden ist der Vergnügungspark und -garten rund um den großen Spring Lake mit den üblichen Beigaben vom Giftshop über Glasbodenboote bis zur Nixenshow unter Wasser.

Quellen und der Guadalupe River sind auch die Attraktion der deutschen Texas-Hochburg **New Braunfels**, ebenfalls an der I-35, 20 Meilen nordöstlich von San Antonio. Das Städtchen ist weit über Texas hinaus für sein Wurstfest bekannt. Für das jährlich vom ersten bis zweiten Wochenende im November stattfindende Fest ist ein eigenes Gelände mit Halle im Landa Park reserviert. Außer Bier, Würsten aller Art und Schweinefleisch gibt es ›German Gemütlichkeit‹ in Lederhosen und Dirndl mit Ompah-Musik, ›Yoddlers‹, *running* um die Wurst und sogar ein Melodrama »It's all for the Wurst«.

New Braunfels hat allerdings noch mehr zu bieten: Der Landa Park grenzt unmittelbar an die Comal Springs, die den für das *inner tubing* beliebten Comal River speisen. Oberhalb des Parks, an einem Seitenarm des kleinen Flusses, befindet sich mit der ›Schlitterbahn‹ die parkartige Anlage eines der besten Planschparks der USA. Mit dem nahen Canyon Lake, einem Freizeit(stau)see par excellence, und dem mit Stromschnellen durchsetzten Guadalupe River verfügt der Ort über Wasserspaßreviere, wie sie im Buche stehen.

Die Geschichte von **San Antonio** begann mit der Errichtung eines Militärpostens und einer ersten Missionsstation am San Antonio River durch die Spanier im Jahre 1718. Andere zunächst weiter östlich etablierte Missionen verlegten in den Folgejahren ihre Aktivitäten ebenfalls auf Gebiete entlang des Flusses, und so entstanden bis Mitte des 18. Jh. weitere vier Stationen südlich von San Antonio. Mit Übernahme der spanischen Nordamerika-Besitzungen durch Mexiko wurde San Antonio 1821 Hauptstadt der Provinz Texas. Die Stadt wurde zum Vielvölkerschmelztiegel mit starker deutscher Komponente. Bei der weiteren Entwicklung blieb der mexikanische Einfluß nichtsdestoweniger bedeutsam.

Der **Alamo State Park**, der neben den restaurierten Überbleibseln der einstigen Festung noch Kirchengebäude und Museum umfaßt, ist alljährlich Ziel zahlloser Besucher. Im IMAX Theater der Rivercenter Shopping Mall gleich um die Ecke in der Crocket St. feiert ein gut gemachter 45-Minuten Film »Alamo ... The Price of Freedom« 10–12mal täglich die Heldentat der Alamo-Verteidiger. Das zum

Remember the Alamo

Glorie und Heldenverehrung auf amerikanisch

Sinn hatte das Alamo-Gemetzel nicht, weder für die 182 ›heroischen‹ Verteidiger der Festung, noch für die mexikanischen Angreifer, von denen erheblich mehr den ›Sieg‹ mit dem Leben bezahlten. Aber damals galten andere Kategorien: ›Sieg oder Tod‹ lautete das Motto des Kommandanten Travis für seine zusammengewürfelte Schar verwegener Revolutionäre, die sich 1835 dem texanischen Aufstand gegen die mexikanische Vorherrschaft angeschlossen hatten und sich im Februar 1836 auf verlorenem Posten gegen die anrückende mexikanische Armee fanden. Unter ihnen James Bowie, den das nach ihm benannte Messer berühmt gemacht hatte, und David Crockett, legendenumwobener ›Westmann‹ und ehemaliger Kongreßabgeordneter.

Das riesige Texas wurde damals von nur 40 000 Menschen bewohnt, überwiegend ›Einwanderer‹ aus den Vereinigten Staaten und neue Siedler aus Europa, offiziell jedoch Bürger des jungen Staates Mexiko, der die nordamerikanischen Besitzungen vom ehemaligen Kolonialherrn Spanien übernommen hatte. Eine Handvoll verstreuter, schwach besetzter Stützpunkte und die alte Verwaltungsstruktur der Spanier hielt die mexikanischen Hoheitsrechte aufrecht. Unmut über Abgaben und Bevormundung führte zur Revolution. Die begann zunächst unblutig, als der spätere Alamo-Verteidiger Travis eine kleine Garnisonstruppe verjagte, hatte jedoch im Oktober 1835 die Proklamation der unabhängigen Republik Texas zur Folge. Mexiko entsandte daraufhin ein starkes Expeditionsheer zur Niederschlagung des Aufstands.

Die Soldaten erreichten Ende Februar 1836 den südlichen Außenposten des neuen Texas, die ehemalige Missionsstation San Antonio de Valero, die bereits vorher von den Spaniern zu einem Militärfort umfunktioniert und El Alamo genannt worden war. Im Zuge der Revolution hatte Texas die Festung den Mexikanern abgenommen und James Bowie das Kommando über eine schwache, später durch Freiwillige verstärkte Besatzung übertragen. Als sich die Überlegenheit des herannahenden mexikanischen Heers abzeichnete, stand William Travis für den an Lungenentzündung erkrankten Bowie in der Verantwortung. Statt sein und seiner Männer Heil im noch möglichen Rückzug zu suchen, hoffte er auf Verstärkung und fand ohnehin »death preferable to disgrace«, wie er im Tagebuch notierte. Nun bestimmten Soldatenehre und Heldentum das Geschehen.

Auch die Motive des mexikanischen Kommandeurs Santa Ana, sich auf die zeitraubende und verlustreiche Eroberung von El Alamo einzulassen, entziehen sich der strategischen Logik. Statt an der Festung vorbeizuziehen, sie gegebenenfalls mit einer kleinen Truppe in Schach zu halten und mit seinen zunächst noch unverbrauchten Kräften gegen die schwache texanische Hauptmacht unter General Sam Houston zu marschieren, entschloß er sich zur Einnahme. Während der zwölf Tage dauernden Kämpfe gewann Houston Zeit zur Formierung und Verstärkung seiner Verbände, Santa Anas Armee dagegen erschöpfte sich. Trotz immer noch großer zahlenmäßiger Überlegenheit unterlag sie auf dem San Jacinto Battleground den Texanern, die mit dem Ruf »Remember the Alamo« in die Schlacht zogen.

Travis, Bowie, Crockett und ihre Leute, die allesamt niedergemacht wurden, erlangten mit der posthumen Rechtfertigung ihres Verbleibs in San Antonio unsterblichen Ruhm. Sie hatten nicht gewußt, daß ihr Kampf den entscheidenden Zeitgewinn für Sam Houston bringen würde und ahnten auch nicht, daß später Hunderttausende von Besuchern des Alamo Park alljährlich ihre Hingabe für Texas und die Unabhängigkeit bewundern sollten.

Wasser hin voll verglaste Rivercenter wurde um das Wendebecken eines Stichkanals vom San Antonio River angelegt.

Dank dieses Kanals kann man bereits hier eines der floßartigen Ausflugsboote *(River Barges)* besteigen, die den Paseo del Rio entlang fahren. Der Begriff des Paseo del Rio oder Riverwalk bezieht sich auf eine künstliche Umleitung des San Antonio River, an dem Spazierwege, malerisch gesäumt von Villen, Gärten, Hotels und Lokalen in subtropischer Vegetation, angelegt wurden. Von der Alamo Plaza erreicht man den Riverwalk über einen an künstlichen Wasserfällen vorbeiführenden Stufenweg mitten durch die Halle des Hyatt Regency Hotels, genau dort, wo sich die Cafés, Kneipen und Open Air-Restaurants ballen (zwischen Commerce und Crockett St.-Brücken). Vergleichbares gibt es in keiner anderen amerikanischen Stadt. Hier ist der rechte Ort, die mexikanische Küche zu genießen.

Mexikanische Gerichte gibt es ebenfalls im La Villita, einem Boutiquen- und Kunsthandwerkerzentrum mit mexikanischem Dorfcharakter in der Südostecke des Paseo del Rio gleich hinter der Freilichtbühne. Preiswerter und bunter geht es im Mercado zu, einer Art Markthalle mit zahlreichen Läden an der Commerce St. westlich des Geschäftszentrums, das zwischen dem Ostarm des Paseo del Rio und der Military Plaza (dort der schöne alte Spanish Governors' Palace) durch die Commerce und Market St. als Hauptachsen markiert wird.

Einer Anbindung per Stichkanal an den zentralen Riverwalk erfreut sich auch das große Convention Center im Hemisfair Park an der Market St./Alamo St. Dahinter überragt der 190 m hohe Tower of the Americas mit Aussichtsplattform die Stadt. In der hinteren Ecke der Hemisfair Plaza versteckt sich das Institute of Texan Cultures mit einer Ausstellung zur Geschichte des Staates.

Den Alamo- und Riverwalk-Bereich erkundet man am besten zu Fuß. Gebührenpflichtige Parkplätze findet man zwischen Alamo Park und der I-35/37. Keine schlechte Idee ist es, die Besichtigung auf den späten Nachmittag zu legen. Nach 16 Uhr steigen die Chancen, im Zentrum und rund um die Alamo Plaza (Visitor Center) freie Parkuhren zu finden, und die Sonne steht dann im richtigen Winkel für ein optimales Photo von der Alamo-Fassade.

Im **San Antonio Missions National Historical Park** wurden die nach San Antonio de Valero entstandenen Missionsstationen bzw. deren Ruinen zu einer räumlichen Einheit zusammengefaßt. Folgt man dem Freeway-Ring um die Stadt, kann man südlich des Zentrums (auf der I-10) die ausgeschilderte Abfahrt nicht verfehlen.Von der – Alamo nicht gezählt – ersten, zwischen 1731 und 1752 errichteten Mission Concepción werden Besucher über Parkanlagen beiderseits des San Antonio River zur jeweils nächsten Station geführt. Die eindrucksvollste ist die gänzlich erhaltene Mission San José (1720–31), eine fortartige Befestigungsanlage, in deren Mittelpunkt die Kirche steht. Die kleineren, 1731 erbauten Missionen San Juan und Espada sind vergleichsweise schlichte Reste der ursprünglichen Anlagen.

Wer mehr als einen Tag Zeit hat, könnte den Besuch folgender Sehenswürdigkeiten erwägen: Das

Die Mission Concepción

Museum of Art in der Jones Ave., erreichbar über den Broadway, zehn Blocks nordöstlich der Alamo Plaza, wurde in einem ehemaligen Brauereigebäude untergebracht und beeindruckt vor allem durch die Gestaltung der Ausstellungstrakte. Im Mittelpunkt des Witte Museum am Broadway in der nördlichen Ecke des Brackenridge Park stehen Tierwelt und Geschichte von Texas. Ergänzt wird die permanente Kollektion durch eine Kunstgalerie mit wechselnden Ausstellungen.

Sehenswert ist das McNay Art Museum an der Ecke Austin Highway (Nr. 81)/New Braunfels Ave. Die ehemalige Privatvilla in mexikanisch/spanischer Bauweise wurde mit den Kunstsammlungen verschiedener Mäzene bestückt.

Der Brackenridge Park, am San Antonio River nördlich der Innenstadt zwischen Broadway und McAllister Freeway (Nr. 281), bietet viel Platz für Sport und Spiel. Anziehungspunkte sind der sehr schöne Zoo, der ›versunkene‹ und der japanische Garten, die Seilbahn und die Kindereisenbahn durchs Gelände. An heißen Tagen verspricht der Waterpark USA an der I-35 im Osten der Stadt Abkühlung.

Der Aquamarine Park Seaworld of Texas liegt weit außerhalb im Westen der Stadt (Ellison Dr., erreichbar am besten über die I-10, dann Northwest Freeway Nr. 151), nach Orlando die zweite Möglichkeit, auf dieser Route das große Killerwal-, Delphin- und Wasserzirkusprogramm zu sehen.

Information: Das San Antonio Visitor Information Center liegt unverfehlbar gegenüber dem Alamo Park, ✆ 512-270-87 48 (Postanschrift: 317 Alamo Plaza, San Antonio TX 78205). Dort gibt es u.a. den hilfreichen ›San Antonio Lodging Guide‹.

Unterkunft: In Downtown San Antonio ist das Hotel-Preisniveau besonders an Wochenenden hoch. Die günstigeren Quartiere in der Stadt – wie z.B. das Motel 6 – sind oft ausgebucht. Preiswertere Quartiere findet man entlang der Umgehungsautobahn I-410 und nordöstlich an der I-35. Zentral und noch relativ günstig übernachtet man in den beiden La Quinta Motor Inns, 1001 Commerce St./I-35 bzw. Market Square/I-10 östlich bzw. westlich der River Walk Zone. Erschwinglich sind auch die beiden Rodeway Inns an der I-35 bzw. I-10 in allerdings etwas größerer Entfernung. Optimal gelegen und daher nicht billig sind das Hyatt Regency River Walk und das Hilton Palacio del Rio.

Camping: Citynah campt man bei KOA, 602 Gembler Rd., ca. 6 Meilen von Downtown. Im weiteren Umfeld bieten die State Parks des Texas Hill Country hübsche Alternativen.

Von San Antonio geht es auf der Straße Nr. 90 weiter in westliche Richtung. Nach 120 weitgehend eintönigen Meilen passiert man **Brackettville**. Rund 6 Meilen nördlich des Ortes wurde vor 30 Jahren das Alamo Village für den John Wayne-Film »The Alamo« errichtet, das bis heute als Kulisse für

Texanische Herrenrunde

Western, Dokumentationen und Werbespots dient.

Del Rio bietet Gelegenheit zu einem kurzen Abstecher nach Mexiko. Auf der anderen Seite der Brükke über den Rio Grande liefert **Ciudad Acuña** ein Beispiel für die Realität des lateinamerikanischen Schwellenlandes. ›Pittoresk‹, wie die in Del Rio verbreitete Werbung glauben machen möchte, wirken die Straßen und Läden höchstens am Abend, wenn die Probleme der Stadt weniger kraß ins Auge fallen. Man kann unmittelbar an der Grenze parken, die Brücke zu Fuß überqueren, aber auch ein Taxi nehmen. Preiswerter ist der Bus. Ohne Wagen bedarf es dabei keiner besonderen Einreiseformalitäten.

Hinter dem Amistad Staudamm, 5 Meilen westlich von Del Rio, verliert das bis dahin bräunlich-trüb dahinfließende Wasser des Rio Grande seine Sedimente im gleichnamigen See und wird wieder klar. Dank zahlloser Seitenarme und einer Wasserfläche von über 300 km^2 ist er ein beliebtes Wassersport- und Angelrevier.

Kurz vor Überquerung des Rio Pecos passiert die Straße Nr. 90 den **Seminole Canyon State Park**. Führungen zu indianischen Felszeichnungen und Resten alter Klippendörfer finden dort unter Ranger-Aufsicht statt. Hinter Langtry beginnen wenig interessante 170 Meilen, bevor die Sierra del Carmen und die Chisos Mountains des Big

Bend National Park in Sicht kommen.

Der **Big Bend National Park** umfaßt ein knochentrockenes gebirgiges Gebiet von fast 3000 km^2 innerhalb eines großen Bogens *(big bend)*, den der Rio Grande beschreibt. Bedingt durch seine Lage abseits der üblichen Routen, aber wohl auch wegen der Hitze in den Sommermonaten, gehört Big Bend zu den relativ wenig besuchten Parks. Einsamkeit und unberührte Landschaft machen ihn jedoch zu einem besonders attraktiven Ziel. Erst 25 Meilen nach der Nordeinfahrt erreicht man das Visitor Center an der Panther Junction. Von der durch den Park führenden Straße Nr. 118 gibt es drei asphaltierte Stichstraßen in das Hinterland.

Am leichtesten zu bewältigen ist die Strecke (ab Panther Junction ca. 40 Meilen hin und zurück) zum Rio Grande Village, einer langgestreckten, grünen Oase am Fluß mit großem Campingplatz. Ein Dorf, wie der Name vermuten läßt, existiert nicht. Kurz vor dem ›Village‹ zweigt die Zufahrt zum Boquillas Canyon links ab. Am Straßenendpunkt beginnt ein etwa 1 km langer Pfad durch Uferschilf des Rio Grande zum Eingang des Canyons. Grandiose Felswände überragen hier den Fluß. Ein weiterer Ausflug führt auf einer Schotterstraße zu heißen Quellen. Der einige Meilen vor dem ›Village‹ rechts abzweigende, zunächst passabel erscheinende Weg kann allerdings nicht durchgehend befahren werden. Das letzte Stück geht es zu Fuß zu den Resten eines ehemaligen Badehauses, dessen Ruinen das heiße Wasser gegen den Rio Grande abschirmen. Ein kleiner Sitzpool ist geblieben von dem, was früher einmal zahlreiche Kurgäste anlockte.

Aus der wüstenartigen Landschaft steil hinauf in die zerklüftete Gebirgsregion der Chisos Mountains sind es von der Durchgangsstraße bis zum Endpunkt The Basin sechs Meilen, auf denen sich binnen kurzem die Vegetation dramatisch verändert. Bergwald löst nach wenigen hundert Höhenmetern die dürftigen Gewächse der trockenen Zonen ab. Zahlreiche Wanderwege führen in die malerische Bergwelt.

Die reizvollste Strecke ist der Ross Maxwell Scenic Drive nach Castolon am Rio Grande, ab Santa Elena Junction rund 45 Meilen hin und zurück. Vom Straßenendpunkt führt ein Pfad in den Santa Elena Canyon hinein. Schlauchboottouren durch die Schlucht lassen sich in Lajitas außerhalb des Parks an der Straße Nr. 170 buchen. Es existieren zwei Tankstellen (Panther Junction/Rio Grande Village) und Miniläden, aber darüber hinaus keine weiteren Versorgungsmöglichkeiten im Park. Über eine begrenzte Infrastruktur verfügen Study Butte/Terlingua an der Westeinfahrt und Lajitas.

Unterkunft: Abgesehen von der kleinen Chisos Mountain Lodge in der Hochlage des Parks, ✆ 915-477-

22 91, gibt es im Big Bend keine Quartiere, lediglich rustikale Campgrounds am Ende der Stichstraßen. Eine Handvoll Motels findet man in der Doppelsiedlung Study Butte/Terlingua; ca. 15 Meilen nördlich das Longhorn Ranch Motel mit Zimmern ab 40$ ✆ 915-371-25 41. In Lajitas am Ufer des Rio Grande steht das Lajitas Motor Inn im Western Look, ✆ 915-424-34 71.

Das nächste Ziel auf dieser Route sind die Carlsbad Caverns in New Mexico. Die attraktivste Route folgt zunächst dem Verlauf des Rio Grande auf den Spuren der ersten spanischen Entdecker (Camino del Rio) bis Presidio, führt über die Geisterstadt Shafter am Elephant Rock vorbei durch die Chinati Mountains, danach durch Marfa und Fort Davis über die Davis Mountains (McDonalds Observatory mit abendlichen Sternenprogrammen) zur I-10. Von Van Horn geht es auf der Nr. 54 durch einsame, von schroffen Gebirgszügen flankierte Ebenen zum Guadalupe Mountains Park, der sich durch die steile Wand des Bergs El Capitán ankündigt.

Die Straße Nr. 62/180 verläuft unterhalb der massiven, weitgehend unberührten Guadalupe-Gebirgswelt in Richtung Carlsbad. Nur zwei kurze Zufahrten erschließen den Park: Die erste führt zum Visitor Center Pine Springs mit Campingplatz und Ausgangspunkt von Wanderwegen, die zweite zum besonders im Frühjahr und Spätherbst reizvollen McKittrick Canyon.

Durch die Wüsten von New Mexico und Arizona

Der **Carlsbad Caverns National Park** liegt 25 Meilen südlich der Stadt Carlsbad. Eine Stichstraße führt von Whites City zum Visitor Center des Parks mit den größten der Allgemeinheit zugänglichen Höhlen der Welt, die ohne Gruppenführung besichtigt werden können. Die Natural Entrance Tour beginnt am natürlichen Höhleneingang und erfordert einen serpentinenreichen Abstieg durch tunnelartige, von der Fledermaus-Höhle unterbrochene Bereiche, die sich zum Main Corridor mit einer Deckenhöhe bis zu 60 m erweitern. 250 m unter der Erde erreicht man den Kings Palace und die Queens Chamber mit filigranen Formationen aus Stalaktiten und Stalagmiten, die schönsten ›Räume‹ der Höhle (Besichtigung nur unter Ranger-Führung). Von dort ist es nicht mehr weit bis zur unterirdischen Snackbar und dem Fahrstuhlschacht.

Die Big Room Tour (Einstieg und Verlassen der Höhle per Fahrstuhl) führt auf einem ungefähr 2 km langen Rundweg ohne größere Niveauunterschiede durch die riesigen Haupträume der Höhle in etwa 220 m Tiefe.

Die für beide Touren benötigte Zeit wird in den Broschüren und von den Rangern etwas übertrieben. Selbst wer sich viel Zeit läßt, wird kaum mehr als eine Stunde für

Im White Sands National Monument

den Abstieg durch den natürlichen Eingang benötigen. Eine weitere Stunde für die Big Room Tour ist gut bemessen. Gegen geringes Entgelt kann man Mini-Empfänger ausleihen, über die man an bestimmten Punkten Informationen zum jeweiligen Höhlenteil erhält. Die wichtigsten Angaben finden sich auch auf kleinen Schrifttafeln. Wer den Fußmarsch bergab nicht scheut, sollte sich für die längere Tour entscheiden. Im Sommer ist am Höhleneingang letzter Einlaß um 15.30 Uhr, am Fahrstuhl hingegen um 17 Uhr. Vor Memorial Day und nach Labor Day gelten die Zeiten 14 und 15.30 Uhr.

Vom Frühjahr bis Oktober leben Millionen von Fledermäusen in der Bat Cave, 50 m tief unter dem Eingang. Bei Sonnenuntergang verlassen viele von ihnen die Höhlen und kehren im Morgengrauen zurück. Auf dieses Schauspiel zu warten, lohnt sich. Oberhalb der Höhlenöffnung wurde eigens dafür eine Zuschauertribüne eingerichtet, Ranger erläutern das Phänomen. Für Höhlenfreunde mag die Slaughter Canyon Cave noch reizvoller sein als die voll erschlossene Haupthöhle. Dort gibt es weder Licht noch asphaltierte Wege. Mit Laternen geht es auf eine geführte Tour. Der Eingang liegt südwestlich des Visitor Center am Ende der Straße Nr. 418, von Whites City sind es rund 22 Meilen und 1,5 km Fußweg ab Parkplatz; Voranmeldung erforderlich.

Unterkunft/Camping: In Carlsbad passiert man an der Durchgangsstraße zahlreiche auf den Höhlentourismus zielende Motels und Hotels. Viele Ketten sind dort mit Häusern vertreten. An der Zufahrt zu den Carlsbad Caverns in Whites City warten zwei Best Western Motels, ✆ 505-785-22 91, ebenso ein Campingplatz. Weitere Plätze liegen am Wege zwischen Carlsbad und der Whites City.

Die rund 100 Meilen über Artesia bis zu den Sacramento Mountains führen überwiegend durch Halbwüste. Abwechslungsreicher gestaltet sich die Fahrt durch die Berge. Zwischen Mayhill und Cloudcroft geht es durch ein hübsches Hochtal, danach durch Gebirgsregionen, die im Winter sogar Skilauf ermöglichen. Nach dem raschen Abstieg Richtung Alamogordo empfängt den Reisenden wieder die Wüstenhitze.

Eine äußerst ungewöhnliche Landschaft liegt 14 Meilen südwestlich von **Alamogordo**: das aus dem riesigen Raketenversuchsgelände ›herausgeschnittene‹ **White Sands National Monument**. 66 Meilen nördlich des Monuments, auf der Trinity Site fand im Jahr 1945 vor dem Einsatz der Atombomben gegen Japan die erste Atomexplosion der Geschichte statt. Das White Sands Visitor Center befindet sich unmittelbar an der Straße nach Las Cruces. Aus Gipsablagerungen entstandene Sandkristalle aus dem Lake Lucero am südwestlichen Rand des Monuments sorgen kontinuierlich für Neubildungen, während die bestehenden, bis zu 15 m hohen Hügel durch den Wind unablässig ihre Gestalt verändern und nach Nordwesten wandern.

Eine Stichstraße, die an windigen Tagen von Sandpflügen freigehalten wird, führt mitten hinein in das blendende Weiß. Vom Parkplatz am Straßenende kann man die Dünenlandschaft am besten erkunden. Weht es, sind die eigenen Spuren schnell verwischt, und bereits nach wenigen hundert Metern umfängt den Besucher das Gefühl völliger Einsamkeit. Am intensivsten erlebt man White Sands am frühen Morgen und am Spätnachmittag oder frühen Abend. An schönen Tagen lassen sich hier phantastische Photos vom Sonnenuntergang machen. Die Straße wird bis 30 Minuten nach Einbruch der Dunkelheit offengehalten, im Sommer oft bis 23 Uhr.

Unterkunft: Im Dünengelände gib es keine Unterkunftsmöglichkeit. Zahlreiche Motels findet man an der Hauptstraße durch Alamogordo, darunter ein Best Western und ein Holiday Inn als beste Häuser am Platze.

Camping: Mitten in Alamogordo befindet sich ein KOA Campground mit Pool. Über einen guten Campingplatz verfügt auch der Oliver Lee State Park 10 Meilen südlich von Alamogordo.

Weiter geht es über Las Cruces auf der I-10 in Richtung Arizona. Ein Abstecher ab Deming auf der Straße Nr. 180, dann Nr. 61, führt zunächst zur **City of Rocks**, einem State Park mit Campingplatz zwischen absonderlichsten, wie hingeworfen wirkenden Felsblöcken in sonst ebener Landschaft. Weiter auf der Nr. 61 durch das Tal des Mimbres River, und dann auf der Nr. 35/15 geht es zum **Gila Cliff Dwellings National Monument**. Mit Besichtigung und Stopps am Wege erfordert der Umweg einen vollen Tag. Die Fahrt durch den hochgelegenen, sehr einsamen Gila National Forest ist allein schon ein Erlebnis. Am Ziel findet man gut erhaltene und teilweise restaurierte Ruinen präkolumbischer Indianerzivilisationen (s. S. 124 f.) in großen Felshöhlen über einem malerisch bewachsenen Canyon.

Für die Rückfahrt bleibt man auf der Nr. 15 bis **Silver City**, einer alten *boom town*, die das Versiegen der Silberadern dank großer Kupfervorkommen überlebte. Die nahe, sehr tiefe Santa Rita Open Pit Copper Mine läßt sich von einem eigens angelegten Aussichtspunkt gut einsehen. Bemerkenswert ist die durch den Kupferabbau verursachte weiträumige Landschafts-

Von Alamogordo nach Tucson

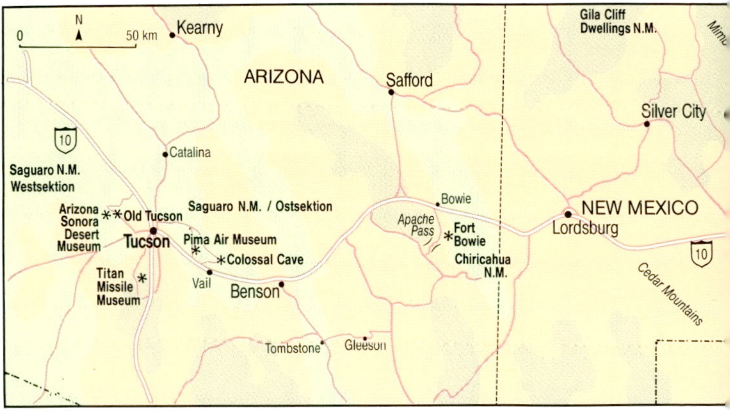

zerstörung. Silver City besitzt mit dem Big Ditch Park eine erstaunliche Sehenswürdigkeit: Wo um die Jahrhundertwende noch die Main St. verlief, befindet sich heute ein breiter, 15 m tiefer Graben. Innerhalb kurzer Zeit sackte dieser Streifen nach starken Regenfällen auf das gegenwärtige Niveau ab. Ansonsten zehrt die Stadt vom Ruhm, Heimat des berüchtigten, mit seinem siegreichen Verfolger Sheriff Pat Garrett in die Wildwestgeschichte eingegangenen Billy the Kid gewesen zu sein. In **Lordsburg**, das sich durch die niedrigsten Motelpreise der Region auszeichnet, kehrt man zurück auf die I-10.

Rund 50 Meilen weiter, hinter Bowie/Abfahrt Nr. 362, zweigt eine Schotterstraße über den Apache Pass zum **Chiricahua National Monument** ab. Die Piste ist zwar staubig und streckenweise recht rauh, aber bei Trockenheit unproblematisch. Im Paßbereich passiert man den Ausgangspunkt des Pfads (hin und zurück etwa 5 km) zu den Resten des Fort Bowie, das hier vor über 100 Jahren als Außenposten gegen die Apachen fungierte.

Von Erosion durch Wind, Wasser und Eis skurril geformte Felsskulpturen sind die Attraktion des Chiricahua Park im Coronado National Forest. Nach der Fahrt über den Apache Pass und durch vegetationsarme Ebenen überrascht eingangs des Monuments der dichte Baumbestand des Chiricahua-Höhenzugs. Hinter dem Visitor Center beginnt der Bonita Canyon Drive, der zum 450 m höhergelegenen Massai Point führt. Vom Massai Point und einem dort angelegten Nature Trail überblickt man die eigenartigen Chiricahua-Felsen. Eine Wanderung hinein in dieses Wunderland der Formen und Farben, der Türme, Höhlen und Felsen darf man sich nicht entgehen lassen.

Bei begrenzter Zeit eignet sich am besten der obere Abschnitt des Echo Canyon Trail mit Ausgangspunkt unterhalb des Massai Point. Zwei Stunden sollte man mindestens einplanen: Gerade die ersten beiden Kilometer bieten atemberaubende Eindrücke. Mit etwas mehr Zeit könnte man den Echo Canyon ganz entlang laufen und über den Hailstone Trail zum Parkplatz des Echo Canyon zurückkehren; ca. 6 km. Mit Pausen benötigt man für die Rundwanderung Echo Canyon/Sarah Deming Canyon/Totem Canyon mit Abstecher zum Heart of Rocks sechs bis acht Stunden; Beginn wie oben, ca. 14 km. Etwas weniger anstrengend ist es, morgens den Shuttle-Bus vom Visitor Center nach oben zu nehmen (Abfahrtszeit: ✆ 604-824-35 60), ausgiebig durch die Skulpturen zu wandern und über den Rhyolite Trail abzusteigen.

Vom Chiricahua National Monument bis Tombstone sind es nur 60 Meilen, wenn man sich auf der breiten, insgesamt gut befahrbaren Schotterpiste über die Geisterstadt Gleeson und die Dragoon Mountains ›durchschlägt‹. Über die I-10 oder **Bisbee** fährt man auf asphaltierten Straßen 25 bis 30 Meilen mehr. Der Weg über Bisbee führt vorbei an der Lavendar Open Pit Copper Mine und in attraktivem Verlauf durch die Mule Mountains.

Dank Wyatt Earp, Doc Holliday und dem legendären *gun fight* am O.K. Corral gegen die Clanton-Brüder ist kaum eine andere (reale) Western-Stadt so bekannt wie das Städtchen mit dem schönen Namen **Tombstone** (Grabstein). Hier, im südöstlichsten Arizona nahe der mexikanischen Grenze, ging the *town too tough to die* wohl nur wegen ihres Bekanntheitsgrads nicht unter. Er bescherte ihr einen kontinuierlichen Touristenstrom und damit ausreichende Einnahmen, um zu überleben. Denn die Silberader, die Tombstone einst groß machte, ist längst erschöpft. Tombstone besteht aus der historischen Hauptstraße, der Allen St., wo sich eine Handvoll Saloons, Restaurants und

Inbegriff des ›Wild West‹: Tombstone im südöstlichen Arizona

zahlreiche Andenkenläden der Besucher annehmen. Mehrere kleine Museen (u. a. das Court House als State Historic Park, nicht überwältigend) fehlen natürlich nicht, und am O.K. Corral stehen die Helden von damals in Lebensgröße in authentischer Position. Jeden zweiten, vierten und gegebenenfalls fünften Sonntag im Monat findet nach altem Ritual um 14 Uhr der große *shootout* live statt. Die Opfer der bleihaltigen Luft liegen auf dem Boothill-Friedhof eingangs der Stadt begraben.

Saguaro-Kaktus

Tucson und Phoenix

Arizona machte als 48. und letzter Staat der kontinentalen USA die Union im Jahre 1912 komplett. Zu jener Zeit lebten gerade 200 000 Menschen auf den fast 300 000 km^2 des Staates. Tucson, bis dahin Verwaltungszentrale des Arizona Territory, wurde Hauptstadt, verlor die Funktion jedoch später an Phoenix. Quasi als Kompensation erhielt es die University of Arizona, die heute mit ihrem ausgedehnten Campus und dem von ihr bestimmten Leben ringsum eine Stadt in der Stadt bildet. Heute zählt Tucson rund 700 000 Einwohner, Phoenix etwa 1,5 Mio.

Rund 20 Meilen vor Tucson kann man die I-10 (Exit 279) verlassen, um auf dem Old Spanish Trail über Vail zum Ostareal des zweigeteilten **Saguaro National Monument**, der Rincon Mountain Unit, zu gelangen. Nur dort sind die bis zu 15 m hohen, oft vielarmigen, schlanken Saguaro-Kakteen geschützt. Zwar wachsen immer noch unzählige Saguaros im südlichen Arizona, aber ihre Zahl nimmt mit der Ausdehnung der Städte und der Erschließung einst entlegener Gebiete rapide ab. Die Rundstrecke durch den Ostteil des National Monument bietet nicht nur eine Fahrt durch ungewöhnliche Kakteenbestände, sondern auch weite Blicke über das Tucson Valley. Ein Nature Trail ergänzt die entlang des Cactus Forest Drive gewonnenen Eindrücke. Die beste Zeit für den Besuch sind die Monate April bis Juni, wenn Wildblumen und Kakteen blühen.

Auf dem Weg von Vail zum Saguaro Monument passiert man die **Colossal Cave**, eine der größten trockenen Höhlen der Welt. Folgt man vom Saguaro National Monument dem Old Spanish Trail weiter, stößt man bald auf die Houghton Rd., von der 2 Meilen weiter südlich die Irvington Rd. abzweigt. Dort und entlang der Kolb Rd. erstrecken sich immense Freiflächen voller eingemotteter Militärflugzeuge, vom Weltkrieg-II-Jäger bis zu Jets der 80er Jahre. Das bemerkenswerte **Pima Air Museum** (Wilmot/Valencia Rd.) mit der drittgrößten Flugzeugausstellung der Welt läßt sich von der Kolb Rd. nicht mehr verfehlen. Es umfaßt über 200 gut gepflegte Originalmaschinen vom Doppeldecker bis zum modernen Kampfbomber. Organisatorisch verbunden mit dem Pima Air Museum ist das weltweit einmalige Titan Missile Museum bei Green Valley (auf der I-9 etwa 20 Meilen südlich von Tucson, Exit 69), das komplette Abschußsilo einer mit Atomsprengköpfen bestückten Titan-II-Interkontinentalrakete, die von 1963 bis 1984 rund um die Uhr einsatzbereit war.

Tucson verfügt über diverse interessante Museen. Das Tucson Museum of Art, Main St. gegenüber dem El Presidio Park, mit dem einzigen wirklich sehenswerten älteren Gebäude der Stadt, dem Court House, beeindruckt mehr durch seine moderne Architektur als durch die Ausstellung (Kunst des Südwestens und moderne amerikanische Kunst). Das Museum of Art der Universität, im Fine Arts Komplex (Speedway Blvd./Olive Rd.), ist bekannt für avantgardistische Wechselausstellungen. Das Museum der Arizona Historical Society, E. 2nd. St./N. Park Ave. am Campus, gehört zu den sehr guten, auf die Geschichte einzelner Bundesstaaten bezogenen Museen. Der Schwerpunkt liegt hier auf Arizonas Bergbauvergangenheit.

Das Arizona State Museum, auf dem Campus/Haupteingang University Blvd., dann gleich rechts, thematisiert in aufschlußreicher Form die Kultur der Ureinwohner des amerikanischen Südwestens. Das Planetarium mit Laserium, ebenfalls auf dem Campus/Cherry Ave., bietet abends Lasershows.

Information: Visitors Bureau of Metropolitan Tucson, 130 South Scott St., Tucson AZ 85701, ✆ 602-624-18 17.

Unterkunft: Übernachten ist in Tucson von Mai bis Anfang Oktober sehr preiswert. Mittelklasse-Zimmer gibt es dann schon ab 40$. Teurer wird es von Oktober bis Dezember und besonders Januar bis April. Es gibt immer genügend Unterkünfte. Viele Hotels/Motels findet man im Bereich der I-10 Business, in Airportnähe (Empfehlung zu Wochenendtarifen: Courtyard, Clarion Hotel), am Broadway East und Speedway Blvd. East.

Camping: Herrliches Camping im Tucson Mountain Park mitten in der Sonora Desert zwischen Kakteen

Hunderte stacheliger ›Orgelpfeifen‹ säumen die Straße im Organ Pipe Cactus Monument

auf dem Gilbert Ray Campground zwischen Old Tucson und dem Desert Museum (geringer Komfort, Strom aber vorhanden).

Rund 14 Meilen westlich von Tucson liegt das famose **Arizona-Sonora Desert Museum** im Tucson Mountain Park. Die kürzeste Zufahrt ist der verlängerte Speedway (von der I-10 Exit 257) über den Gates Pass (erhebliche Steigung, enge Straße, mit größerem Camper über den Ajo Way/Str. Nr. 86 anfahren). Von der Paßhöhe hat man einen wunderbaren Blick über die kakteenbestandene Sonora Desert. Bei dem ›Wüstenmuseum‹ handelt es sich um eine hervorragende Kombination von botanischem Garten und Kleintierzoo unter der Thematik ›Flora und Fauna der Wüste‹. Dazu gibt es nirgendwo Besseres. Das kommerziell betriebene International Wildlife Museum in einem burgartigen Gemäuer am Speedway zwischen Stadt und Gates Pass könnte man bei viel Zeit ergänzend besuchen.

Einige hundert Meter hinter dem Arizona Sonora Desert Museum beginnt der Westteil des Saguaro National Monument. Zwischen der Straße Nr. 86 und dem Desert Museum liegt die Westerntown **Old Tucson**, die als originalgetreuer Nachbau von Tucson vor der Jahrhundertwende 1939 für Filmzwekke errichtet und später der Stadt Tucson geschenkt wurde. Bis in die 60er Jahre diente die pittoreske

Wildwestkulisse als Drehort für Film- und Fernsehproduktionen, seither jedoch nur noch touristischen Zwecken.

Auf der I-10 benötigt man für die 120 Meilen von Tucson bis Phoenix nur gute zwei Stunden. Kilometermäßig erhöht sich die Distanz um etwas mehr als das Doppelte bei mindestens verdreifachter reiner Fahrzeit, wählt man statt dessen den Umweg über das **Organ Pipe Cactus National Monument**, den besten ›Kakteenpark‹ überhaupt. Bereits die Straße Nr. 86/85 durch die Sonora Desert/Papago Indian Reservation ist ein Erlebnis für sich. Nach rund 40 Meilen passiert man die Zufahrt zum Kitt Peak Observatory mit riesigen Teleskopen. Wer die steile Strecke (ca. 20 Meilen hin und zurück) nicht scheut, kann sich die Anlagen zur Weltraumbeobachtung aus nächster Nähe anschauen.

Der Organ Pipe-Kaktus, ein sonst in den USA weniger verbreiteter, loser Strauß stachliger Arme, ist beileibe nicht die überwiegende Kaktusart im National Monument. Die Vegetation umfaßt die ganze Vielfalt der Wüstengewächse, wie sie in anderen, zivilisationsnäheren Parks kaum mehr zu finden ist. Eine Einführung erhält man im Visitor Center (22 Meilen südlich von Why) und auf dem angrenzenden Naturlehrpfad. Den Ajo Mountain Drive (21 Meilen, Fahrzeit mindestens eine Stunde) – eine wild geführte, aber gut befahrbare Rundstrecke durch phantastisches Gelände – spart man sich am besten für die Morgenstunden auf (nicht für *motorhomes* geeignet).

Auch der Verlauf der Interstate nach Phoenix ist reizvoll: Sehr malerisch unter der gleichnamigen Höhe liegt z. B. der **Picacho Park State Park**. Bei Interesse an den **Casa Grande Ruins**, den Resten einer mehrstöckigen, präkolumbischen Adobe-Konstruktion, sollte man die I-10 bei Exit 212 verlassen. Das National Monument liegt nördlich von Coolidge.

Ein weiterer Abstecher könnte zur Experimentierstation Biosphere 2 führen, ca. 32 Meilen nördlich von Tucson bei Oracle (Straßen Nr. 89/77). Von Ende 1991 bis Ende 1993 lebten dort acht Männer und Frauen in einem geschlossenen, mit der Umwelt nicht verbundenen ökologischen System. Im Gelände rund um die zweite Biosphäre (die erste ist die Erde) existiert ein Besucherkomplex mit Information Center, Restaurants, Hotel und natürlich Souvenirshops.

Phoenix und Umgebung

Phoenix, die junge Metropole in der Wüste, verdankt ihren Wohlstand den Stauseen in den Bergen nordwestlich und nordöstlich des Valley of the Sun. Ein raffiniertes Kanalsystem, darunter das Granite

Von Phoenix nach Flagstaff

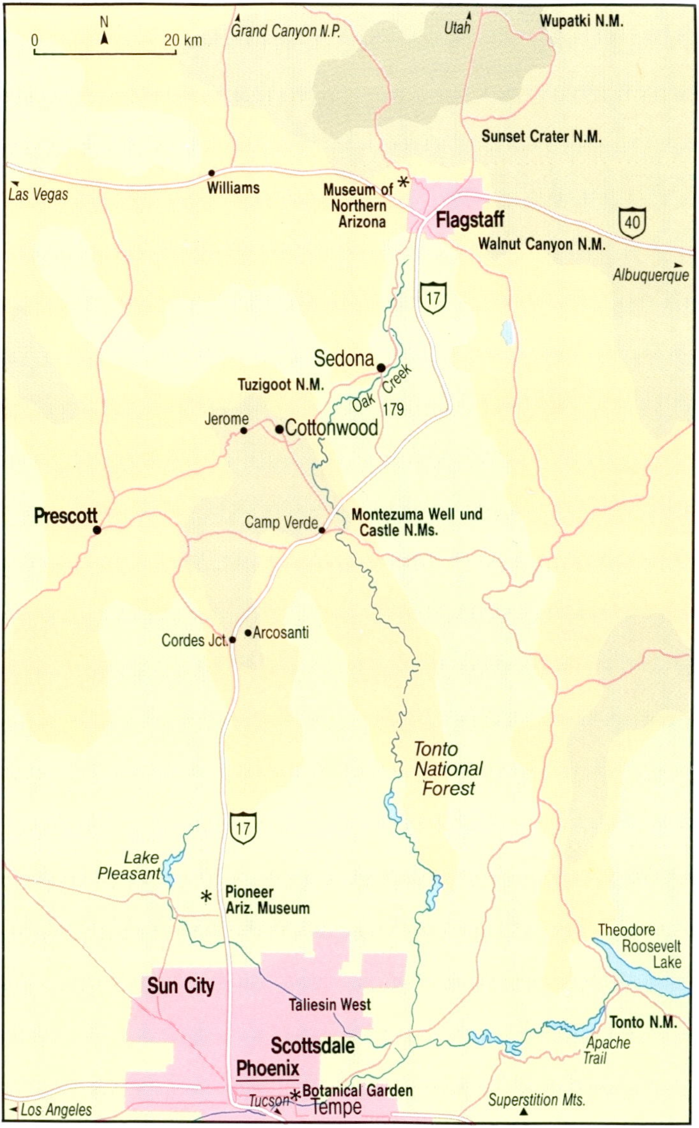

N
0
20 km
Grand Canyon N.P.
Utah
Wupatki N.M.
Sunset Crater N.M.
Las Vegas
Williams
Museum of Northern Arizona
Flagstaff
40
Walnut Canyon N.M.
Albuquerque
17
Sedona
Tuzigoot N.M.
Oak Creek
179
Jerome
Cottonwood
Prescott
Camp Verde
Montezuma Well und Castle N.Ms.
Cordes Jct.
Arcosanti
Tonto National Forest
17
Lake Pleasant
Pioneer Ariz. Museum
Theodore Roosevelt Lake
Sun City
Taliesin West
Tonto N.M.
Scottsdale
Apache Trail
Phoenix
Botanical Garden
Tucson
Tempe
Superstition Mts.
Los Angeles

Reef Aqueduct mit über 200 Meilen Länge vom Colorado-Stausee Lake Havasu, sorgt für die Bewässerung ausgedehnter Obst- und Gemüseplantagen. Auch an Wasser für die zahllosen Pools und üppig begrünten Gärten scheint kein Mangel zu herrschen. Die Verbindung derartiger Wasserreserven mit dem trockenen Wüstenklima (nur knapp 200 mm Niederschlag pro Jahr, kaum Oxydationsprobleme und somit günstige Produktionsbedingungen für High-Tech-Erzeugnisse) und die vielfältigen Freizeitmöglichkeiten haben dem Sonnental über Jahre die höchsten Wachstumsraten in Nordamerika beschert. Tagesdurchschnittstemperaturen um die 20 °C und ›ewiger‹ Sonnenschein von November bis März machten die Wüstenkapitale speziell als Winterresidenz für gutbetuchte Rentner attraktiv.

Erreicht man, von Coolidge/Casa Grande kommend, das Valley of the Sun auf der Straße Nr. 87 (Arizona Ave./Country Club Dr.), stößt man östlich von Scottsdale, der Schwesterstadt von Phoenix auf die McDowell Rd. An ihr liegt der Desert Botanical Garden, eine ausgezeichnete Anlage voller Kakteen und Sukkulenten, die unbedingt besuchen sollte, wer das Arizona-Sonora Desert Museum bei Tucson nicht gesehen hat. Resort-Hotels und luxuriöse Wohnanlagen sind in Scottsdale noch zahlreicher als andernorts, die Alleen noch grüner und die Einkaufszentren noch aufwendiger. Eine kleine Altstadt im Western Look (Scottsdale Rd.) setzt den Kontrapunkt.

Vom Botanischen Garten führt die Galvin St. vorbei am Phoenix Zoo hinunter zur Van Buren St., in der sich Hotels und Motels ballen. Die Van Buren St. läuft weiter westlich durch das erstaunlich kleine Stadtzentrum rund um die Central Ave./Washington St. Ein zweites Geschäftszentrum hat sich im Bereich Thomas Rd./Central Ave. entwickelt.

In Downtown Phoenix findet man im Gegensatz zu anderen Städten dieser Größe nur wenige Glas- und Betonpaläste. Sehenswert sind die Civic Plaza und das State Capitol sowie einige Museen. Gegenüber der Civic Plaza an der Van Buren Ave. liegt das Arizona Center, ein Restaurant- und Shoppingkomplex mit viel Grün und künstlichem Wasserfall. Das Phoenix Art Museum, 1625 Central Ave., besitzt unter anderem eine große Sammlung europäischer Meister des späten Mittelalters. Das Heard Museum, 22 Monte Vista Rd./Central Ave., beeindruckt zunächst durch seine Architektur im mexikanischen Stil, mehr noch aber durch die hervorragend präsentierte Ausstellung zu Leben und Kultur der Indianer des Südwestens. Das Arizona Pioneer Museum, an der I-17, Exit 225, etwa 20 Meilen nördlich, ist ein Museumsdorf mit einigen alten Pionierhäusern in der Wüstenlandschaft. Es öffnet nur im Winterhalbjahr seine Pforten.

Arcosanti

Die Vision vom menschlichen Wohnen

An Superlativen mangelte es nicht, als 1970 Arcosanti, ein futuristisches Stadtprojekt, in der staubtrockenen Hochebene im Herzen Arizonas weitab von glatten Asphaltstraßen und sonstigen Zeichen der Zivilisation begann. »Newsweek« sprach – mit der Einschränkung »maybe« – vom wichtigsten städtebaulichen Experiment unserer Tage und die »ZEIT« von einer »der ungewöhnlichsten Attraktionen« von Arizona. Tatsächlich ist Arcosanti in mancher Beziehung höchst ungewöhnlich. Der Start des Projekts war vermutlich nur dem damals visionären Ideen wohlgesonnenen Zeitgeist zu danken. Die Diskrepanz zwischen den bombastischen, an Raumstationen erinnernden Entwürfen des genialen geistigen Vaters Paolo Soleri, Erfinder der *arcology,* die Architektur und Ökologie verbindet, sowie den 4000 Dollar Anfangskapital und acht idealistischen, mit Schaufel und Schubkarre ›bewaffneten‹ Studenten hätte allerdings größer nicht sein können.

Ausgangspunkt der Stadtmodelle war die Überlegung, daß sich der Mensch, im Interesse des Umweltschutzes nicht wie bisher ausbreiten dürfe. *Urban arcology* sieht Städte vor, in denen auf vielstöckigem, dicht genutzten Raum Wohn-, Arbeits-, Transportbereiche und großzügige gemeinschaftliche Freizeiteinrichtungen miteinander verwoben sind. Dabei sollten natürliche Materialien verwendet, regenerative Energien genutzt und eine ressourcenschonende Bodenbewirtschaftung betrieben werden. Da eine derartige Umorientierung selbst dem wohlwollenden Betrachter in Arcosanti bis heute höchstens ansatzweise sichtbar wird, schien wohl auch Soleri der Anspruch der *arcology* für seine Schöpfung zu hoch gegriffen. So erhielt es den abschwächenden Zusatz *laboratory.* Der heutige Stand der Stadt von morgen bedarf zum Verständnis der kenntnisreichen Führung. Ohne Erläuterungen der Details und Besichtigung des ›Innenlebens‹ vermittelt Arcosanti eher den diffusen Eindruck einer unfertigen Ansammlung origineller Bauten an falscher Stelle, verbunden mit dem immerwährenden, vieltönigen Gebimmel der über das Gelände verteilten *windbells.*

Von März bis Dezember finden jeweils in der ersten vollen Woche jeden Monats Seminare zum Thema ›Arcosanti, an urban laboratory?‹ statt. Ein vierwöchiger Workshop mit Teilnahme an den Arbeiten schließt sich an: Arcosanti, HC 74, Box 4136, MAYER, AZ 86333.

Unterhalb eines Felshanges liegt gut geschützt Montezuma Castle

Information: Eine leicht erreichbare Touristen-Infostelle befindet sich im Hyatt Regency Hotel in der 2nd Street, ✆ 602-254-65 00. Schriftliche Anfragen kann man an Phoenix & Valley of the Sun Visitors Bureau, 1 Arizona Center, 400 East van Buren St., Phoenix AZ 85004, richten.

Die Ergänzung zur Besichtigung von Arcosanti (s. S. 203) wäre ein Besuch in der Cosanti Foundation, wo der mittlerweile greise Schöpfer der Arcosanti-Idee, Paolo Soleri, lebt und arbeitet. Die Gebäude der Stiftung (6433 Double Tree Ranch Rd., nördlich von Scottsdale), eingebettet in einen grünen Garten, waren zum Zeitpunkt ihrer Errichtung in den 50er Jahren revolutionär, heute wirken sie etwas vernachlässigt, aber immer noch extravagant. Im kleinen Laden gibt es *windbells* in allen Größen und Formen sowie Broschüren zur Vision vom menschlichen Wohnen in Arcosanti (✆ 9 48-61 45).

Von der Cosanti Foundation ist es nicht mehr weit nach Taliesin West, der Architekturschule von Frank Lloyd Wright in den McDowell Mountains oberhalb der Stadt (Cactus Rd. E., dann 108th St. nach Norden zur Taliesin Rd. W.). Abgesehen vom weiten Blick über

Scottsdale und Phoenix lohnt sich der Weg nur für Architekturenthusiasten (✆ 8 60-27 00).

Das Kontrastprogramm zur ideenreichen Architektur von Wright und Soleri wurde in **Sun City** verwirklicht, dem Rentnerparadies im Einheits-Look nordwestlich von Phoenix an der Straße Nr. 60/89. Die perfekt und von vornherein nur für Pensionäre geplante, größtenteils umfriedete Stadt besitzt keinerlei Ausstrahlung. Aber es scheint, daß die Pensionäre sich dort wohl fühlen.

Von Phoenix bietet es sich an, über Flagstaff zum Grand Canyon und von dort über Las Vegas nach Los Angeles zu fahren (vgl. S. 207). Am Wege gibt es verschiedene Ziele, die einen Umweg oder Stopp wert sind, wie etwa Arcosanti bei Cordes Junction, rund 50 Meilen nördlich von Phoenix in einem tristen Wüstenumfeld (s.o.). Zwei Meilen Schotterpiste führen zur Wohnanlage von Soleri.

Das **Montezuma Castle National Monument** liegt 30 Meilen weiter, dicht an der Interstate. Das irrtümlich von den Spaniern als Aztekenschloß angesehene, mehrstöckige Gebäude in den Felshängen am Beaver Creek – tatsächlich ein Bau der Singua Indianer aus dem 12. Jh. – kann man nur aus der Distanz betrachten. Viel weniger Touristen schauen sich, wohl wegen der größeren Entfernung zur bequemen Autobahn und der schlechten Zufahrt, noch Montezumas Well an. Dabei ist der kraterartige Teich, der seit Jahrtausenden von unterirdischen Quellen gespeist wird, einmalig. Die dichte Vegetation und landwirtschaftliche Nutzung der Umgebung wären ohne das Wasser aus Montezumas Brunnen nicht möglich.

In kulturhistorischem Zusammenhang mit dem Montezuma Castle ist das **Tuzigoot National Monument** zu sehen. Die Tuzigoot-Ruinen liegen hinter Cottonwood auf einem Hügel im Tal des Verde River. Schade wäre es, die Fahrt durch **Sedona** und den Oak Creek Canyon auszulassen. Die Straßen Nr. 179/89A verlaufen parallel zur Interstate nach Flagstaff. Rund um Sedona sieht man rostrote Monolithe und die Felswände des Lower Canyon. Der Ort ist touristisches Zentrum der Region, die vor allem an Wochenenden von Besuchern überflutet wird. Attraktive Ziele sind die State Parks Red Rock (südlich von Sedona) und Slide Rock (im Canyon-Bereich nördlich des Orts); letzterer verfügt über pittoreske Felsenpools am Oak Creek. Auf 27 Meilen schlängelt sich die Straße durch den immer enger werdenden, dicht bewaldeten Canyon am Oak Creek entlang zum 800 m höher liegenden Flagstaff.

Kurz hinter Flagstaff liegt an der Straße Nr. 180, der kilometermäßig kürzesten und schönsten Strecke zum Grand Canyon (s. S. 135), das Museum of Northern Arizona am Canyon des Flag River. Die Sammlung zu Archäologie, Geologie und Biologie der Region ist sehenswert.

Joshua Tree National Monument – oben: Typische Felslandschaft
Seite 207: *Rock climbing*

Wechselnde Ausstellungen zur Kunst und Kultur der Navajo, Hopi und Zuni ergänzen die permanente Kollektion. Ein Laden mit indianischen Handarbeiten bietet höchste Qualität zu ebensolchen Preisen.

Von Phoenix nach Los Angeles

Von Phoenix sind es bis Los Angeles 380 Meilen, eine lange Tagesetappe. Abwechslung auf dem letzten Abschnitt der Reise von Ost nach West bietet nur der **Joshua Tree National Park**. Der baumartige Joshua-Kaktus bedeckt in diesem Kakteenschutzpark große Areale. Damit sich der Besuch lohnt, sollte man bis zum Ort Joshua Tree auf der Nordseite des Parks fahren, mitten durch das Wonderland of Rocks genannte Gebiet seltsamer Felsformationen.

Auf der Weiterfahrt passiert man mit **Palm Springs** eine künstlich geschaffene Stadt der Luxusklasse für den Teil der Bevölkerung, der seinen Wohnort mit den wechselnden klimatischen Bedingungen der Jahreszeiten verlegen kann. Richtig belebt ist Palm Springs lediglich von Oktober bis zum Frühjahr.

Unterkunft: Im Joshua Tree N.P. selbst gibt es keine Unterkunft. Zahllose Motels säumen aber den Twentynine Palms Highway (Nr. 62)

von Desert Hot Springs nach Joshua Tree. Ausgebucht sind sie äußerstenfalls an Winterwochenenden. Das Preisniveau ist insgesamt moderat.

Camping: Der Joshua Tree Park verfügt über großartig gelegene Campingplätze, wenngleich ohne sanitären Komfort (kein Wasser!). Empfehlung: Jumbo Rocks, Ryan und Hidden Valley.

Los Angeles

Metropolitan Los Angeles, das mit rund 13,5 Mio. Einwohnern nach New York zweitgrößte Ballungsgebiet der USA, setzt sich aus einer Vielzahl von Städten zusammen und verfügt daher über keinen natürlichen, gewachsenen Stadtkern.

Der Ursprung der Stadt geht auf das Jahr 1781 zurück. Vor nur rund 200 Jahren erfolgte die Gründung des Pueblo de Nuestra Señora la Reina de los Angeles de Porciuncula durch den spanischen Gouverneur de Neve und den mallorquinischen Franziskanerpater Junipero Serra. Das Pueblo de Los Angeles, bis in mexikanische Zeit eine kleine Missionsstation, besaß auch nach der Übernahme durch die Amerikaner 1846 kaum mehr als 1500 Einwohner. Zur Zeit der Anbindung von Los Angeles an das transkontinentale Schienennetz im Jahre 1876 zählte die Bevölkerung immerhin schon fast 40 000 Köpfe, um die Jahrhundertwende über 100 000. Die auftretenden Wasserprobleme löste ein Herr Mulholland 1913 mit dem gewinnträchtigen Bau eines ersten Aquädukts, das Wasser aus der 400 km entfernten Sierra Nevada nach Los Angeles transportierte. Er schuf damit die Voraussetzung für die Entwicklung der einstigen Wüstenoase zur größten Industrie- und Dienstleistungsmetropole des Westens. Heute wird die Stadt über ein System von Kanälen versorgt, das bis nach Nord-Kalifornien und zu den Stauseen des Colorado River reicht.

Damit die ausufernde Megalopolis funktioniert, bedurfte es eines leistungsfähigen Transportsystems. Los Angeles setzte noch stärker als andere amerikanische Städte auf das Auto und den Ausbau eines umfassenden Schnellstraßen- und Freeway-Netzes. Mit seinen zehn- und zwölfspurigen Autobahnen und bis zu vierstöckigen Kreuzungen und Abzweigungen jahrelang als vorbildlich angesehen, stößt Los Angeles heute an die Grenzen des Individualverkehrs: die *rush hour* dauert auf den Freeways bisweilen den ganzen Tag, nicht endender Stop-and-Go-Verkehr entnervt die Pendler. Platz für noch mehr Straßen und Spuren gibt es aber nicht. Wegen der latenten Erdbebengefahr wurden Pläne für doppelstöckige Straßenführungen wieder fallengelassen.

Als autofahrender Tourist hat man es in Los Angeles an Samstagen, Sonn- und Feiertagen leichter. Vergnügungsparks und Sehenswürdigkeiten werden dann zwar stärker frequentiert, aber der Verkehr auf den Freeways hält sich in erträglichen Grenzen. Wenn es sich nicht vermeiden läßt, sollte man an Wochentagen entweder zeitig (vor 8 Uhr) oder erst gegen 10 Uhr aufbrechen und die Rückfahrt möglichst um 15 Uhr beendet haben oder erst nach 18 Uhr antreten. Die

Fahrt auf anderen Straßen ist bei größeren Distanzen extrem zeitraubend, trotzdem bei vollen Autobahnen die einzige Ausweichmöglichkeit.

Santa Monica/West Los Angeles/Westwood oder Hollywood sind günstige Ausgangspunkte für einen Besuch von Los Angeles. Die interessantesten Sehenswürdigkeiten und Stadtteile mit Ausnahme von Anaheim (Disneyland und Knott's Berry Farm) erreicht man von dort relativ rasch. Auch der International Airport ist nicht weit. **Santa Monica** ist Heimat des ›buntesten‹ aller Strände von Los Angeles; als Venice Beach bezeichnet man den Abschnitt zwischen Rose Ave. und Washington Blvd. Der Ocean Front Walk füllt sich an Wochenenden mit Lebenskünstlern aller Schattierungen. Weiter südlich endet Venice Beach an der Marina del Rey, dem größten der Jachthäfen von Los Angeles.

Hinter der Marina setzen sich die Strände scheinbar endlos fort, lediglich unterbrochen durch die Steilküste der Halbinsel Palos Verdes, die kommerziellen Hafenanlagen von Long Beach und einigen Jachthäfen. Zwischen Long Beach und Newport Beach erstrecken sich die breitesten Strände. Fast überall kann man in den Sommermonaten Surfboards mieten und an Surfkursen teilnehmen. Mekka der (Wellen-)Surfer ist **Huntington Beach**.

Nördlich von Santa Monica liegt **Malibu**, eine Upper Class-Siedlung entlang der Pazifikküste, und an deren Ostende (Topanga Beach) das *Jean Paul Getty Museum* (1), eines der exklusivsten Museen Amerikas. Das Gebäude ließ der exzentrische Milliardär nach dem Vorbild einer bei Pompeji in Asche versunkenen römischen Villa errichten. Neben der antiken Architektur des palastartigen Baus und

Malibu Colony – Wohnen mit Blick auf Strand und Meer

Nördliches Los Angeles 1 Getty Museum 2 Mann's Chinese Theatre 3 Griffith Park 4 Zoo 5 Planetarium 6 Universal Studios 7 Museum of Art 8 La Brea Tar Pits 9 Farmers Market 10 Pueblo de los Angeles State Historic Park 11 Chinatown 12 Exposition Park 13 Campus der Universität 14 Queen Mary

den Kunstschätzen, die Getty selbst bereits zu Lebzeiten zusammentrug, sind vor allem die Neuerwerbungen der letzten Jahre sehenswert. Ohne telefonische Anmeldung (✆ 213-458-20 03) kommen

Autofahrer nicht aufs Gelände. Oft ist das Museum – für Autofahrer – auf Tage im voraus ausgebucht. Zu Fuß wird nur vorgelassen, wer per Taxi oder mit dem Vorortbus (Linie 434) anreist und einen beim Busfahrer erhältlichen Museumpaß vorweisen kann. Rad- und Motorradfahrer haben keine Probleme.

Nur wenig östlich des Getty Museum zweigt der Sunset Blvd. vom Pacific Coast Highway ab und windet sich durch die Ausläufer der Santa Monica Mountains an zahllosen herrschaftlichen Villen vorbei Richtung **Hollywood**. In **Beverly Hills** wird die Straße zur palmengesäumten Prachtallee. Bei fliegenden Händlern kann man Lagepläne der Anwesen von Prominenz und Filmstars kaufen. Besonders eine Fahrt durch den Coldwater Dr. und Benedict Canyon Dr. lohnt sich. Folgt man beiden Straßen nach Süden, erreicht man das Golden Triangle aus Rodeo Dr. und den sich kreuzenden Wilshire und Santa Monica Blvds., wo die Oberen Zehntausend einzukaufen pflegen.

Weiter oben ändert der Sunset Strip sein Erscheinungsbild und wird zur unattraktiven Geschäftsstraße. Parallel zum Sunset Blvd. läuft in Hollywood der gleichnamige Boulevard, wo vor *Mann's Chinese Theatre* (2) ungezählte Stars und Sternchen ihre Hand- und Fußabdrücke im Zement verewigt haben. Obwohl Hollywood heute kaum noch etwas mit Film- oder TV-Produktionen zu tun hat, steht der Name immer noch als Synonym für die kalifornische Filmindustrie, deren Studios aber längst ins San Fernando Valley (North Hollywood/Burbank) verlagert wurden.

Oberhalb des Hollywood Freeway (Nr. 101) liegt der ungewöhnliche *Griffith Park* (3), von dessen Hügeln man große Teile der Stadt überschaut. Entlang der Straßen findet man gepflegte Sportanlagen, Picknickplätze und im nördlichen Teil den *Zoo* (4) von Los Angeles, ein wenig abseits sogar ›Wildnis‹ in der City. Zahlreiche Pfade führen ins Hinterland des 25 km^2 großen Parks (Visitor Center am Crystal Spring Dr.).

Skater an der Strandpromenade von Santa Monica

Los Angeles

Über die Western Ave. erreicht man die Zufahrt zum *Planetarium/Laserium* (5), das in exponierter Lage an eine große Aussichtsterrasse grenzt. (Auskunft und Ticketreservierung für die Lasershows ✆ 818-997-36 24). Im Griffith Park befindet sich auch das Greek Theatre mitsamt Open-Air Amphitheater; Musik- und andere Programme laufen täglich (✆ 213-480-32 32).

Wer von Hollywood enttäuscht wurde, wird in den *Universal City Studios* (6), westlich des Griffith Park und am Freeway Nr. 101 unverfehlbar ausgeschildert, auf seine Kosten kommen. Die Studios ermöglichen täglich Tausenden von Besuchern einen Blick hinter die Kulissen. Fünf verschiedene ›Action‹-Programme laufen (zeitlich versetzt) im Entertainment Center. Im Studio Center ziehen Special Effect Shows die Zuschauer an. Eine einstündige Tour führt durch das Gelände der eigentlichen Studios, wo zahlreiche Trickeffekte die Passagiere des Tram Ride in Atem halten.

Das kulturelle Kontrastprogramm zu den Universal Studios bietet das *Los Angeles County Museum of Art* (7), Wilshire Blvd./ Hancock Park. Im Hancock Park nebenan kann man die *La Brea Tar Pits* (8) bewundern. In den Teergruben versanken zu prähistorischen Zeiten Tausende von Tieren, deren

Skelette – bestens konserviert – erhalten geblieben sind. Die Fossilien sind im Museum of La Brea Discoveries gleich neben den Tar Pits zu sehen. Der *Farmers Market* (9) an der Fairfax Ave./3rd St. wird gern als Sehenswürdigkeit genannt, ist aber wenig originell.

Südwestlich des Kreuzungsbereichs der Autobahnen Nr. 110 (Harbor Freeway) und Nr. 101 (Hollywood/Santa Ana Freeway) liegt Downtown Los Angeles, das dank seiner Hochhauskulisse schon von weitem zu erkennen ist.

Die architektonisch interessantesten Hochhäuser ballen sich im Bereich 3rd/7th Street und Figueroa/Olive Street. An der California Plaza/Grand Ave. steht das schon architektonisch auffällige Museum of Contemporary Art mit einer bemerkenswerten Sammlung moderner amerikanischer Kunst.

Unmittelbar jenseits des Freeway 101, gegenüber der Union Station, befindet sich der *Pueblo de los Angeles State Historic Park* (10). Der spanisch-mexikanische Ursprung der Stadt wird dort durch ein paar historische Gebäude deutlich. Im Mittelpunkt des Pueblo steht die Olvera St. mit mexikanischen Läden und Restaurants. Auch Los Angeles besitzt eine *Chinatown* (11), allerdings nicht so groß und prächtig wie die von San Francisco. Zentrum der nördlich hinter dem Pueblo gelegenen Chinesengemeinde ist der Bereich zwischen Hill St. und N. Broadway oberhalb der College St.

Zur Überbrückung größerer Distanzen zwischen Besuchspunkten in Downtown Los Angeles gibt es nichts Besseres als die Minibusse des Downtown Area Short Hop (DASH), die werktags im Innenstadtbereich einschließlich Chinatown und Pueblo de los Angeles/Union Station verkehren.

Wenige Meilen südlich von Downtown läßt sich der *Exposition Park* (12), Figueroa St./Exposition Blvd. am Harbor Freeway nicht verfehlen. Kernstück der Anlage ist das nostalgische Coliseum, der Hauptschauplatz der Olympischen Spiele von 1932 und 1984. Auch dazu gehören das California Museum of Science and Industry, ein Technikmuseum mit Sondertrakten, darunter das Aerospace Building zur Luft- und Raumfahrt sowie das Los Angeles County Natural History Museum. Der Campus der *University of Southern California* (13) befindet sich in unmittelbarer Nachbarschaft des Exposition Park.

Ein Besuch von Disneyland in Anaheim (Anfahrt über die I-5 – von Downtown etwa 25 Meilen) dauert kaum unter einem vollen Tag, selbst wenn nicht alle Attraktionen und *rides* wahrgenommen werden können, weil sich mit Wartezeiten verbundene Schlangen gebildet haben. Da Disneyland nach wie vor in fast allen Einzelheiten dem Magic Kingdom in Orlando entspricht, sei auf die Beschreibung dort verwiesen (vgl. S. 135).

Außer Disneyland und den Universal Studios gibt es im Großraum Los Angeles noch eine Reihe weiterer Amusement Parks. Unweit von Disneyland am Beach Blvd. liegt in Buena Park der aus einer Beerenplantage hervorgegangene Jahrmarkt Knott's Berry Farm. Neben den üblichen *rides* bietet der Park viel Show und Entertainment in einer *ghost town,* im mexikanischen Fiesta Village und am Wasserbecken mit Delphinen.

Six Flags Magic Mountain bei Valencia an der I-5, einer der populärsten Vergnügungsparks der USA, wartet mit nervenkitzelnden Achterbahnfahrten auf. Leider sind die Wartezeiten oft extrem lang. Raging Waters in San Dimas in der Nähe der Kreuzung I-10 mit I-210, ist die beste Anlage im Raum Los Angeles für den großen Wasserspaß. Die *Queen Mary* (14) befindet sich am Kai von Long Beach. Der ehemalige britische Luxusliner, der heute als Hotel- und Restaurantschiff genutzt wird, gehörte bis 1992 zusammen mit der »Spruce Goose« zu den beliebtesten Sehenswürdigkeiten von Los Angeles. Nach dem Verkauf des größten je gebauten Flugzeugs verblieb nur noch die »Queen Mary«.

Information: Los Angeles Visitors & Convention Bureau, 685 S. Figueroa St. (7th St./Wilshire Blvd.), Los Angeles CA 90017, ✆ 213-689-8822. Weitere Besucherinformationen gibt es in den Vorstädten wie Santa Monica, Long Beach etc.

Unterkunft: In der Region Santa Monica/West Los Angeles Westwood/Hollywood stößt man entlang der Hauptstraßen (u.a. Ocean Ave., Wilshire Blvd., Santa Monica Blvd., Hollywood Blvd.) auf zahlreiche Hotels

Stadtverschönerung aus der Dose – ein Sprayer in Aktion

und Motels aller Preisklassen. Für Los Angeles sind die Tarife deutscher Veranstalter für die Airport-Hotels ausgesprochen günstig. Bei Eigenbuchung vor Ort bietet das ACI-Airport Hotel, ✆ 800-421-39 39, eine flughafennahe, günstige Alternative mit AAA-Discount. Ruhig, sehr gepflegt und am Wochenende relativ preiswert übernachtet man im Courtyard Marriott, ca. 2 Meilen von LA entfernt. Die dichteste Hotel- und Motelkonzentration im Großraum Los Angeles besteht wegen Disneyland in Anaheim (Harbor Blvd. beidseitig der I-5/Katella Ave.). Dort gibt es oft ein Überangebot an freien Zimmern und daher Sonderpreise. Nur an Sommerwochenenden und Feiertagen wird es eng. Über ✆ 800-537-76 66 oder 800-527-99 97 können viele Hotels/Motels in Los Angeles gebührenfrei reserviert werden.

Camping: Private Campingplätze gibt es in Malibu Beach (RV-Park, ✆ 800-622-60 52), Redondo Beach, Long Beach und gleich mehrere in Anaheim: neben Disneyland liegen Vacationland und KOA, beide West St., ✆ 814-533-72 70/77 20.

Tip: In Long Beach/Golden Shore oder San Pedro/Catalina Terminal, westlich der Vincent Thomas Bridge legen die Schiffe zur zwei Bootsstunden entfernten, autolosen Santa Catalina Island ab; bei klarem, warmen Wetter ein hervorragender Tagesausflug. In Avalon kann man Fahrräder leihen und die felsige Insel selbst entdekken oder weitab von Smog, Lärm und Hektik der Stadt einen Tag entspannen. Informationen über die Abfahrtszeiten der Boote: ✆ 1-800-228-25 46, der Schnellfähre: ✆ 310-519-12 12.

Tips und Adressen

Reisevorbereitungen
Informationsstellen 218
Karten 218
Reisezeit 218
Versicherung 219
Reisekasse 219
Reisekasse 220
Einreise- und
Zollbestimmungen 220

Anreise 221

Reisen in den USA
Mit dem Mietfahrzeug 222
Andere Verkehrsmittel 223

Unterkunft
Hotels und Motels 224
Bed & Breakfast 225
Preiswerte Quartiere 225
Camping 225

Essen und Trinken
Selbstverpflegung
und Fast Food 226
Full Service-Restauraunts . . . 226

Aktivitäten
National Parks 227
Amusement Parks 227
Museen 228
Aktivitäten unterwegs 228

Informationen von A–Z
Alkohol 229
Apotheken 230
Ärztliche Versorgung 230
Autoreparatur
und -wartung 230
Banken 231
Diplomatische
Vertretungen 231
Elektrizität 231
Feiertage 231
Fernsehen 232
Geld 232
Maße 232
Notfälle 232
Öffnungszeiten 232
Pannenhilfe 233
Polizei 233
Post 233
Telefon 233
Temperaturen 234
Trinkgeld 234
Verkehrsregeln 234
Zeitungen 235
Zeitzonen 235

Abbildungsverzeichnis 236

**Verzeichnis der
Karten und Pläne** 236

Register 237

◁ Holzhaus in Silverton

Reisevorbereitungen

Informationsstellen

Das Fremdenverkehrsamt der USA (Bethmannstr. 56, 60311 Frankfurt/M., ✆ 0 69/95 67 90-0), ist zwar für den gesamten deutschsprachigen Raum einschließlich Österreich und der Schweiz zuständig, erteilt jedoch keine Auskünfte an Privatpersonen und versendet keine Prospekte. Wer sich intensiver mit den USA beschäftigen möchte, findet in Berlin, Hamburg, Köln, Frankfurt, Leipzig, Stuttgart und München sowie in Wien Amerika-Häuser, die über reichhaltige Literatur verfügen.

Jeder Bundesstaat unterhält an den wichtigsten Autobahnen und Landstraßen in Grenznähe Visitor oder Welcome Center, wo der einreisende Tourist mit Gratismaterial zu den Sehenswürdigkeiten des Staates und seiner bedeutendsten Städte versorgt wird (Unterkunft- und Campingplatzverzeichnisse, Discountcoupons für Hotels und Attraktionen etc.). Ergänzend operieren die gut ausgeschilderten örtlichen Visitor Services, die von den lokalen Chambers of Commerce (Handelskammern) unterhalten werden. In den National Parks und Monuments etc. fungieren die Visitor Center als zentrale Informationsstellen.

Karten

Schon vor der Reise sollte man sich den McNally Road Atlas USA/Canada/Mexico beschaffen, der in Reisebuchhandlungen und Globetrotterläden im Original und auf deutsch als Hallwag-Atlas erhältlich ist.

Unterwegs in den USA gibt es in jedem Staat die neuesten Straßenkarten (meist gratis) in den Visitor Information-Büros. Wer Mitglied eines Automobilklubs ist, erhält kostenlos die Karten der amerikanischen Partnerorganisation AAA (American Automobil Association, Büros in allen größeren Städten). Hilfreich sind die AAA-Tourbooks mit Kurzbeschreibungen der wichtigsten Städte und Sehenswürdigkeiten der USA sowie Hotel-/Motelverzeichnis und die Campbooks, recht brauchbare Campingführer.

Reisezeit

Für die **Nordroute** von Boston nach Seattle eignen sich die Monate Juli und August am besten. Reisende, denen gelegentliche kühle Nächte und ein etwas höheres Schlechtwetterrisiko nichts ausmachen, können schon ab Ende Mai bis etwa Mitte Oktober fahren. Während des späteren Termins erlebt man den farbenprächtigen *Indian Summer* von Neu-England bis zu den Rocky Mountains, gleichzeitig kann es in den Höhenlagen aber bereits schneien und bitterkalt sein. Letzteres gilt ebenso für Fahrten vor Mitte Juni.

Auch für die **zentrale Route** von Washington nach San Francisco ist der Hochsommer geeignet, insbesondere für das Teilstück von Washington nach Chattanooga/Nashville. Vorzuziehen wären aber Mai/Juni oder September/Oktober. Zwar herrschen in den Hochlagen des Westens (Nationalparks in Utah) dann oft noch/schon niedrige Nachttemperaturen mit Frost, aber die Wetterbedingungen sind insgesamt gut.

Die **Südroute** von Miami nach Los Angeles ist eine typische Herbst- oder Frühjahrsroute, die in den Sommermonaten keinesfalls in Angriff genommen werden sollte. Ideal erscheint die Zeit von Ende September bis Anfang November. Die Zeit von Dezember bis Ende Februar kann zwar im Süden von Florida, im Bereich des Rio Grande in Südwest-Texas, im südlichen Arizona und New Mexico durchaus angenehm sein, recht kühle Perioden sind aber auch in diesen Gebieten im Winter keine Seltenheit.

Generell gegen eine Reise im Juli und August sprechen die Ferienzeiten in Amerika. Das akademische Jahr endet im Mai mit dem Memorial Day und beginnt Anfang September nach dem Labor Day (vgl. S. 231). Die Schulferien liegen ebenfalls in dieser Zeit. Auswirkungen auf den Betrieb in Urlaubsgebieten und Nationalparks hat dies besonders von Anfang Juli bis Mitte August (z.T. überfüllte Campingplätze, höhere Preise für Übernachtungen und Flüge etc.), davor und danach sind nur die Wochenenden betroffen.

Versicherung

Für die USA-Reise sollte eine spezielle Reisekrankenversicherung abgeschlossen werden, es sei denn, man ist bereits bei einer Gesellschaft privat versichert, die Krankheitskostenerstattung weltweit garantiert, oder im Besitz einer Kreditkarte, die eine Auslandsreisekrankenversicherung umfaßt. Wegen der hohen Arzt- und Krankenhauskosten in den USA sollte die Versicherung eine unbegrenzte Deckungssumme und den Rücktransport im Krankheits- oder Verletzungsfall einschließen. Tritt der Versicherungsfall ein, müssen die anfallenden Kosten zunächst vorgestreckt werden. Hierfür sollte man durch Barreserven oder eine Kreditkarte vorsorgen.

Neben der Krankenversicherung ist eine Reisekostenausfallversicherung ratsam, sofern diese nicht schon im Preis des gebuchten Programms enthalten ist. Zu erwägen sind Versicherungen gegen Gepäckverlust und – sofern nicht ausreichend vorhanden – Haftpflicht, Unfall etc.

Reisekasse

Bei der Einreise sollte man für die ersten Ausgaben über Bargeld in relativ kleinen Scheinen bis maximal 50 $ verfügen. Größere Banknoten werden gelegentlich nicht entgegengenommen. Ein kleiner Vorrat an 1 $-Noten darf nicht fehlen, man braucht sie für den Gepäckkarren am Flughafen, Trinkgelder etc. Ebenfalls wichtig sind einige Münzen, am besten Quarters, für Automaten und Telefone. Da es kaum ratsam erscheint, größere Barbeträge mit sich herumzutragen, dürfen Dollar-Reiseschecks nicht fehlen. Eine Kreditkarte (fast überall einsetzbar sind VISA oder die mit Mastercard verbundene Eurocard) ist für die USA-Reise außerordentlich hilfreich, gelegentlich sogar unabdingbar.

Am günstigsten ist eine Mischung aller drei Zahlungsmittel entsprechend der Gestaltung der Reise: Für Leute, die ihren Mietwagen bereits hier gebucht und weitgehend bezahlt haben, die überwiegend im Hotel übernachten und bessere Restaurants besuchen (wo sie per Kreditkarte zahlen), ist es sinnvoll, ca. 10–20 % der kalkulierten Ausgaben in bar, weitere 20–30 % in Reiseschecks und den Rest per Kreditkarte abzudecken.

Bei Campingreisen, auf denen ein Großteil der Ausgaben an Supermärkten (Kreditkartenzahlung selten möglich), Tankstellen (bar oft billiger als Karte) und auf Campingplätzen anfällt, sollte der Reisescheckbestand bei 50 % oder mehr liegen.

Reisegepäck

Generell darf die **Kleidung** in den USA leger sein, wiewohl sich Amerikaner bei besonderen Anlässen formeller kleiden als Europäer. Bei einem Dollarkurs um 1,50 DM gilt, daß man fehlende Teile sehr günstig auf der Reise kaufen kann.

Filmmaterial, vor allem Diafilme sind teurer als in Deutschland (die angegebenen Preise schließen die Entwicklung nicht ein!). Es werden fast ausschließlich Produkte der Firma Kodak angeboten.

Rezeptfreie **Medikamente** erhält man in Supermärkten und Drugstores. Für rezeptpflichtige Arzneien sollte man auf jeden Fall vorgesorgt haben, denn die Arztkonsultation in den USA ist – außer in akuten Notfällen für Touristen recht umständlich (s. S.230).

Besonders auf Campingreisen kann man dem **Insektenproblem** kaum entgehen. In Europa angebotene Mittel halten einem amerikanische Quälgeister nur unzureichend vom Leib. Sprays und Cremes (Johnson's Off hilft immer) kauft man daher besser in den USA.

Das Stromnetz in den USA hat nur 125 Volt. Für mitgebrachte **Elektrogeräte**, die sich auf 110/125 V umschalten lassen, benötigt man einen Adapter, den man in Europa in Kaufhäusern und Ausrüstungsläden erhält.

Einreise- und Zollbestimmungen

Für Bürger der Bundesrepublik Deutschland und der Schweiz genügt für einen **Aufenthalt bis zu 90 Tagen** die Vorlage des Reisepasses, der bei Einreise noch mindestens sechs Monate Gültigkeit haben soll. Diese Regelung gilt nur für Reisende, die ein festes Programm einschließlich Rückflug gebucht haben oder die Buchung für Mietwagen, Greyhound-Paß o.ä. (ggf. Hotels) und den Rückflug belegen können oder ohne Programmbuchung wenigstens das Rückflugticket und für die beabsichtigte Reisezeit ausreichende Geldmittel und Kreditkarten vorweisen. Hat man kein Rückflugticket inklusive Flugreservierung innerhalb von drei Monaten, wird man ohne Visum schon von den Airlines nicht als Passagier akzeptiert.

Wer eine Reise mit unbestimmter Dauer plant oder zunächst nur den Hinflug bucht oder Bürger eines Staates ist, der nicht unter die Visumbefreiung fällt, benötigt ein **Visum**. Es wird kostenlos von den nachfolgend angegebenen Generalkonsulaten der USA erteilt.

Diplomatische Vertretungen der USA

...in der Bundesrepublik Deutschland:
Konsularabteilung der US-Botschaft Bonn (zuständig für NRW), Deichmanns Aue 29, 53179 Bad Godesberg, ✆ 02 28/33 91
Generalkonsulat Berlin (Neue Bundesländer und Norddeutschland), Neustädtische Kirchstr. 4–5, 10117 Berlin ✆ 0 30/8 32 40 87 und 8 19 74 54
Generalkonsulat Frankfurt (alle übrigen Bundesländer), Siesmayerstr. 21, 60323 Frankfurt, ✆ 0 69/7 53 50.

...in Österreich:
Botschaft der USA, Botzmanngasse 16, 1091 Wien IX, ✆ 01/31 55 11

...in der Schweiz:
Botschaft der USA, Jubiläumsstr. 93, 3005 Bern, ✆ 0 31/43 70 11

Paß und ausgefülltes Antragsformular samt Paßbild sind per Einschreiben sowie frankiertem Einschreiben-Rückumschlag an das Konsulat zu senden. Um

Rückfragen zu vermeiden, sollte man – besonders bei längerem Aufenthalt – die Dauer begründen und darlegen, wie die Reise finanziert wird. Bei aufwendigen Reisen fragt das Konsulat u.U. nach einer Bankbestätigung entsprechender Guthaben. Die obligatorische Versicherung, daß man nicht in den USA zu bleiben gedenkt, muß zuweilen durch Nachweis eines Arbeitsvertrags o.ä. untermauert werden. Meist gibt es jedoch keine Probleme. Die Bearbeitungsfrist für Visumsanträge beträgt 6–8 Wochen.

Bei Ankunft in den USA heftet der Grenzbeamte einen Abschnitt des schon im Flugzeug auszufüllenden ›Einreisefragebogens‹ mit gewährter Aufenthaltsdauer in den Paß. Dieser *Departure Record* wird beim Abflug wieder entnommen. Sollte man während der Reise zufällig kontrolliert werden, was selten geschieht, ist dieser Abschnitt sehr wichtig. Bei Grenzübertritt nach Mexiko oder Kanada muß man darauf achten, daß der Zettel im Paß verbleibt.

Nach der Paßkontrolle geht es zum Zoll. Auch dafür wird bereits im Flugzeug ein Vordruck verteilt, die *Customs Declaration.* Zollfrei sind Gegenstände des persönlichen Bedarfs für die Reise. 200 Zigaretten, 1 l alkoholische Getränke für Reisende ab 21 Jahren sowie Geschenke im Wert bis zu 100 Dollar.

Der Einfuhr von Geldmitteln sind keine Grenzen gesetzt, jedoch müssen sie gesondert deklariert werden, sofern ihr Wert 10 000 Dollar übersteigt.

Anreise

Dank der starken Konkurrenz der Gesellschaften auf der Atlantikroute gibt es kein anderes Fernreiseziel mit vergleichbar niedrigen Flugpreisen. Neben direkt bei den Fluggesellschaften zu buchenden Holiday-Tarifen gibt es bei Reiseveranstaltern und Flugreisespezialisten Nordamerika-Spezialtarife für Linienflüge, die trotz günstigerer Konditionen (z.B. Gepäcklimit 64 kg pro Person!) kaum mehr als Charterflüge kosten. Die Bedingungen für die Nutzung der Angebote: Der Mindestaufenthalt in den USA beträgt 7 Tage und darf 180 Tage nicht überschreiten. Hin- und Rückflug sind festzulegen. Die Flugtermine sowie die Start- und Zielflughäfen können nur gegen Gebühr verändert werden.

Noch etwas preiswerter als die Transatlantik-Spezialtarife sind die Tickets für Sonderflüge, aber auch Linienverbindungen mit Zubringer über Amsterdam, Brüssel und London. Die Bedingungen variieren mit dem Reiseveranstalter, der als Vermittler dieser Flüge auftritt, und den jeweiligen Fluglinien. Bei Sonderflügen gilt jedoch, daß die Restriktionen vor allem bezüglich Umbuchungen oft enger gefaßt sind als beim Linienflug. Bevor man sich für ein besonders günstiges Angebot entscheidet, sollte man fragen, was geschieht, wenn man den Flug verpaßt. Es gibt Tickets, die dann verfallen.

Wer Wert auf ein besonders preiswertes Ticket legt, sollte sich ein wenig umschauen. Spezialisierte Flugreise-Agenturen verfügen oft über erstaunliche Angebote. Man findet sie in allen größeren Städten, außerdem inserieren sie bundesweit. Up-to-date-Tarife und die günstigsten Anbieter listen die alle drei Monate erscheinenden Zeitschriften ›Reise & Preise‹ und ›fliegen & sparen‹. Wählt man einen Abflugtermin vor oder nach Mitte August, bezahlt man im allgemeinen deutlich weniger als in der Hochsaison. Auf sämtliche Tickets wird ein Zuschlag von 45–55 DM für Ein- und Ausreisegebühren erhoben.

Reisen in den USA

Mit dem Mietfahrzeug

Bei den Reiseveranstaltern im deutschsprachigen Raum kann man fast alle in den USA verfügbaren, für Touristen interessanten Fahrzeugtypen buchen – zur Not auch kurzfristig. Obwohl man Autos auch bei international und lokal operierenden Leihwagenfirmen vor Ort mieten kann, sind die Angebote der heimischen Reiseunternehmen – sie arbeiten mit großen Verleihfirmen wie Hertz, Avis, Budget u.a. zusammen – häufig deutlich günstiger als jene in den USA, jedenfalls sofern es sich um Mietzeiten von einer Woche und mehr oder um Campmobile handelt. Vor der Reise sollte man rechtzeitig verschiedene Angebote vergleichen.

Grundsätzlich genügt für die Miete von Fahrzeugen direkt in den USA die Vorlage des heimischen Führerscheins. Zur Umgehung der tendenziell höheren Tarife bei den Flughafenvertretungen der großen internationalen Anbieter genügt ein Blick in das Gelbe Telefonbuch, Stichwort *Automotive*, Untergruppe *Auto Rental*. Landesweit günstige Preise bieten u.a. die Firmen Thrifty, Alamo, General, Dollar und Value.

Die Mietpreise pro Woche bzw. pro Tag differieren regional. Traditionell günstig ist die Automiete in Florida. Bevor man für Florida bucht, sollte man sich vergewissern, daß das Fahrzeug über die Staatsgrenze hinaus bewegt werden darf. Die meisten Staaten des Westens gehören zu einer ebenfalls preisgünstigen Tarifregion. Teurer ist die Automiete in den übrigen Staaten. Eine Sonderstellung nehmen New York und Illinois (mit Chicago) ein, deren Rechtsprechung den Autoverleihern eine gesonderte Berechnung der Vollkaskoversicherung – sonst bei Miete vor Ort üblich – untersagt.

In der Regel gelten die USA-Tarife für Pkw und Mini Vans heute ausnahmslos für eine unbegrenzte Kilometerleistung, sofern die Fahrzeuge an den Ausgangsort oder ggf. zusätzlich erlaubte Städte der Umgebung zurückgebracht werden.

Die **Haftpflichtversicherung** ist im Mietpreis eingeschlossen. Die gesetzlich vorgeschriebenen, von Staat zu Staat variierenden Mindestdeckungssummen sind jedoch so niedrig (bei Personenschäden max. 100 000 $, bei Sachschäden weit darunter), daß sie kaum ausreichen würden, die Kosten für die bei einem mittelschweren Unfall entstandenen Schäden aufzufangen. Viele Mietwagenfirmen versichern ihre Wagen jedoch von sich aus mit höheren Summen, andere lassen sich eine höhere Deckung extra honorieren; oft ist dies aber auch gegen Zuzahlung nicht möglich. In jedem Fall sollte man diesen Aspekt beachten und im Zweifel mehr zahlen und höher versichert sein oder bereits vor der Reise eine Zusatz-Haftpflichtversicherung abschließen.

Teurer wird die Haftpflichtversicherung für Fahrer, die das 25. Lebensjahr noch nicht abgeschlossen haben. Unter 21 Jahren kann man Pkw nur bei einigen Spezialfirmen in den USA mieten. Campmobile vermieten mehrere Firmen dagegen ohne Aufpreis schon an Fahrer ab 19 Jahren.

Bei Buchung eines Pkw oder Mini Van im Heimatland, ist eine Vollkasko-Versicherung im Mietpreis enthalten. Bei Campern gilt aber oft eine extrem hohe Selbstbeteiligung (2000 $ und mehr), die jedoch durch eine Zusatzversicherung *(CDW/LDW)* auf 100 bis 200 $ reduziert werden kann.

Bei der Miete in den USA wird erwartet, daß der Kunde eine Kreditkarte besitzt und bei Übernahme des Fahrzeugs eine Blankounterschrift unter das Zahlformular setzt. Dieses dient bei Rückgabe des Wagens zur Abrechnung der Umsatzsteuer (5–9%), zusätzlicher Versicherungen und ggf. Schäden.

Auch für **Camper** gilt, daß die Vorausbuchung im allgemeinen günstiger ist als die Miete vor Ort. Da Camper im Sommer knapp werden, empfiehlt sich eine langfristige Planung. Im Juli/August gelten extrem hohe Tarife, günstiger ist es bis Juni und ab Ende August.

Die Versicherungsfrage ist bei Campern komplexer als bei Autos. Kunden müssen generell für Schäden an den Dachaufbauten, den Unterbodenanlagen (Räder, Wassertanks, Rohre etc.), der Inneneinrichtung und solchen, die bei Unfällen außerhalb öffentlicher Straßen (Campingplätze etc.) entstanden sind, aufkommen. Die Bedingungen differieren jedoch deutlich. Man sollte vor der Buchung das Kleingedruckte in den Prospekten intensiv studieren. Zu beachten sind u.U. auch die unterschiedlich hohen Zusatzkosten wie Übergabegebühren mit Erstausstattung (Gasflasche, Wassertank etc.), Leihgebühren für Campingausrüstung, Endreinigung usw. Nur gelegentlich sind die genannten Positionen im Mietpreis enthalten.

Andere Verkehrsmittel

Busreisen in den USA über größere Distanzen sind heute nur noch mit **Greyhound-Bussen** möglich. Auf kürzeren Strecken wie z.B. New York–Boston sind sie ohnehin die preiswerteste Transportmöglichkeit. Auf längeren Strecken ist dagegen das Flugzeug oft günstiger. Nur für Alleinreisende, die sich eine der relativ preiswerten Netzkarten für Ausländer (Ameripass) bereits im Heimatland beschaffen, bietet der Bus die wirtschaftlichste Alternative. Weitere Informationen: Interkontinental Reisen, München, ✆ 0 89/2 72 71 91, Fax 2 72 37 00.

Erheblich dünner als das Routennetz von Greyhound ist das **Bahnliniennetz** der Amtrak. Günstig sind die ausschließlich außerhalb der USA erhältlichen Rail-Pässe. Der 45 Tage gültige Paß für das gesamte Netz ist etwa so teuer wie das Monatsticket von Greyhound. Wer sich auf den östlichen oder westlichen Teil der USA beschränken möchte, kann auch preiswerte regionale Pässe erwerben. Bei der Planung der Reise sind die genauen Bedingungen für die Nutzung der Pässe (Sitzplatzreservierung usw.) zu berücksichtigen. Einen Prospekt mit sämtlichen Einzelheiten, Fahrplänen und aktuellen Preisen versendet gegen 3 DM in Briefmarken MESO Reisen, Berlin, ✆ 0 30/8 81 41 22, Fax 8 83 55 14.

Für **Flugreisende** bieten sich Rundreisetickets an, die heute von allen größeren Airlines der USA im Ausland offeriert werden. Es gibt zwei verschiedene Ticketarten: Das *Stand-by-Ticket* für einen begrenzten Zeitraum zwischen 30 und 60 Tagen, das im Rahmen bestimmter Bedingungen beliebiges Fliegen innerhalb des Netzes erlaubt (soweit freie Plätze vorhanden sind), gibt es z. Zt. nur noch bei United Airlines.

Beim *Ticket nach dem Couponsystem* wird im voraus eine Rundreise mit Teilstrecken festgelegt und für jeden Abschnitt ein Coupon ausgestellt. Nachträgliche Änderungen der Strecke sind gegen Aufpreis möglich, lediglich der erste Flug in den USA muß mindestens sieben Tage im voraus festgelegt werden. Die stark variierenden Preise richten sich nach der Anzahl der erworbenen Coupons (min. 3 bis max. 10). Die

Nutzung der Rundreisetickets ist an recht komplizierte Bedingungen geknüpft. Die meisten Airlines verkaufen sie nur an die eigenen Transatlantikflug-Passagiere oder an Kunden der Lufthansa.

Unterkunft

Hotels und Motels

Hotels und Motels konzentrieren sich im Bereich der Hauptausfallstraßen von Städten und touristischen Anziehungspunkten sowie in Flughafen- und Zentrumsnähe der Großstädte. Fast überall sind die Kapazitäten größer als die Nachfrage, Wochenenden während der Hochsaison im Umfeld von Nationalparks und Touristenattraktionen sowie Zeiten mit besonderen Veranstaltungen ausgenommen. Die üblichen Leuchtanzeigen *Vacancy* oder *No Vacancy* (frei bzw. alles belegt) helfen bei der Suche.

Die **Preise** unterliegen erheblichen saisonalen und regionalen Schwankungen. Generell sind Hotelübernachtungen in den USA preiswerter als bei uns. Lediglich Innenstadt- und Luxushotels in bestimmten Städten wie etwa Los Angeles können das sprichwörtliche Vermögen kosten. Auch Quartiere rund um Brennpunkte des Tourismus wie z.B. den Grand Canyon oder Disneyworld in Orlando sind in der Hauptsaison naturgemäß nicht billig. Ansonsten kostet ein Mittelklassezimmer zwischen 40 und 50 $ (ohne Frühstück und Umsatzsteuer); Ausstattungsstandard: ein oder zwei große französische Betten, Einbauschrank, eigenes Badezimmer und Farbfernseher.

Hilfreich bei der **Hotelsuche und -reservierung** sind Hotelführer sowie die Tourbooks des AAA (vgl. S. 218), die fast komplett Hotels und Motels von der unteren Mittelklasse an auflisten. Auch die Touristen-Informationsbüros verfügen über Hotel-/Motellisten. Aber auch ohne Verzeichnis findet man leicht eine geeignete Unterkunft, denn es gibt eine Vielzahl von Hotel-/Motelketten in allen Komfortkategorien, deren Häuser einen identischen Standard aufweisen. Sie dominieren landesweit das Beherbergungsgewerbe. Hier die wichtigsten Hotel-/Motelketten mit zentraler, gebührenfreier Reservierungsnummer:

Obere Preisklasse (80–200 $ und mehr)

Doubletree	✆ 1-800-528-04 44
Hilton	✆ 1-800-HILTONS
Hyatt	✆ 1-800-228-90 00
Marriott	✆ 1-800-228-92 90
Radisson	✆ 1-800-333-33 33
Residence	✆ 1-800-332-31 31
Sheraton	✆ 1-800-325-35 35
Westin	✆ 1-800-228-30 00

Mittlere Preisklasse (40–80 $)

Best Western	✆ 1-800-528-12 34
Courtyard	✆ 1-800-321-22 11
Days Inn	✆ 1-800-325-25 25
Clarion Hotel	✆ 1-800-228-22 22
Comfort Inn	✆ 1-800-228-22 22
Drury Inn	✆ 1-800-325-83 00
Fairfield Inn	✆ 1-800-428-28 00
Hampton	✆ 1-800-HAMPTON
Holiday Inn	✆ 1-800-HOLIDAY
Howard Johnson	✆ 1-800-654-20 00
La Quinta	✆ 1-800-531-59 00
Quality Inn	✆ 1-800-228-22 22
Ramada Inn	✆ 1-800-228-28 28
Vagabond Inn	✆ 1-800-522-15 55

Untere Preisklasse (30–50 $)

Arborgate Inn	✆ 1-800-722-72 20
Budget Host	✆ 1-800-BUD-HOST
Budgetel Inn	✆ 1-800-428-34 38
Econolodge	✆ 1-800-228-22 22
Knights Inn	✆ 1-800-722-72 20

Motel Orleans	✆ 1-800-626-19 00
Red Roof Inn	✆ 1-800-843-76 63
Master Host	✆ 1-800-251-19 62
Rodeway Inn	✆ 1-800-228-22 22
Travelodge	✆ 1-800-255-30 50
Super 8	✆ 1-800-800-80 00
Western Host	✆ 1-800-648-64 40

Die größte und billigste Kette ist Motel 6, 14651 Dallas Parkway, Dallas TX 75240, ✆ 505-891-6161 (gebührenpflichtig).

Für Reservierungen per Telefon benötigt man eine Kreditkarte. Nur bei Angabe der Kreditkartennummer sind Motels und Hotels bereit, Zimmer für einen unbekannten Anrufer freizuhalten. Trifft man trotz Reservierung nicht ein, werden auch ohne Unterschrift die Übernachtungskosten belastet.

Bed & Breakfast

In den USA ist die Übernachtung mit Frühstück im Privatquartier oder im – meist nostalgischen – Bed & Breakfast-Hotel nicht wie in Großbritannien eine preiswerte Alternative zur Hotelübernachtung, sondern eine höherwertige und daher recht teure Sonderform.

In Deutschland kann man Bed & Breakfast-Unterkünfte in den USA z.B. buchen bei Anglo American Tours, Bodelschwinghstr. 13, 49492 Westerkappeln, ✆ 0 54 04/96 08-0, Fax 96 08-11.

Preiswerte Quartiere

In den letzten Jahren hat sich die Zahl der zur Jugendherbergsorganisation **American Youth Hostels** (AYH) gehörenden Häuser auf fast 300 erhöht. Die meisten großen Städte verfügen über ein Hostel; viele AYHs liegen auf dem Lande, bisweilen in oder zumindest in der Nähe von Nationalparks. Es gibt aber auch weite Regionen ohne Jugendherbergen. Um in Jugendherbergen übernachten zu können (sie sind durchaus nicht nur Jugendlichen vorbehalten), benötigt man den Internationalen Jugendherbergsausweis. Gegen Aufpreis werden aber in der Regel auch Nichtmitglieder akzeptiert. Die Übernachtungskosten betragen im Mehrbettzimmer zwischen 8 und 15 $, gelegentlich gibt es Einzel- und Doppelzimmer deutlich günstiger als in Motels. Verzeichnisse der amerikanischen Jugendherbergen erhält man in Deutschland beim DJH-Verband, Bismarckstr. 8, 32756 Detmold, ✆ 0 52 31/74 01-0.

Die durchweg teurere, dafür aber dem Hotelstandard nähere Alternative zur Jugendherberge sind die Häuser der christlichen Organisationen **YMCA** oder **YWCA** (Young Men's bzw. Women's Christian Association). Ohne die Restriktionen der Hostels bieten sie im allgemeinen bessere Kontaktmöglichkeiten, da über die Gemeinschaftseinrichtungen wie Sportanlagen, Werkstätten, Seminarräume etc. auch lokale Mitglieder an den jeweiligen Aktivitäten teilnehmen. Die sog. Y's stehen gegen geringen Aufpreis auch Nichtmitgliedern offen. Vor allem in den Städten ist eine rechtzeitige Reservierung erforderlich.

Eine Liste aller amerikanischen YMCA/YWCA-Häuser ist erhältlich beim CVJM-Gesamtverband, Im Druseltal 8, 34131 Kassel, ✆ 05 61/30 87-0

Ein relativ komplettes Verzeichnis preiswerter Unterkünfte liefert ›Where to Stay in the USA from 3 $ to 25 $ a Night‹ (in vielen Buchläden erhältlich).

Camping

In den USA besteht ein Stellplatz fürs Zelt oder den Camper durchweg aus einem kleinen Areal mit Parkbucht, Picknicktisch, Feuerstelle und Grillrost. Auf Campingplätzen in Nationalparks, State Parks und National Forests sind die einzelnen *sites* meist besonders großzügig geschnitten.

Generell gibt es die etwas teureren, komfortableren Plätze privater Betreiber und die Public Campgrounds, die zwar teilweise, vor allem in den State Parks, durchaus mit dem Komfort der Privatplätze mithalten können, überwiegend aber weniger Luxus, oft genug sogar nur ›Plumpsklo‹ und Pumpe bieten.

Privatplätze verfügen meist über einen *Full Hook-up*, d.h. an jedem Stellplatz über einen separaten Wasser- und Stromanschluß, oft auch über ein Abflußrohr für Wohnmobile. Natürlich sind Duschen vorhanden, oft Waschautomaten, Läden, Swimmingpool und sonstige Freizeiteinrichtungen. Die Gebühren, die sich nach der Belegung richten, liegen selten unter 10 $ für zwei Personen. Für weitere Personen werden geringe Aufschläge erhoben (2–3 $). Bei hohem Komfort zahlt man in touristisch frequentierten Gebieten und im Einzugsbereich der Städte bis zu 30 $ und mehr.

Verbreitet ist die Campingplatzkette Kampgrounds of America (KOA) mit relativ teuren Plätzen, für die einige Reiseveranstalter ihren Camper-Mietern jedoch Discountcards mit auf den Weg geben.

In staatlichen Einrichtungen (National und State Parks und dgl.) gilt eine Einheitsgebühr (6–20 $ pro Stellplatz) bis zu einer bestimmten Obergrenze unabhängig von der Personenzahl. Reservierungen sind nur in State Parks und bestimmten National Parks möglich.

Mitglieder von Automobilklubs erhalten gratis regionale Campingverzeichnisse beim AAA (vgl. S. 218). Die beste Übersicht über die Campingplätze in den USA bietet das ›Allstate RV Park & Campground Directory‹ für ca. 10 $.

Essen und Trinken

Selbstverpflegung und Fast Food

Die Selbstverpflegung auf Reisen gestaltet sich in den USA leichter als in Europa – Supermärkte findet man auch im kleinsten Nest. Sie ist zudem preiswert. Nur wenige Nahrungsmittel sind teurer als bei uns. Das gilt besonders für gesunde Kost wie Joghurt, Fruchtsäfte etc. und die besseren Brotsorten.

Um beim Einkauf den Endpreis für ein Kilo einer Ware zu erhalten, muß der Preis für ein Pfund (*pound*, Abk. lb = ca. 450 g) verdoppelt, 10 % aufgeschlagen und zur Summe weitere 5–9 % Umsatzsteuer (*sales tax*) addiert werden; in einigen US-Staaten sind Lebensmittel allerdings von der Umsatzsteuer befreit.

Auch Filialen der großen Fast Food-Ketten findet man selbst im letzten Winkel Amerikas. Mit ihnen konkurrieren lokale Snackbars und Filialen regionaler Ketten mit Hamburgern, mexikanischen Tacos, Pizzas, süßen Donuts usw. um den eiligen Kunden. Allen gemein ist das moderate Preisniveau und die Abwesenheit alkoholischer Getränke (vgl. S. 229)

Full Service-Restaurants

Neben Fast Food-Lokalen gibt es – vor allem in den großen Cities – eine breite Palette ›richtiger‹ Restaurants, die Spezialitäten aus aller Herren Länder anbieten. Es ist aber nicht immer einfach, ein geeignetes Restaurant zu entdecken. Full Service-Restaurants mit Alkohollizenz findet man in den Fußgängerzonen von touristischen Orten, in Altstadtbereichen, bestimmten Großstadtvierteln und – wie die Fast Food-Konkurrenz – an den Hauptverkehrsstraßen zwischen Einkaufszentren und Tankstellen.

Gemessen an Ausstattung, Ambiente und Qualität sind amerikanische Restaurants selten ein preiswertes Vergnügen. Abends und mittags gelten allerdings häufig unterschiedliche Preise.

In den USA wird man im Restaurant immer ›plaziert‹. Auch wenn freie Tische vorhanden sind, wartet der Gast, bis der *waiter* oder die *waitress* ihm einen Tisch zuweist. Ist kein Platz frei, werden die Namen der ankommenden Gäste notiert und der Reihe nach aufgerufen.

Sitzt der Gast, wird oft zuerst Eiswasser aufgetragen. Nach dem Hauptgericht fragt man ihn, ob er noch *sweets* oder *dessert* wünscht. Ratsam ist es, den Nachtisch – mit Ausnahme von Eis und Früchten – nicht ausschließlich nach der Karte, sondern nach Inaugenscheinnahme zu bestellen. Kaffee wird beliebig nachgeschenkt *(refill)* und dennoch nur einmal berechnet.

Die Rechnung *(check)* weist neben den Preisen der Karte die Umsatzsteuer aus (5–9%). Darüber hinaus wird ein für europäische Verhältnisse üppiges Trinkgeld – 12–15%, bei guter Bedienung auch deutlich mehr – erwartet. Will man die Kosten richtig kalkulieren, muß man also zu den Nettopreisen mindestens 20% addieren.

Aktivitäten

National Parks

Es gibt 39 Nationalparks in den USA. Ihre Schaffung basiert auf der Idee, außergewöhnliche Landschaften und Naturvorkommnisse zu schützen und gleichzeitig den Bürgern und Besuchern des Landes zugänglich zu machen. Während die National Parks durchweg größere Areale schützen, die neben Naturwundern über ein weites, von der Zivilisation unberührtes Hinterland verfügen, stehen im Mittelpunkt der Monumente und historischen Plätze einschließlich der Schlachtfelder des Bürgerkriegs landschaftlich-geologische, kulturelle und geschichtlich bedeutsame Gegebenheiten. Die nationalen Erholungsgebiete und Küsten verhindern private Ausbeutung und Verdrängung der schützenswerten Flora und Fauna in für Ferien und Erholung besonders geeigneten Gebieten.

Die meisten Einrichtungen des National Park Service erheben Eintrittsgeld. Wer mit dem Auto in den USA unterwegs ist, sollte sich den *Golden Eagle Passport* für 25 $ zulegen. Er erlaubt den Insassen des Wagens für ein Jahr freien Eintritt in alle unter Aufsicht des National Park Sevice stehenden Einrichtungen und ist in Parks, Monumenten usw. erhältlich.

Die meisten Einrichtungen des National Park Service verfügen über Campingplätze. In den größeren Nationalparks existieren darüber hinaus Hotels *(lodges)* und herbergsartige Unterkünfte.

Amusement Parks

Der klassische Amusement Park entspricht einem festinstallierten Jahrmarkt in einer parkähnlichen Anlage mit Achterbahnen *(roller coaster)*, Karussells, Riesenrädern und sonstigen *rides* für den großen Nervenkitzel. Showbühnen, Entertainment aller Art von Zirkusakrobatik bis zu Stunt-Vorführungen und eine dichte Gastronomie ergänzen das Vergnügungsangebot. Eines haben alle Parks gemeinsam: hohe Eintrittspreise.

Dafür können alle *rides* beliebig oft genutzt werden, wenngleich lange Warteschlangen die Ticketausnutzung oft begrenzen. Von Wochenendbesuchen ist deshalb abzuraten.

Sonderformen der Amusement Parks sind die ›Wasserplanschparks‹. Zu den bekanntesten Aqua Marine Parks zählen die Sea Worlds in Orlando, San Diego und San Antonio. Die größte Attraktion sind die Wal- und Delphinshows. Daneben gibt es meist noch Aquarien, Wasserskivorführungen und dergleichen. Üblicherweise werden spätnachmittags die ansonsten hohen Eintrittspreise reduziert.

Die *Old Western Towns*, für rein touristische Zwecke oder für Wildwestfilme nachgebaute Städtchen im Western Look, sind aus einschlägigen Streifen bekannt. Im Mittelpunkt steht der mehrfach täglich auf der staubigen Hauptstraße wiederholte *gun-fight* mit rauchenden Colts.

Museen

Fast alle großen Städte verfügen über Museen der Spitzenklasse. Aber selbst in relativ kleinen Ortschaften findet man gelegentlich noch hochinteressante Ausstellungen zu speziellen Themen der Region oder zur lokalen Historie.

Auf Geschichtsmuseen stößt man allerorten, interessant sind vor allem jene in den Hauptstädten der Bundesstaaten. Eine stark ausgeprägte historische Orientierung findet man auch in den musealen Trakten der Besucherzentren in vielen Nationalparks.

US-Marine und Luftwaffe präsentieren in kleinen und großen Waffenparks im ganzen Land ausgemusterte Stücke der (oft jüngsten) Vergangenheit. Space Museums und Center – in erster Linie in Verbindung mit NASA-Einrichtungen in Cape Canaveral und Houston – zeigen Objekte der Raumfahrt.

Eine amerikanische Spezialität sind die ›lebenden Museen‹. In originalgetreu errichteten Städtchen und alten Forts des 18. und 19 Jh. spielen die ›Bewohner‹ in zeitgenössischer Kleidung und Uniform das Leben der Vorväter nach und erläutern den Besuchern die ausgeübten Verrichtungen (vgl. S. 49, 103). Überragende, die Tier- und Pflanzenwelt ganz Nordamerikas dokumentierende Naturkundemuseen gibt es in New York, Washington, Chicago und Denver. Auch manches regionale State Museum verfügt über über eine gelungene Naturkunde-Abteilung.

Ein heute ebenfalls in kaum einer Großstadt fehlender Museumstyp ist das Science Center, das den Besuchern naturwissenschaftliche und technische Phänomene durch Experimente nahebringt.

Auch Kunstmuseen warten in vielen Städten mit eindrucksvollen Sammlungen auf. Sie beherbergen Werke bedeutender Künstler aus aller Welt. Außerdem sind sie reichbestückt mit Americana der verschiedenen Epochen.

Der Besuch vieler Museen ist kostenlos, in manchen erwartet man eine Spende. Wird Eintritt erhoben, ist er für amerikanische Verhältnisse – mit Ausnahme der ›lebenden Museen‹ und der kommerziell betriebenen Western Towns – nicht sehr hoch (ca. 3–6$).

Die Museen sind im allgemeinen an Werktagen einschließlich Samstag spätestens ab 10 Uhr, häufig ab 9 Uhr geöffnet. Sie schließen selten später als 18 Uhr, oft bereits um 17 Uhr. Sonntags gelten meist leicht modifizierte Öffnungszeiten. Montags bleiben die Museen in der Regel geschlossen. Üblich sind – besonders bei Kunstmuseen – ein Wochentag mit verlängerten Öffnungszeiten und ein eintrittsfreier Tag.

Aktivitäten unterwegs

In State und National Parks gibt es viele Wege *(trails)* für **Kurz- und Tageswanderungen.** Für Mehrtageswanderungen durch das Hinterland größerer Parks benötigt man eine Genehmigung *(permit)*, welche die Ranger ausstellen. Karten und Kurzbeschreibungen der *trails* erhält man gratis in den Besucherzentren.

Sehr beliebt sind **Ausflüge mit dem Jeep** durch unwegsames Gelände. Sie werden vor allem im Umfeld der Nationalparks des Südwestens angeboten. In Moab (Utah) lassen sich z.B. phantastische Touren durch die Canyonlands buchen. Individueller bewegt man sich mit den minimotorradartigen **ATVs** *(all terrain vehicles)* fort, die eine hohe Geländegängigkeit bieten.

In einigen Nationalparks lassen sich **Fahrräder** leihen, mit denen man bisweilen besser als mit dem Auto die Rundstrecken und Sehenswürdigkeiten abfahren kann. Auch in mancher Stadt ist das Leihfahrrad (gelbes Telefonbuch: *Biking, Rent-a-Bike*) eine gute Möglichkeit zur Stadterkundung.

Gelegenheiten zum **Reiten** (u.a. geführte Ausritte) bieten sich besonders im Umfeld von Nationalparks, aber auch in vielen anderen Regionen.

In den USA darf **angeln**, wer einen von jedermann ohne Restriktionen zu erwerbenden Angelschein besitzt (*fishing license*). Allerdings ist in jedem Bundesstaat eine neue Lizenz fällig, die man selbst im kleinsten Dorf im *Hardware Store* kaufen kann. Auch für *nonresidents* ist der ein Jahr gültige Angelschein preiswert. Für ein gelegentliches Angelvergnügen sind aber u.U. die Dreitages- und Wochenendlizenzen günstiger, die es in einigen Bundesstaaten gibt. Der Rand Mc Nally Road Atlas (s. S. 218) listet die aktuellen *license fees* staatenweise auf. Wer sich ohne Lizenz beim Angeln erwischen läßt, wird drastisch zur Kasse gebeten.

Zum **Baden und Schwimmen** laden weite Strände an den Ozeanen und den Großen Seen, glasklare Flüsse mit ›Badelöchern‹ und zahllose Natur- und Stauseen ein.

An den meisten touristisch erschlossenen Seen befinden sich **Bootsverleihstationen**. Soweit motorisiertes *boating* nicht untersagt ist (z.B. in vielen National und State Parks), kann man dort alles mieten, was schwimmt, u.a. auf den riesigen Stauseen im Westen und Süden Pontons mit Sonnendach und Grill sowie Hausboote. Erschwinglicher und in den nördlichen Staaten von Maine bis Oregon überaus populär sind Kanus, die z.T. samt Ausrüstung (Zelt, Kocher usw.) vermietet werden. Segelboote findet man im Binnenland relativ selten.

Wildwasserfahrten per Schlauchboot (*white water rafting)* sind auf zahlreichen Flüssen in den Appalachen und im gesamten Westen möglich. Abgesehen von den sehr begehrten Touren durch den Grand Canyon (extrem teuer!), kann man auch kurzfristig an Halbtages- oder Tagestouren teilnehmen.

Wer **Tennis** spielt, sollte seinen Schläger mitnehmen. Parks verfügen oft über öffentliche Tennisplätze. Sie sind nicht immer in bestem Zustand und überwiegend asphaltiert, dafür aber meist gratis.

Informationen von A–Z

Alkohol

Das *Legal Drinking Age* erlangen Bürger der USA trotz der mit 18 Jahren erreichten Volljährigkeit in den meisten

Staaten erst mit 21. Jüngere Personen dürfen weder Alkoholika kaufen noch besitzen und trinken. Dieses Gesetz wird ziemlich ernst genommen. Grundsätzlich darf – mit sehr wenigen Ausnahmen (vgl. S. 174) – in der Öffentlichkeit, etwa am Strand, in Sportstadien, Parks usw. kein Alkohol getrunken werden. Oft weisen Warnschilder darauf hin: *No Alcoholic Beverages on Beach!* Wer es dennoch nicht lassen kann, verhüllt Bierdose oder Weinflasche diskret in einer braunen Papiertüte.

Auch im Passagierraum eines Autos dürfen sich keine geöffneten Alkoholika befinden. Gleiches gilt – strenggenommen – für den während der Fahrt zugänglichen Innenraum eines Campers. Bei Fahrten durch Indianerreservate darf (theoretisch) nicht einmal Alkohol ›an Bord‹ sein.

Die **Promillegrenze** fürs Autofahren liegt je nach Bundesstaat zwischen 0,5 und 0,8 ‰

Apotheken

Apotheken *(Pharmacies)* findet man relativ selten. Meistens ist bestimmten *Drugstores* eine Apothekenabteilung angeschlossen, in der man die nicht verschreibungspflichtigen Medikamente durch Selbstbedienung erhält und die rezeptpflichtigen an einer Sondertheke für *prescriptions.*

Ärztliche Versorgung

Für eine notwendige Behandlung sollte unbedingt durch ausreichenden Versicherungsschutz vorgesorgt sein (vgl. S. 219). Es gibt leider immer wieder Fälle, in denen die Behandlung auch im Notfall verzögert oder sogar abgelehnt wird, wenn unklar ist, wie und ob sie bezahlt werden kann. Trotz einer hohen Dichte bei der ärztlichen Versorgung ist es für Touristen bisweilen schwierig, einen Arzt zu finden bzw. einen Termin zu erhalten. Im Prinzip benötigt man die ›Fürsprache‹ irgendeiner lokalen Person. Das kann jemand vom Hotelpersonal sein oder der Campingplatzbetreiber. Relativ zwecklos ist der Versuch, ohne Anmeldung in einer Praxis vorzusprechen. Eine Ausnahme bilden *Walk-in-clinics* und Gemeinschaftspraxen, die man in manchen Städten findet, sowie der *Emergency Room* (Notaufnahme) in Hospitälern. Fehlt bei Dringlichkeit ein ›Fürsprecher‹, hilft die örtliche Visitor Information (Chamber of Commerce) eventuell weiter; wenn alle Stricke reißen auch die Polizei. In Nationalparks sind die Ranger Ansprechpartner.

Die nationale Telefonnummer für Notfälle aller Art *(emergencies)* ist 911.

Autoreparatur und -wartung

Für alle Mietwagen gilt, daß vor Reparaturen, deren Kosten eine bestimmte, von der Verleihfirma festgelegte Höhe überschreiten, telefonische Rücksprache zu nehmen ist, sonst besteht die Gefahr, daß ausgelegte Beträge nicht erstattet werden.

Große Verleihfirmen haben in jeder größeren Stadt Filialen, die sich technischer Probleme annehmen können. Camper-Vermieter haben oft Verträge mit landesweit operierenden Reifenfirmen wie z.B. Goodyear oder Firestone, die nicht nur aufs Reifengeschäft spezialisiert sind, sondern alle gängigen Reparaturen durchführen.

Mit langfristig ausgeliehenen Autos von Avis, Hertz etc. sind zu den Wartungsintervallen Filialen der Firmen anzulaufen. Die eigenständige Wartung –

in der Regel nur beim Camper verlangt – kann außer an Tankstellen auch an Stationen mit Bezeichnungen wie Minit-Lube, Jiffy Lube, Quick Lube (*lube* = abschmieren/ölen) etc. durchgeführt werden.

Banken

Banken (geöffnet: Mo–Fr 9–14 bzw. 16 Uhr) akzeptieren die gängigen Reiseschecks und zahlen ohne Abzug den Nennwert aus. Häufig verlangen sie dabei die Vorlage des Passes. Das gilt ebenfalls für die Barauszahlung von Dollar gegen Kreditkarte *(cashing)*. Die Mehrheit der Banken akzeptiert Mastercard (Eurocard) und VISA.

Diplomatische Vertretungen

...der Bundesrepublik Deutschland
4645 Reservoir Rd. N.W.
PO BOX 711998
Washington D.C. 20007
✆ 2 02-2 98-81 40/42 49

...Österreichs
2343 Massachusetts Ave. N.W.
Washington D.C. 20008
✆ 2 02-4 83-44 74

...der Schweiz
2900 Cathedral Ave. N.W.
Washington D.C. 20008
✆ 2 02-7 45-79 00

Die diplomatischen Vertretungen des Heimatlandes sind für Reisende normalerweise nur bei Verlust der Zahlungsmittel und Papiere von Interesse. Sehr hilfreich sind dann Photokopien der Unterlagen, die man schon zu Hause angefertigt haben sollte. Mit der Hilfeleistung ggf. verbundene finanzielle Aufwendungen holt sich der Staat zurück. Die Adresse des nächsten Konsulats erfährt man bei seiner Botschaft.

Elektrizität

Die USA verfügen über ein Wechselstromnetz mit nur 125 Volt Spannung und einer Frequenz von 60 Hertz. Apparaten, die sich auf 110/125 V umschalten lassen, schadet der Frequenzwechsel von 50 auf 60 Hertz nicht, Rasierapparate laufen etwas schneller. Adapter für das amerikanische Steckdosensystem gibt es preiswert bei uns in jedem Kaufhaus.

Feiertage

1.1. New Years Day (Neujahrstag)
Dritter Montag im Januar Martin Luther King Day (Tag zum Gedenken an den ermordeten Prediger wider den Rassenhaß)
22.2. President's Day (Washingtons Geburtstag, heute Feiertag zu Ehren aller ehemaligen Präsidenten)
Freitag vor Ostern Good Friday (Karfreitag)
Letzter Montag im Mai Memorial Day (Tag zur Ehrung aller Gefallenen; das Wochenende läutet den Sommer ein)
4.7. Independence Day (Unabhängigkeitstag; wichtigster Feiertag der USA, Umzüge und Paraden, Feuerwerk)
Erster Montag im September Labor Day (Tag der Arbeit; wie bei uns der 1. Mai, Ende der Feriensaison)
12.10. Columbus Day (Tag zum Gedenken an die Entdeckung Amerikas)
11.11. Veteran's Day (Ehrentag für die Veteranen der US-Armee)
Vierter Donnerstag im November Thanksgiving (Erntedankfest)
25.12. Christmas Day (Weihnachtstag)

An Feiertagen bleiben Banken, Postämter und die öffentlichen Verwaltungen geschlossen. Private Geschäfte brauchen ein Feiertagsgebot nicht zu beachten und locken ihre Kunden gerade dann mit Sonderangeboten zum Einkauf.

Fernsehen

Das private amerikanische Fernsehen wird von einer Handvoll großer Gesellschaften dominiert. Die Nachrichten sind viel stärker als bei uns auf nationale *news* beschränkt. In Umkehrung europäischer Verhältnisse kommt werbefreies Kabelfernsehen gebührenpflichtig ins Haus. Filme ohne Unterbrechungen durch Werbespots gibt es auf speziellen *movie channels.*

Geld

Unabhängig vom Nennwert sehen alle Dollarscheine gleich aus: graugrün auf der Zahl- und grün auf der Rückseite (daher: *greenback*). Beim Wechseln und Herausgeben ist daher eine höhere Aufmerksamkeit als bei uns angebracht. Es gibt folgende Münzen: *Nickel* (5 Cents), *Dime* (10 Cents), *Quarter* (25 Cents). Ein Dollar heißt umgangssprachlich *buck.*

Währung:
1 US-$ = 100 Cents = ca. 1,50 DM,
1 DM = ca. 0,67 $ (Stand: März 1996)

Maße

Längenmaße

1 inch (in)	2,54 cm
1 foot (ft = 12 in)	30,48 cm
1 yard (yd = 3 ft)	0,914 m
1 mile (m)	1,609 km
1 mm	0,039 in
1 cm	0,393 in
1 m	1,094 yd
1 km	0,62 Meile

Gewichte

1 ounce (oz)	28,35 g
1 pound (lb)	0,453 g
1 ton (t =2000 lb)	0,907 t
1 g	0,035 oz
1 kg	2,205 lbs
1 t (metrisch)	1,102 t (US)

Flüssigkeiten

1 pint (pt)	0,473 l
1 quart (qt)	0,946 l
1 gallon (gal)	3,785 l
1 l	2,113 pt
1 l	1,057 qt
1 l	0,264 gal

Notfälle

Für Notfälle, gleich ob man Polizei, Feuerwehr oder Krankenwagen rufen möchte, existiert die landesweit einheitliche Rufnummer 911. Sollte die Nummer ausgefallen sein, verbindet der unter 0 erreichbare *operator* weiter.

Öffnungszeiten

Generelle Ladenschlußgesetze existieren in den USA nicht. Supermärkte sind meist von 8 bis mindestens 20 Uhr geöffnet, vielfach auch länger, oft genug rund um die Uhr. 24 Stunden am Tag geöffnet bleiben zahlreiche der mit Tankstellen verbundenen Mini-Marts. Keine Seltenheit sind auch Liquor Stores, in denen man bis zum späten Abend noch Alkoholika einkaufen kann. Relativ zeitig, gegen 18 Uhr, schließen die Läden in den Innenstädten.

Pannenhilfe

Alle Auto- und Camper-Vermieter geben ihren Kunden eine Telefonnummer mit auf den Weg, die bei Pannen oder Unfällen angerufen werden muß. Bei den großen, landesweit operierenden Firmen ist das Telefon in der Regel Tag und Nacht besetzt. Ebenfalls helfen kann der AAA-Club, der einen *Emergency Road Service* unterhält. Im Falle einer Panne findet man die Nummer der nächstliegenden Straßendienststation unter dem jeweiligen Staatsnamen mit dem Zusatz Automobil Club (z.B. California Automobil Club). in jedem Telefonbuch. Ist ein solches nicht zur Hand, wählt man gebührenfrei ✆ 1-8 00-3 36-43 57 und erfährt dort die Telefonnummer. Mitglieder europäischer Automobilklubs, die ihre Mitgliedskarte vorweisen können, werden finanziell behandelt wie amerikanische AAA-Mitglieder.

Polizei

Der amerikanische Arm des Gesetzes ist mit größeren Vollmachten ausgestattet und greift im Bedarfsfall härter durch als sein europäisches Pendant. Für Reisende beschränkt sich der polizeiliche Kontakt, so er sich überhaupt ergibt, wahrscheinlich auf Verkehrskontrollen und Verwarnungen bei Übertretungen. Die Highway Patrol, die den Übeltäter auf frischer Tat ertappt, überholt dessen Wagen nicht, sondern setzt sich hinter ihn und fordert mit Sirene und rotem Blinklicht zum Anhalten auf. Dabei bleibt man im Wagen und wartet mit heruntergedrehter Scheibe und sichtbar leeren Händen, um zu zeigen, daß man keine Waffe trägt, auf den *officer* (offizielle Anrede). Der fragt meist zunächst nach den Papieren (*driving license* und *registration* – Kfz-Schein) und wird dann erst eröffnen, was er auszusetzen hat. Beim freundlich Auskunft gebenden Touristen entspannt sich die Atmosphäre meist schnell.

Post

Die amerikanische Post funktioniert zuverlässig, aber nicht unbedingt schnell. Brief- und Postkartengebühren bewegen sich unterhalb des europäischen Niveaus. Post nach Übersee geht mit Ausnahme von Paketen automatisch per Luftpost, wenn die dafür vorgesehenen *Air Mail Stamps* benutzt werden. Für Briefe nach Europa ist mit Laufzeiten von rund einer Woche zu rechnen. Postämter befinden sich auch noch im kleinsten Nest und sind dank der zu den Schalterstunden stets aufgezogenen Nationalflagge leicht zu identifizieren. Briefmarken erhält man nicht nur auf Postämtern, sondern auch – mit Aufschlag – aus Automaten in Supermärkten und Einkaufszentren.

Telefon

Jeder Bundesstaat besitzt eine dreistellige Vorwahl, den *Area Code*, einige dicht besiedelte Staaten sogar mehrere. Dieser ersten Vorwahl folgt eine zweite, ebenfalls dreistellige Ziffer, die sich auf das Dorf, einen Landkreis oder einen Stadtteil bezieht. Die eigentliche Apparatnummer ist vierstellig. Bei Gesprächen über den Area Code des jeweiligen Gebietes hinaus muß eine 1 vorweggewählt werden. Für die Höhe der Gebühren gilt der Minutentakt.

Über die Vorwahl 01 öffnet man in den USA das internationale Netz. Mit 49 für Deutschland, 41 für die Schweiz und 43 für Österreich und die um die

Null reduzierte Ortsvorwahl sind auch Verbindungen in die Heimat (von Privatanschlüssen aus) leicht hergestellt. Von Telefonzellen aus wählt man mit entsprechender Vorwahl die gewünschte Nummer, eine Computer- oder menschliche Stimme schaltet sich ein und nennt den – immer für eine Gesprächsdauer von drei Minuten – zu zahlenden Betrag, der einzuwerfen ist, bevor die Leitung freigegeben wird. Für Auslandstelefonate sollte man mindstens 20 Quarters bereithalten. Billiger und bequemer ist das Telefonieren mit einer amerikanischen *Calling Card*. Sie ist auch bei uns erhältlich: AT & T, ✆ 0130/83 88 88, oder Sprint Telecommunications ✆ 0 69/6 65 39-0.

Wie bei uns ist das Telefonieren von Hotels/Motels mit hauseigenen Aufschlägen belegt, während Ortsgespräche dagegen oft frei sind. 800-Nummern für die Reservierung von Mietwagen oder Hotelzimmern etc. sind generell gebührenfrei.

Trinkgeld

In der amerikanischen Dienstleistungsgesellschaft ist das Trinkgeld (*tip*) ein fest verankerter Bestandteil. Das *tipping* beschränkt sich nicht auf die Gastronomie, sondern wird von Taxifahrern sowie vom Hotelpersonal erwartet. Eine Dollarnote muß es heutzutage selbst bei kleinen Handreichungen schon sein, will man indignierte Reaktionen vermeiden.

Verkehrsregeln

Autofahren in den USA bereitet keine Probleme. Es wird rechts gefahren, und die Mehrzahl der Verkehrszeichen entspricht unseren; eine abweichende Symbolik ist meist leicht verständlich.

Wichtige, für Europäer ungewohnte Regelungen sind das **Rechtsabbiegen bei Rot** (im Falle von nach links laufenden Einbahnstraßen auch das Linksabbiegen), sofern der Querverkehr dies zuläßt. Auf einer mehrspurigen Straße darf man sich daher bei Geradeausfahrt mit Ampelunterbrechungen nicht ganz rechts halten, da man dann den Rechtsabbiegerverkehr blockiert. Nur bei ausdrücklicher Untersagung *(No right/left turn on red)* entfällt diese Möglichkeit.

Das **vierfache Stoppschild** an Kreuzungen findet man vor allem auf weniger befahrenen Strecken und in Wohngebieten. Es besagt, wer zuerst kommt, fährt (nach kurzem Anhalten) zuerst. Bei Unklarheit über die Reihenfolge einigt man sich durch Handzeichen.

Absolutes Stoppgebot gilt, wenn einer der landesweit knallgelb gestrichenen **Schulbusse** zum Ent- oder Einladen von Kindern anhält (unmißverständliche Blinkzeichen). Er darf dann weder überholt noch vom Gegenverkehr (!) passiert werden.

Rechtsüberholen auf Autobahnen ist unter der Einschränkung erlaubt, daß dafür nicht kurzfristig die Spur gewechselt wird. Praktisch wird auf mehrspurigen Autobahnen auch rechts und links gleichzeitig überholt.

Temperaturen

Grad Fahrenheit:	104	100	90	86	80	70	68	50	40	32
Grad Celsius:	40	37,8	32,2	30	26,7	21,1	20	10	4,4	0

Die bundesweite **Geschwindigkeitsbegrenzung** beträgt 55 Meilen pro Stunde (88 km/h). Die zulässige Höchstgeschwindigkeit auf Autobahnen wird seit Ende 1995 allerdings von den einzelnen Bundesstaaten autonom festgesetzt. Sie liegt bei mindestens 65 mph, ist in einigen Fällen auch unbegrenzt (z.B. in Montana).

In den Oststaaten verbreitet sind *Toll Roads,* gebührenpflichtige Straßen, meist Autobahnen, dann auch *Turnpikes* oder *Expressways* genannt. Im Westen werden Straßengebühren nur im Verlauf über größere Brückenbauwerke erhoben. Über Meerengen, Flußmündungen und Seen führende, kilometerlange Straßenabschnitte laufen unter der Bezeichnung *Causeway* und kosten fast immer *toll.*

Zeitungen

Die einzige landesweit verbreitete Zeitung ist »USA Today« (auf recht gutem Niveau), die sich vor allem mit nationalen Neuigkeiten befaßt. Zeitungen werden überwiegend aus Automaten verkauft. Die hochrangige »New York Times« und die »Washington Post« gibt es mit zunehmender Entfernung von der Ostküste immer seltener. Lokale Zeitungen bringen kaum mehr als die Neuigkeiten der Region. Aus dem breiten Zeitschriftensortiment ragen wegen ihres Informationsniveaus »Newsweek«, »Time« und einige Wirtschaftsmagazine heraus. Internationale Publikationen gibt es nur in wenigen spezialisierten *News Shops* der großen Städte.

Zeitzonen

Die USA sind in vier Zeitzonen unterteilt. Die östlichste *(Eastern Time)* liegt sechs Stunden vor der MEZ, die westlichste *(Pacific Time)* neun Stunden, dazwischen existieren die *Central* und die *Mountain Time*. Unterwegs in den USA weisen nur gelegentlich Schilder auf den Übergang von einer Zeitzone zur anderen hin. Der Zickzackverlauf durch den Kontinent folgt noch nicht einmal immer Staatsgrenzen. In den meisten Staaten gilt wie bei uns eine Sommerzeit.

Abbildungsverzeichnis

Archiv für Kunst und Geschichte, Berlin S. 22, 36
Manfred Braunger, Freiburg S. 14, 19, 40/41, 44/45, 47, 51, 61, 75, 90, 105, 109, 147, 154/155, 176, 181, 187, 196, 206, 207
dpa, Frankfurt/M. S. 28, 151
Johannes Eue, Köln S. 15 unten, 26, 70, 84/85, 114, 127, 197
Hans-R. Grundmann, Ganderkesee Umschlagvorderseite, Umschlagrückseite (beide), Umschlaginnenklappe hinten, S. 55, 112, 119, 169
Maren Hobein, Köln S. 30, 48, 95, 98, 102
Hulton Deutsch Collection, London S. 71
Frank Lukasseck, Overath S. 15 oben und Mitte, 136/137, 164, 165
Ulf Müller-Moeves, Königswinter Umschlaginnenklappe vorne, S. 1, 2/3, 8, 10/11, 17, 31, 66/67, 69, 76, 81, 92/93, 117, 121, 123, 130, 140 (beide), 142, 143, 163, 179, 189, 192/193, 199, 204, 216
Anna Neumann/laif, Köln S. 178
Werner Schmidt, Ganderkesee S. 132
Transglobe Agency, Hamburg S. 18, 38, 58, 65, 78, 100/101, 149, 152, 157, 158, 208/209, 211, 212/213, 215
Ullstein Bilderdienst, Berlin S. 63

Karten und Pläne: DuMont Buchverlag, Köln

Verzeichnis der Karten und Pläne

Boston S. 43
Chicago S. 60
Yellowstone National Park S. 74
Das westliche Washington S. 82
Seattle S. 86
Washington D.C. S. 96/97
Blue Ridge Parkway S. 106/107
Die Nationalparks des Großen Plateaus S. 129
Yosemite National Park S. 144
San Francisco S. 146
Süd-Florida S. 160
Das nordwestliche Florida S. 172/173
New Orleans S. 175
Von Alamogordo nach Tucson S. 194/195
Von Flagstaff nach Phoenix S. 201
Nördliches Los Angeles S. 210

Register

Personen

Aldrin, Edwin 23
Ana, Santa 186
Armstrong, Neil 23

Beecher-Stowe, Harriett 35
Bellow, Saul 35
Billy the Kid 195
Borglum, Gutzon 68
Bowie, James 185
Buck, Pearl S. 35
Buffalo Bill (William Cody) **71 f.**, 120
Bush, George 24

Capone, Al 62 f.
Capote, Truman 35
Carter, Jimmy 23
Clark, William 114 f.
Clinton, Bill 24
Cody, William s. Buffalo Bill
Cooper, James F. 35
Crocket, David 185
Custer, George 68

Disney, Walt 166

Earp, Wyatt 196

Faulkner, William 35
Ford, Henry 56

Garrett, Pat 195
Getty, Jean Paul 209
Gropius, Walter 37

Hausmann, Manfred 32
Hemingway, Ernest 35, 162
Holliday, Doc 196
Houston, Sam 180, 186

Jahn, Helmut 38
Jefferson, Thomas 68, 99, 114
Johnson, Lyndon B. 23, 183
Johnson, Philipp 38

Kahn, Louis 38
Kennedy, John F. 23, 47, 100
Kennedy, Robert F. 23, 47, 100
Kerouac, Jack 35
King, Martin Luther 23
Kolumbus, Christoph 20

Laclède, Pierre 111
L'Enfant, Pierre 94
Leutze, Emanuel 37
Lewis, Meriwether 112, 114f.
Lewis, Sinclair 35
Lincoln, Abraham 22, 68, 98
Lindbergh, Charles 99, 116
London, Jack 35

Mailer, Norman 35
Melville, Herman 35
Miller, Henry 35
Mitchell, Margaret 35
Monroe, James 24, 25

Nabokov, Vladimir 35
Nixon, Richard M. 23, 101

O'Neill, Eugene 35
Orleans, Herzog von 174

Pei, Ieoh Ming 38
Penn, William 20
Poe, Edgar Allan 35
Ponce de Leon, Juan 20

Remington, Frederic 37
Rohe, Mies van der 37, 182
Roosevelt, Franklin Delano 23
Roosevelt, Theodore 25, 68
Reagan, Ronald 23

Serra, Junipero 207
Sinclair, Upton 35
Sitting Bull 72
Smith, Joseph 133
Soleri, Paolo 203, 204, 205

Steinbeck, John 35
Sullivan, Louis 37

Thomas, B.P. 68
Travis, William 185
Twain, Mark 35, 117

Updike, John 35

Vespucci, Amerigo 20

Warhol, Andy 37
Washington, George 21, 68, 102
Wilder, Thornton 35
Williams, Tennessee 35
Wright, Frank Lloyd 37, 64, 204
Wright, Gebrüder 56, 99

Young, Brigham 133

Ziolkowski, Korscak 70

Orte

Abilene 118
Alamogordo 193
Alamo S.P. 184 ff.
Albany 49
Alexandria 102
Anaheim 166, 209, 214
Appalachen 103 ff.
Arches N.P. 126, 129
Arcosanti **203,** 204, 205
Arizona-Sonora Desert Museum 199
Asheville 106
Aspen 121
Austin 183
Aztec Ruins N.M. 124

Badlands N.P. 67
Bahia Honda S.P. 162
Bandelier N.M. 125
Baton Rouge 179, 180
Berkeley 153
Beverly Hills 211
Big Bend N.P. 190
Black Hawk 120
Black Hills 68 f.
Blowing Rock 105
Blue Ridge Parkway 104 ff.
Boise 78
Boston 42 ff.
Brackettville 188
Bryce Canyon N.P. 132 f.
Buffalo 54

Cahokia Mounds St. Hist. Site 111, 116
Calistoga 153
Cambridge 47
Canyon de Chelly N.M. 131
Canyonlands N.P. 131
Cape Anne 48
Cape Canaveral 164
Cape Cod N.S. 49
Capitol Reef N.P. 131
Carlsbad Caverns N.P. 191 f.
Casa Grande Ruins N.M. 200
Cedar Key 170
Central City 120
Chaco Culture N. Hist. P. 124
Chalmette N. Hist. P. 179
Chattanooga 108
Cherokee 106
Chicago 57 ff.
Chickamauga Battlefield N.M.P. 108
Chiricahua N.M. 195
City of Rocks S.P. 194
Ciudad Acuña 189
Clearwater 169
Cleveland 55 f.
Cody 72 f.
Colonial N. Hist. P. 103
Colorado N.M. 121
Craters of the Moon N.M. 77
Crazy Horse M. 69
Custer S.P. 68

Dawson City 88
Dead Horse Point S.P. 131
Death Valley N.M. 141
Del Rio 189

Denver 72, **118 f.**
Detroit 55 ff.
Devils Tower N.M. 70
Devils Postpile N.M. 142
Disneyland 165, 209, 214
Disneyworld 165 ff.
Durango 122

Everglades N.P. 160

Flagstaff 205
Florida Keys 162

Galveston 183 f.
Gatlinburg 107
Gettysburg 103
Gila Cliff Dwellings N.M. 194
Golden 120
Grand Canyon N.P. 135 ff.
Grand Junction 121
Grand Teton N.P. 75 f.
Great Smoky Mountains 106
Gulf Islands N.S. 171, 173

Hannibal 117
Hollywood 211
Houston 180, 181 f.

Indiana Dunes N.S.P. 57

Jackson 76
Jamestown 20, 103
Jefferson National Expansion Memorial 113
Jewel Cave 68
John Pennekamp Coral Reef S.P. 162
Johnson City 183
Joshua Tree N.M. 206

Kansas City 117
Ketchum 78
Key Biscayne N.P. 162
Key Largo 162
Key West 162
Keystone 68
Klondike Gold Rush N. Hist. P. 90

Lajitas 190
Las Vegas 139 ff.
Lake Charles 180
Lawrence 117
Lee Vining 142
Lewis and Clark N. Hist. Trail 114 f.
Luling 183
Lordsburg 195
Los Angeles 166, **207 ff.**
Lucas 118
Lyndon B. Johnson N. Hist. P. 183

Malibu 209 f.
Mammoth Cave N.P. 111
Mammoth Lakes 142
Mesa Verde N.P. 124
Miami 156, 157 ff.
Minneapolis 65
Mitchell 66
Montezuma Castle N.M. 124, 205
Monument Valley 126 f.
Mount Rainier N.P. 83 f.
Mount Rushmore N.M. 68
Mount St. Helens N.M. 83
Muir Woods N.M. 149

Napa 153
Nashville 109 ff.
Natural Bridge N.M. 126, 131
Navajo N.M. 124
New Braunfels 184
New Orleans 173 ff.
Newport 49
Niagara-Fälle 50 ff.
North Cascades N.P. 91

Oak Ridge 108
Old Sturbridge Village 49
Old Tucson 199
Olympic N.P. 91
Organ Pipe Cactus N.M. 200
Orlando 164 f., 166
Ouray 122

Palm Springs 206
Palo Alto 153

Panama City 171
Pendleton 79
Pensacola 171
Phoenix 197, **200 ff.**
Pipestone N.M. 65
Plymouth 48 f.
Provincetown 49

Rapid City 67
Rockport 48
Rocky Mountains N.P. 120

Saguaro N.M. 197
Salem 48
Salem Maritime N. Hist. S. 48
Salt Lake City 133
San Antonio 184 ff.
San Antonio Missions N. Hist. P. 187
San Francisco 145 ff.
San Jacinto Battleground S. Hist. P. 180, 186
Santa Monica 209
Santa Rosa 171
Scottsdale 202
Seattle 84 ff.
Sedona 205
Seminole Canyon S.P. 189
Sequoia N.P. 145
Shenandoah N.P. 104
Silver City 194
Silverton 122
Sioux Falls 65 f.
Sonoma 153
St. Augustine 156
St. Helena 153
St. Joseph Peninsula 171
St. Louis 111 ff.
St. Paul 65
St. Petersburg 169 f.
Sun City 205
Sun Valley 78
Sweetwater 108

Tallahassee 171
Tampa 169, 170
Tombstone 196 f.
Tonto N.M. 124
Topeka 118
Tucson 197, 198
Tuzigoot N.M. 205

Vail 121

Wakulla Springs S.R. 170 f.
Wall 66
Washington D.C. 94 ff.
White Sands N.M. 193
Williamsburg 103
Williamstown 49
Wind Cave N.P. 69

Yellowstone N.P. 73 ff.
Yosemite N.P. 142 ff.

Zion N.P. 135

Bitte schreiben Sie uns, wenn sich etwas geändert hat.
Alle in diesem Buch enthaltenen Angaben wurden vom Autor nach bestem Wissen erstellt und von ihm und dem Verlag mit größtmöglicher Sorgfalt überprüft. Gleichwohl sind – wie wir im Sinne des Produkthaftungsrechts betonen müssen – inhaltliche Fehler nicht vollständig auszuschließen. Daher erfolgen die Angaben ohne jegliche Verpflichtung oder Garantie des Verlags oder des Autors. Beide übernehmen keinerlei Verantwortung und Haftung für etwaige inhaltliche Unstimmigkeiten. Wir bitten dafür um Verständnis und werden Korrekturhinweise gerne aufgreifen (DUMONT Buchverlag, Postfach 10 10 45, 50450 Köln).